Devoted to the Original Aspiration

陈向东创业法则

何伊凡　著

華中科技大學出版社
http://press.hust.edu.cn
中国·武汉

图书在版编目(CIP)数据

全力以赴 / 何伊凡著. -- 武汉 : 华中科技大学出版社, 2023.6
ISBN 978-7-5680-9590-7

Ⅰ. ①全… Ⅱ. ①何… Ⅲ. ①网络教育 – 教育组织机构 – 企业管理 – 经验 – 中国
Ⅳ. ①G434②G522.74

中国国家版本馆CIP数据核字(2023)第102306号

全力以赴 何伊凡 著
Quanli-yifu

策划编辑：彭霞霞 责任编辑：陈 骏
封面设计：马晓腾 责任监印：朱 玢

出版发行：华中科技大学出版社（中国 · 武汉） 电话：(027)81321913
武汉市东湖新技术开发区华工科技园 邮编：430223

录 排：武汉东橙品牌策划设计有限公司
印 刷：天津联城印刷有限公司
开 本：710 mm × 1000 mm 1/16
印 张：17.5
字 数：257千字
版 次：2023年6月第1版第1次印刷
定 价：79.00元

我们

2020年年末，伊凡找到我，说他正计划写一本聚焦公司创业期的书，希望以高途为样本。坦白说，在此之前，我从来没有想过出一本关于公司的书这件事。高途创办还不到七年，如果把高途比作一个人，那么他还是一个孩子，远远没到著书立说的时候。

伊凡对我说，在中国，创业公司失败的概率是95%，那么另外5%的创业公司是如何活下来的，这其中一定有规律可循。他认为若要找公司样本来找到这条规律，那么高途是合适的，因为高途创立于“大众创业、万众创新”的大潮中，穿越过生死线，也踏上过所谓的风口，员工规模从几百人到几万人，算是经历了完整的创业期，走到了一个新的阶段。

我与伊凡相识已久，他在《中国企业家》杂志工作多年，后来也开始创业，他应该是懂创业者的，也应该是懂高途的。不少关心高途的人都觉得高途是个谜，对高途的发展和关键决策非常好奇，渴望高途能够更透明、更开放、更近距离。于是，我们决定对伊凡完全开放，于是，也就有了伊凡对高途的深度访谈，以及我们此刻看到的《全力以赴》。

高途是什么？一千个人眼中可能有一千个高途。高途是从创业的第一天就定义了企业使命、愿景和价值观的公司；高途是以“点燃兴趣+培养习惯+塑造人格”的爱次方为教育理念的公司；高途是中国第一家在美国纽约证券交易所上市且连续六个季度收入增长超过300%的在线教育公司；高途是仅完成

A轮融资就在美国纽约证券交易所上市的科技教育公司；高途是一家创业公司，并且永远是一家创业公司……世界上本来没有高途，共同热爱、将心注入、全力以赴的伙伴多了，就有了高途。

高途是什么？高途是“小人物”的奋斗故事，是“小人物”通过奋斗改变命运的故事。人们往往会崇拜英雄，但我们相信，任何所谓的“英雄”或者“大人物”的起点和我们普通人一样，都可能是我们认为的“小人物”。高途于我，是我的生命。因为高途每天都给我爱，给我勇气，给我力量；高途的数万名伙伴每天都给我爱，给我勇气，给我力量；高途的上千万的学生和家长每天都给我爱，给我勇气，给我力量。高途是经历过至暗时刻，经历过极度痛苦，经历过竞争剧变的。高途在创业的路上犯过很多创业者都会犯的错误，甚至犯过很多在今天看来非常愚蠢的错误。但也正是这些错误和对这些错误的反思，成为高途最为珍贵的东西，成为高途人最为珍贵的营养，成为高途这个组织最为重要的精神力量。我总在想，如果我作为一名从大山里走出来的农村孩子，能如此有幸取得今天的成绩，那么我坚信，每一个向往美好并且愿意通过奋斗改变命运的你也能获得这样的幸运。

高途是什么？高途是一家特别喜欢说“我们”、特别喜欢说“美好”的公司。因为你，所以有了我；因为更优秀的你，所以有了更优秀的我；因为更优秀的你和更优秀的我，所以有了更优秀的我们；因为更优秀的我们，所以有了更多的伙伴加入我们，也就有了更优秀、更美好的我们。每每聚会庆祝时，我们都会一起大声说：“将心注入，全力以赴。”这是高途的精神，是高途伙伴的心灵写照，也是我们追求美好人生的持续修炼。

我们是这样定义“将心注入，全力以赴”的。

只有将自己的心灵状态反映到优质的产品中并让人触动和感动，才能拥有人生真正的富足感。

只有将自己做的事情当作自己的生命并为之不懈奋斗，才能越来越接近完美；只有拥有可以为之舍弃生命的信仰、信念、决意、责任感和使命感，才能拥有百折不挠、永不屈服的勇气。

只有认真努力地过好每一个今天，时刻做到全神贯注、坚持不懈，才能取得惊人的业绩。

只有日复一日地挑战自我并战胜自我，才能学习并掌握高标准，才能越来越接近自己的理想。

只有付出不亚于任何人的努力，为客户尽力，为伙伴尽力，才能提高自己的心性，美化自己的心灵。

我们相信，真正的成功者都是将心注入者，都是全力以赴者，都是奋斗者！

我们相信，奋斗者才真正值得尊重，值得奖赏，值得激励！

我们相信，每一次努力都会有收获，每一次付出都会有回报，每一次拼搏都会有感动，每一次奋斗都会有成功！

感谢伊凡，他让所有高途的学生与家长和所有关心高途的朋友可以通过这本书全面了解高途。同时，他也让我们有机会回头看看，系统性地回顾和梳理：高途从哪里来，是怎样成为今天的高途的。

最后，我想引用我特别喜欢的《青春》（塞缪尔·厄尔曼）中的一段话作为结束：

无论是60岁，还是16岁，每个人心中都会有生命之欢乐、奇迹之诱惑和未泯之童真。在你我的心中都有一座无线电台，只要它还在接收人类和宇宙发出的美好、希望、欢乐、勇气和力量的信号，你我就会永远年轻，永远不老。

将心注入，全力以赴！

陈向东

高途创始人、董事长兼CEO

2023年3月11日于北京

奇迹，都是由全力以赴创造的

这个穿橘红色冲锋衣的中年男人，正准备翻过护栏，他用手扶着铁栅，左脚在护栏上借了一下力，就轻松地跃了过去。

2016年10月的英国爱丁堡，正处于严冬之前最好的时光，城市富有层次感。陈向东从护栏另一侧抬起头，看见阳光透过甜樱桃树和杨树的叶子洒在街道上。这让他想起自己的家乡，河南省洛阳市新安县石井镇潭上村。村子里散落着国槐，10岁时，陈向东确信自己能爬上任何一棵。那时陈向东的目标是成为全村最牛的男人。全村最牛的男人要会爬树、能掏鸟窝，于是陈向东就开始苦练这两项技能。陈向东不只是爬树，而是爬一切能爬的东西，包括电线杆。村里人捉弄陈向东，看到他从电线杆上下来就故意问："你能再爬一次吗？"陈向东本来已经累了，却咬着牙说："能。"大家在下面给他鼓劲："加油、加油。"陈向东再次爬到杆头，他正得意时却突然听到一声大喝："陈向东！"低头一看，原来有人悄悄叫来了母亲。陈向东吓得赶紧滑下来，心想：等会儿一定又是一顿好打。

2016年的爱丁堡街头，陈向东已45岁，伙伴们称呼他为Larry。攀爬和跨越对他而言已成为一种本能。如果不是在英国爬树实在有些不雅，他不介意表演一次，在新东方时他就曾多次展示过这项特长。

伙伴们看到陈向东翻过护栏一阵大笑，忘了公司已接近崩溃的边缘。如果有所谓的至暗时刻，那么对陈向东来说，这一时刻贯穿了2016年。

公司每个月消耗掉的现金近2000万元，A轮融资获得的弹药消耗殆尽，陈向东把自己的现金几乎全部打到了公司账上。核心团队成员组建了不同的事业部，寻找一切变现机会。到2016年10月，虽然公司表面看起来接近盈亏平衡，但还是看不到可持续增长的方向，这钱赚得并不踏实，大批伙伴主动或被动离职，核心团队成员之间也产生了分歧。

困难以各种形式在身后追击，陈向东却自己出钱组织核心团队去英国9日豪华游，全程表现出“富饶的新大陆就在眼前”的乐观与自信。鲜有人知他当时正忍受失眠的痛苦。

2019年6月6日，陈向东带着团队站到了美国纽约证券交易所（后简称纽交所），那一刻，他所创立的高途[①]创造了一连串纪录，包括：

全球A轮融资后就直接上市的科技教育第一股；

中国在美国纽交所上市的K12在线教育第一股；

实现了规模化盈利的在线教育第一股；

团队拥有股份比例最高的科技教育第一股；

经过5年创业在美国纽交所融资规模最大的科技教育第一股。

如果向后看，高途还创造过中国公司A轮融资纪录——5000万美元；向前看，它将创造中国公司被做空次数最多的纪录——从上市到2020年年底被做空16次。

与这些“第一”相伴的，是很多人一度认为高途死定了，“曾经的新东方执行总裁陈向东的第一次创业将以惨败收场”。这段故事可能将丰富高管不适合创业的案例库。但高途突然就从黑暗森林冲到了资本市场，并为即将到来的大战备足粮草。高途2019财年全年增长超过400%，净利润一年翻了10倍，IPO发行价定为10.5美元。在做空炮火中，2020年7月9日，高途经过连续5个交易日的上涨，股价涨至87.86美元/股，总市值209.75亿美元，首次突破200亿美元，成为在线教育上市公司中第一个市值突破200亿美元的机构。

① 陈向东自2014年6月正式创业，最初公司的产品名称和主品牌名称同为“跟谁学”。2021年4月，公司名称与主品牌名称统一为“高途”。为避免读者混淆，本书中提到公司名称，从开始就采用“高途”。

到2020年年底，高途共为超过1000万用户提供了直播大班课服务，24000名员工分布在北京西二旗后厂村6栋办公楼和全国13个运营中心，旗下主力产品包括主打K12教育的高途课堂和主打成人辅导的跟谁学好课。

看起来他从此就走上人生巅峰，可以笑傲江湖了，然而并没有。2021年7月24日，中共中央办公厅、国务院办公厅印发了《关于进一步减轻义务教育阶段学生作业负担和校外培训负担的意见》（简称“双减”），风头最劲的教培机构骤然遇冷，出路只剩下两条：转型或是倒闭。

一切要推倒重来。高途的员工从近3万多人减少到1万多人，写字楼退租了数万多平方米，运营中心裁撤到只剩下3个，所有高管重新进入找项目的状态。

到2022年9月，经过断腕、混乱期的探索后，高途再次稳住，净亏损同比大幅收缩，自转型以来，实现连续第三个季度在非美国通用会计准则下的盈利。陈向东没有喘一口气，11月又开始创建高途佳品，杀入火热的直播带货赛道，并无视身边朋友、伙伴的劝阻，自己上阵做直播、录短视频。

现在还无法定义他最终的胜利，所谓“最终的胜利”，对陈向东而言也许根本不存在。

我和陈向东相识多年，从他离开新东方后就一直在关注他的动向。2020年10月，当时在线教育看起来是最炙热的赛道，我曾与陈向东探讨写一本书的想法。陈向东并非是活跃在聚光灯下的头部企业家，高途也没有在行业内一骑绝尘，不过他带着理想主义气质，在创业现实中反复折腾的经历，是一部最实用的MBA教材。

陈向东最初婉拒了此提议，他觉得公司还没到7年之痒，有各种不确定性，不想贴上任何标签。经过多次沟通，他才最终接受，并提出了自己的想法：要写就要写得真实，不要回避跌进去的坑、受到的质疑和发生过的冲突；高途会敞开所有内部资料，也不会干预采访和写作的过程。

当时我访谈了高途早期的创业团队、核心管理层以及数10位伙伴，面对300多万字的速记资料和200多小时的音视频素材，深切地感受到高途能活下来并越来越强壮堪称奇迹。所谓奇迹，都是由奇迹般活下来的公司创造的。陈向东创业的 2014 年，有 1000 多家公司同时挤进教育 O2O 版块，其中 99% 都死在了路上。业务方向不清、远离用户、产品线过宽、扩张过快、现金流绷紧等所有的坑，陈向东都经历过。成功与失败都不可复制，而这种起死回生的过程，对创业者而言更具有学习价值。

书稿成于 2021 年 2 月，但就在将近付印的 5 月，教育行业形势发生了变化，不得不暂停出版。之后发生的故事更加跌宕起伏，真的是猜得中开头却猜不中结局。2023 年初，我又对原稿进行了补充修订。对行业而言，这固然是巨大冲击，但对本书而言，却更加丰满和戏剧化了。

从创业的角度看，本书尝试揭示高途和陈向东的 3 种底层逻辑。

1. 如何打造韧性、有活力、高绩效的组织。陈向东是彼得·德鲁克的忠实读者，一直在思考管理者的价值，希望成为并培养更多的高效管理者，进而去激活组织中的每个人。

迄今，陈向东在同一家公司进行了 3 次创业。2014 年 6 月，他离开新东方后成立高途，是第一次创业。2016 年初，公司现金流最紧张时，他尝试多元化业务，高管内部创业找活路是第二次创业。2021 年 7 月，“双减”之后重新出发，到 2022 年 11 月 16 号，他亲自上阵做高途佳品，正式进入了第三次创业状态。

这意味着，高途经历过多次从扩张到收缩、再扩张再收缩的状态。高途见过星辰大海，也见过大漠沼泽，面对过盛宴的诱惑，也面对过饥荒的考验，如果在这个过程中能保持队伍不散，阵型不乱，这样的团队无疑是强大的。这需要领导者在关键时刻做出艰难抉择，需要理解人性，尊重人性，并建立有效的制度来激发人性；需要筛选出一批能从大处着眼，也能从小处入手的业务一号位，也需要反复沟通，天天沟通。

2. 怎样让价值观成为生产力。价值观是一家企业自我认同的基础，但即使将这句话写到墙上，做成条幅，天天背诵，往往也难以落地。特别是在功利主义氛围浓烈的中国创业圈，创业者会首先将重心放在应对业务挑战上，业务遇到问题之后，才会思考是否从价值观入手做出改变。

不过，对陈向东而言，看起来虚无缥缈的价值观，恰恰是他的力量来源。高途也曾犯过扩张的错误，而且不止一次。陈向东创业的过程，就是不断聚焦的过程。如果你有过创业的经历，一定能体会到做减法比做加法更需要勇气。每次能够跑偏后再跑回来，都是靠价值观的牵引。

高途至少有过 4 次大聚焦。第一次是在 2017 年年初，从 O2O 模式聚焦到在线直播双师大班课。通过这次聚焦，陈向东找到高杠杆，于是公司得以活下来。第二次是在 2020 年 9 月，陈向东将 K12 业务全部集中到高途课堂，力出一孔。第三次是在 2021 年 4 月初，企业品牌的名字全面改为高途，“跟谁学好课”改为“高途在线”。第四次则是从 2022 年下半年开始，将“双减”后出现的各种创新业务进行梳理，创造出更健康的增长曲线。

这表面看起来是业务层面的梳理，背后都是陈向东反复思考，并不断迭代答案：何为教育？教育的本质是什么？我们这家公司的存在对教育而言有什么意义？

3. 全力以赴。几乎每一家创业公司都以全力以赴的姿态战斗。高途所在的后厂村，几乎就是“全力以赴”的代名词。可高途比通常意义上的“全力以赴”“更全力”，几乎任何时间走进高途总部，都能感受到心跳加速，而这种心跳加速并不是表面上看起来忙得不可开交，相反，它的工区看起来平静无波。

“全力以赴”是一种精神。每天伙伴一进公司，一股精气神就扑面而来。同事在高途称为伙伴（我们在书中会沿用这一表述），不分级别、肩并肩地挤在一起，陈向东也不例外。为了开会方便，高途 2020 年才把一个会议室进行改造，兼做陈向东的办公室。

陈向东的人生履历中写满了“全力以赴”，他以擅长脱口而出的排比句著称，个人成长史也像排比句一样连贯：从老家河南潭上村到北京中关村，再到如今的后厂村，他永远像上满了的发条。他全力以赴在新东方从普通讲师成长为执行总裁，人到中年全力以赴创业；在公司最困难的时刻，全力以赴投钱给公司；在公司原有的业务模型被推翻后，全力以赴找出路；现在全力以赴，从零起步，像年轻人一样在抖音上做直播。除了读书，他似乎没有什么爱好，一睁眼就是工作，不工作时就思考，不思考时就学习。

如果只把“全力以赴”视为一种奋斗精神，就过于狭隘了。“全力以赴”并不是使蛮力，而是个技术活，不仅是意愿，更是能力。特别是对领导者而言，如果带领团队在错误的方向上全力以赴，就是一场灾难。

现在我才知道，高途的精神就是“将心注入，全力以赴”。陈向东说这是自己在某一个瞬间想出来的，现在再想恐怕想不出来了。他感叹人生如戏，不过他理解的“戏”不是“戏剧”，而是“游戏”。当成戏剧只是表演，当成游戏才能真正投入。

如果把人生当作一个无限的游戏,最终取决于人在这个世界上留下了什么，世界因人产生了怎样的改变。如果是游戏，要理解输是常态，赢是福分。是福分就要保存下来，才能不断地赢。游戏就要开心，不能苦大仇深的样子。怎样才能开心呢？就是要把心打开。因为游戏需要协作，与别人沟通，经过沟通才能将无数个小星体组成一个大宇宙。唯有“将心注入，全力以赴”，才能开心工作，幸福生活。

2023年，陈向东52岁，与网易的丁磊、腾讯的马化腾、海底捞的张勇等人同龄。对于一个男人而言，这是个微妙的年龄。霍尔格·莱纳斯在《男人五十》中说：“男人的50岁，黄金般的岁月。近50岁的，过了50岁的，抑或所有五字开头的男人们，还持有两张王牌，承诺过的未来和历经岁月雕琢的过去。”

陈向东的过去饱经雕琢，他现在站在“承诺过的未来”的起点。

高途确实不需要一本传记,本书只是邀请读者共同进入一次全力以赴之旅。只要你仍然在路上奔跑，相信陈向东这杯酒，定能与你同酌。

何伊凡

2023年3月11日

目录

遇到家里鸡蛋不够时，母亲就让陈向东去邻居家借。鸡蛋借回来后，母亲每次都会先比较一下鸡蛋大小。如果自己家的鸡下的蛋比较小，就先不还，等过几天有了大的鸡蛋再还。每次还人家两个鸡蛋，必须拿出七八个鸡蛋，让人家自己挑。

要招待客人，有时也要去借面粉。磨麦子第一遍的面粉最白，越靠后越黑。还别人家面粉的时候，母亲总是把第一遍的面粉筛出来还给人家，而且会尽量按得瓷实一些。

这就是母亲对他的教育：借小还大，还大的，以后才能借到小的。

在高途成立的第二个月，陈向东做了一个看起来没什么意义的安排——组建了视频直播技术团队，而这竟成了日后的救命稻草。当时视频直播在同行中并非主流，连技术背景的核心创始团队成员都表示反对："咱们不是做O2O吗？搞视频直播研发干嘛？"陈向东说："相信我，这是未来，这事儿别讨论，赶快找人。"恰好，"小龙女"龚海燕创立的在线教育公司梯子网解散，高途就把他们的直播团队直接端了过来。

陈向东特别喜欢看电影。他排解压力最好的方法就是晚上10点钟，去看最后一场电影，看到午夜12点左右，回到家里处理完邮件再睡觉，这是他人生最大的享受之一。在最痛苦的那段日子里，陈向东大概有十几次一个人跑去电影院看电影。创业维艰，带着创业的心境，特别是看那些灾难片、惊险片、恐怖片，总是会映射到自己的内心，映射到别人对自己的信任或者失望的眼神，映射到自己每天的生活。

第四章 力出一孔 85

2017 年 7 月，公司开了一次高管会议，专门讨论是否要立刻停掉B端业务。张怀亭、罗斌、祁秀平等人提前碰了一下头，大家商量要一起说服陈向东，采用过渡方案，毕竟之前积累的资源不能浪费。可会议开始没 10 分钟，过渡派就哑火了。陈向东说："你们不知道只做一件事多美妙吗？"他举了在森林里同时追两只兔子的老梗，说明只有专注追一只兔子，才有可能追到，否则一只都追不到。

第五章 在战斗中磨炼组织 113

2018 年暑期有连续 5 期训练营课程，比之前还多。伙伴们几乎全是应届毕业生，他们在郑州中心建业智慧港办公。办公楼每到周六、周日就没有空调，工作日晚上 7 点之后也没有空调，郑州的夏天又特别热，他们就买了冰块，用电风扇对着冰块吹来降温。冰箱里装满了西瓜、冰棍，每天大家下班走出楼时全身都是湿透的，甚至有人热得中暑、晕倒。

公司上市的那天晚上，陈向东只喝了几杯酒，以他的酒量，这点酒也只能算是给口腔消消毒，但他居然醉了。虽然他尽量在酒精和兴奋的双重夹击下保持清醒，但醉梦中，还是感慨万千。陈向东想到自己在2015年、2016年白头发开始疯长，想到半夜惊醒后坐在床边发呆，想到和伙伴们历经考验的战斗友谊，特别是想到了母亲。

平时大家讲课都在设备齐全的直播间内，如今只能在隔离小房子中就地改造。一位叫张立琛的化学老师，刚刚加入高途不久，还没有租到合适的房子，疫情期间也没有条件再去找房子，只租到了个特别小的房间。他拍了一张照片，看起来让人心酸。房间内只能放一张床和一张桌子，桌子上本来平时摆一些锅碗瓢盆，直播时就放到地上，脚边堆着菜，在床和桌子之间搭着背景布，依然激情满满地对着镜头在那讲课。

主讲老师最担心的就是学生参与度不高，如主讲老师号召“打1”，响应的却没几个。虽然大班课可能有上万人在直播间，但对于学生而言，他们的关注点主要是主讲老师，因此在线主讲老师接受培训时会特别强调镜头感。换言之，虽然是大班课，但要给学生和家长讲出一对一的感觉，甚至在语言上要少用“你们”“大家”之类的词，而要用“你”。说话时要像孩子们就在身边一样，如此才能引发互动。

行业大调整后，陈向东却说是高途的“最美妙时刻”，一家公司只有至少经历过两次危机并活下来，才能成为伟大的公司。这话听起来硬气，却似乎显得缺乏可信度。实际上陈向东所谓的“美妙与幸运”指的是可以静下心来，重新思考业务，打造组织，反观自我。

第一章
凡墙皆为门

遇到家里鸡蛋不够时，母亲就让陈向东去邻居家借。鸡蛋借回来后，母亲每次都会先比较一下鸡蛋大小。如果自己家的鸡下的蛋比较小，就先不还，等过几天有了大的鸡蛋再还。每次还人家两个鸡蛋，必须拿出七八个鸡蛋，让人家自己挑。

要招待客人，有时也要去借面粉。磨麦子第一遍的面粉最白，越靠后越黑。还别人家面粉的时候，母亲总是把第一遍的面粉筛出来还给人家，而且会尽量按得瓷实一些。

这就是母亲对他的教育：借小还大，还大的，以后才能借到小的。

饥饿与寒冷，
是童年拼图中最鲜明的板块

教育是什么？

陈向东曾把教育拆成两个字：一个是“教”，另一个是“育”。他理解教育的核心不仅仅在于教，更在于育。“教育如果重在‘育’的话，十月怀胎，一朝分娩，我觉得她是需要时间的。好老师的成长是需要时间的，好老师的训练是需要时间的，好老师人格的不断完善也是需要时间的。所以，我们一直认为教育是一个慢功夫，教育是一个良心活儿”。

陈向东在2021年年初的一次内部沟通中，特别强调了“教育是农业”。“这是什么意思？在春种的时候买种子是买不着的，你得提前几个月买种子、找工人。”农业自然要松土、播种、浇水、施肥、除虫，要慢慢来，另外，要特别注重时令。教育也是如此，寒假班、暑假班各有各的打法，每周中每一天的意义也不同。陈向东在新东方时对此深有体会，当年以线下逻辑为主时，当天做什么事，第二天做什么事，哪一天做什么事，哪一个节点做什么事，提前多少天做什么事，全要排出来，像作战地图一样每天推演。隔行如隔山，从任何一个行业跨越到教育，即使是互联网，跨行如同要跨越整座太行山脉。不懂教育的规律，就算挟资本之力、技术之威，也会在群山中迷失。

陈向东觉得尽管今天全世界的资本都非常疯狂地进入教育领域，但对于高途而言，教育一定是慢功夫，“今天的快都会由未来的慢来做出弥补。今天谁能够慢下来，真正去服务好每个学生和家长，让每个学生和家长相信他，让学生和家长的期待不仅能够被满足而且能够被超越，谁的口碑才会真正立起来并传下去”。

陶行知先生曾将教师工作形容为：捧着一颗心来，不带半根草去。即使受到资本狂潮的洗刷，教育也不仅仅是一门生意。陈向东对“教”和“育”的认识，根植于他的童年。

1971年6月，陈向东出生在河南省新安县。新安在河南省西部，是连接西北、华东及华北的重要通道，自古为中原要塞、军事重地，抗日战争到解放战争时期，曾先后两次成为革命老区，同时也是国家级贫困县。

陈向东出生的潭上村，地处万山湖畔，毗邻5A级景区龙潭大峡谷和4A级旅游景区黛眉山，风景秀丽。正是这些大山，曾让潭上村成为贫困县里最偏僻、最贫困的一个村。少年时，陈向东登顶一座丘陵，只能看到数不清的山脉绵延到远方，根本难以找到这个世界的起点。

陈向东的爷爷是村里的“说事人”，全村红事、白事都由他来出面张罗。爷爷对教育特别有兴趣，也喜欢看书，读的最多的就是关于儒家的经典。爷爷经常拉着陈向东坐在上房的房檐下给他讲孔子的故事。当时农村家家户户都装了一个听广播的喇叭，每次听广播时爷爷都很专注，似乎努力要得到外面的信息。

夏天，家里特别热，爷爷和陈向东睡在村子靠近河滩的一片空地上，铺个凉席，盖一块小被子，青草的味道钻进鼻子，青蛙在河边呱呱叫，头顶是满天繁星。小孩子闹腾不想睡觉，爷爷就给他讲故事、猜谜语，这是他童年中少有的奢侈时刻。

陈向东的父亲是1966届高中毕业生。县城的中学每年就招88个学生上高中，而父亲成绩非常好，还会弹钢琴（这一技能一直保持到现在）。父亲在县城上高中，从家到县城高中有100多里的路程。当时还没有通公共汽车，往返学校只能靠步行。每到父亲开学时早上在家吃过早饭，书包里装上几个馒头，就从家出发了。爬过一道道岭，翻过一座座山，中午到达一家饭店。别人到饭店是吃捞面，父亲却是去打一碗面汤，然后从书包里拿出一个馒头吃，这就是午餐了。休息一小会儿，就又赶路了……如果是夏天，白天天长，到达学校时太阳还有半杆高就要落山了；如果是冬天，白天特别短，天黑后离学校还有一个小时的路程，崎岖的山路上又没有路灯，全凭路熟才能摸到学校。正因为如此，父亲读高中时有时 3 个月才回家一次，甚至半年回家一次。

在父亲读高三那年，高考取消了，打断了他上大学的梦想。1968 年 8 月 28 日，知识分子上山下乡，父亲背着一把锄头和一套《毛泽东选集》，回到了家乡。

父亲离开县城回到村子后很快发现，他所学的英语、数学和钢琴面对土地全无用武之地。父亲是村里学历最高的农民，也是最笨的农民。

考验一个农民技艺好坏的标准有两项。

第一项技艺是犁地。地里有很多石头，犁得太深碰到石头就把刃弄崩了，太浅则耕不下去。犁地技术好的人，对于怎么打鞭子，怎么让牛快走，遇到石头后怎么把犁头抬起来都非常有经验，但父亲对此一无所知。

第二项技艺，就是每年收麦子时的翻场和扬场。麦子割下来要在太阳下暴晒，趁阳光特别好的时候翻一翻，这就是翻场。翻场的速度要极快，因为天气说变就变，常常一阵大风后，大雨就来了。一定要赶在雨天之前、刮大风的时候把场扬出来，麦子碾完之后迅速拢成堆；若没有收好，麦子就会泡汤。

这两项农活，父亲做起来都特别差。每次别人家犁完一亩地，自家的三分地还没犁完。别人扬场的时候顺着风，父亲却逆着风。父亲拎着破损的犁头站在田里或者拎着草叉子茫然地站在风中的样子，定格在陈向东的记忆中。

陈向东后来才理解，这么简单的动作父亲就是学不会，是因为自尊心作祟，怕丢脸，以致动作变形。读高中的时候，父亲曾是整个村庄、整个家族的荣耀，然而现在却成了村里人嘲笑的对象，只有陈向东的母亲，一直以丈夫为荣，从无怨言。在陈向东的印象中，家人之间从不抱怨。母亲笃信基督教，村子里谁家孩子生了病，就会请母亲去祷告。母亲祷告完有时要晚上 10 点多才能回来，姐弟 3 个就坐在灶台边，等母亲回来做饭。

陈向东 4 岁时，父母每过一段时间就带着姐弟 3 个，下午四五点钟出发，走 15 里的山路去姥姥家，为的就是晚上能够在姥姥家吃一顿饱饭。吃完饭，晚上七八点钟回去，姥姥就会把家里的粮食拿出来分给他们一些。父亲挑着一担子粮食，母亲拉着姐弟几个，再走 15 里的山路，回到家往往已是深夜了。

饥饿与寒冷，是陈向东童年拼图中最鲜明的板块。他时常在半夜饿醒，冬天穿不起棉裤，只能套两条单裤子过冬。有时勉强用旧的棉裤缝一缝，老大穿小了给老二穿，老二穿小了再给老三穿，老棉裤几乎毫无保暖作用，他们冷得实在受不了，就只能在户外奔跑。

在农村，冬天没有条件洗澡，头上、身上都生了虱子。卫生条件差导致陈向东和弟弟得了一种传染病：背上、胳膊上、胸前都是白色的水痘，奇痒，抓破了还会流出白色的脓水。家里没钱看病，父母只能去硫黄矿找一些硫黄渣，捻成粉，往身上抹。虽然疼痛难忍，硫黄渣又有毒性，但水痘居然好了。

30 多年后，陈向东压力最大时，白天给伙伴们鼓劲，描绘美好的远方，告诉别人和自己要坚持，说伟大都是熬出来的。他讲完之后回家，凌晨两三点钟他才上床睡觉，但一个个噩梦袭来，4 点多钟也就会醒来，然后坐在床边望着窗外的天空发呆，童年的生活再次从记忆深处爬上来。他想，今天再难也不会难到吃不饱饭、穿不上衣，不会难到用硫黄渣治病。

借小还大

少年时，陈向东倒未觉得贫穷难以忍受，它像一块粗糙的磨刀石，磨砺了他的性格。别看他现在看起来斯文有礼，幼年时却是全村最淘气的孩子，充满野性。陈向东觉得父亲被人看不起，有点窝囊，而自己是个男孩子，理应撑起这个家，要让全村人都知道自己的厉害。

陈向东开始练爬树，没有他掏不到的鸟窝；老师上课时，他经常跑到山上，用树枝搭一个树床，在上面睡觉；他以擅长各种恶作剧为骄傲。虽然因为营养不良读初中时个头全班最矮，只有 1.4 米，但他经常练跳高。有一次往乒乓球台子上跳，刚起跳老师就来了，他一紧张膝盖重重地撞到台子上，至今留有伤疤。

陈向东自然成了孩子王，经常带着一群小伙伴呼啸而过。孩子王需要有对手才能显示自己的存在。当时村子里西边的人富，东边的人穷，孩子也分成两拨。陈向东是东边的老大，看到西边富裕人家的孩子，自然有些不爽。有一次看到西边的孩子王出来玩，陈向东不小心用弹弓打中对方的门牙，把门牙都打落了。人家的哥哥马上冲出来把他踢倒在地。陈向东的母亲跟着赶来，又把他揍了一顿。

这种皮肉之苦对陈向东来说是家常便饭。他刚上初中时，恰逢《霍元甲》热播，万人空巷。学校离他家大概走路十几分钟，他假装说是去学习，其实是跑到两公里外的村民家去看电视。回来之后就开始练功，飞檐走壁，爬房子，跳梯田，从山上疯跑下来，还拉着弟弟一起练功，两腿夹着石头跳远。村里有几片桐树林，他们兄弟对着桐树练铁砂掌，掌法没练好，倒是把树苗的皮都打掉了，让母亲知道后又是一通好打。

潭上村在山沟里，每当山洪暴发，都会淹死几个人。雨大的时候，整个河滩都会淹没，河对岸的人都过不来。陈向东童年最大的遗憾，是没有学会游泳，他曾经尝试过，用裤子兜上气，把裤腿系紧做救生圈练习游泳。一旦发现陈向东偷偷游泳，母亲就会用棍子痛打他一顿，终于打得他见了水就绕开走。陈向东后来在北京买了栋带游泳池的别墅，与父母同住，母亲想填了游泳池种菜，后来真把游泳池填上了。

父亲脾气很好，母亲则坚韧刚强，对孩子管教严格。至今陈向东还时常梦见小学时被老师批评，回家被母亲打一顿。陈向东的性格深受母亲的影响。

母亲在老家颇有口碑，哪怕自己吃不上饭也要先帮助别人。家中养了几只老母鸡，可舍不得吃鸡蛋，要攒着去卖钱。村里的规矩是，有亲戚来走动，一定要做两个荷包蛋，埋在面条下面。所以陈向东走亲戚的时候就能吃到鸡蛋，而一年有两次走亲戚的机会，一次是暑假，一次是春节。陈向东至今都特别喜欢吃面条。

有的亲戚家里确实穷，吃面条时陈向东充满期待地翻到碗底，依然没有找到鸡蛋。当亲戚来回访时，母亲做面条时依然会埋上两个鸡蛋。陈向东看着眼馋，母亲让他躲远一点，他不服气地说："妈，我去他家就没有吃到鸡蛋。"母亲却说："人家没有鸡蛋咱家要有，你一边去，别丢人。"

遇到家里鸡蛋不够时，母亲就让陈向东去邻居家借。鸡蛋借回来后，母亲每次都会先比较鸡蛋大小。如果自己家的鸡蛋比较小，就先不还，等过几天有了大的再还。每次还人家两个鸡蛋，必须拿出七八个鸡蛋，让人家自己挑。

有时招待客人还要去借面粉。磨麦子第一遍的面粉最白，越靠后越黑。还人家面粉的时候，母亲总是把第一遍的面粉筛出来还给人家，而且会尽量按得瓷实一些。这就是母亲对他的教育：借小还大，还大的，以后才能借到小的。

陈向东成年之后与人交往，宁肯自己吃亏，也绝不占别人便宜。

14 岁时，母亲和陈向东坐公交车去县城，带了几个姥姥给的苹果。在公交车上他遇到了一个同村的老奶奶带着小孙子。小孩看到苹果，哭着喊着要吃。母亲就和他商量能不能给人家切一块，陈向东直接拿出一个大苹果给了这个小孩，老奶奶推辞不要，但他还是坚持把苹果留下了。

半年后，陈向东回家过年，母亲说："你还记得去县里路上给人家苹果那事儿吗？那个奶奶回到村子里见了谁都说：'向东这娃太厚道了，给了我们一整个苹果啊，一整个！'"这个场景他能记一辈子，他第一次体会到分享才是最大的快乐。

后来到了新东方，陈向东每年都要请很多人吃饭，但基本上都不报销。俞敏洪曾经问他为什么不报销，他回答说，很多时候请人吃饭分不那么清楚是公是私，就干脆自己掏钱了。

创建高途之后，陈向东也和公司算得清清楚楚，没有在公司报销过一分钱，也没有领过一分钱工资。他的标准很简单，只要是与私人有关的费用，都由他个人承担。

虽然贪玩，可陈向东学习成绩却不错。他极为要强，不管哪门学科考了第二都不行，一定要超过别人，然后再出去玩。

成年后的陈向东善于表达，具备文科生的所有特征，但其实他更偏重理科。陈向东从小特别喜欢数学。小学五年级，在上海当兵的舅舅给陈向东带了一本数学竞赛题集。舅舅告诉他说上海的学生都特别喜欢这本书，大城市的学生都在做这些题。陈向东如获至宝，用了两个月就把那本厚厚的习题集全部做完了。和那些枯燥的算式相处，对陈向东而言简直是一种享受，有一段时间，他碰到高年级的数学题就会痴迷到抬不起头。

这一连串童年的日子，形成了一架长梯，向看不到的地方悄悄延伸。陈向东沿着这架梯子，已经对教育的神圣感产生了模糊的认识。

陈向东上学时特别调皮，教数学的高老师就惩罚他，要求他做完比其他同学更多的习题才能回家。后来她发现陈向东做题非常快，就想出了另一个办法，让他负责辅导全班同学的数学。高老师让陈向东把课外题抄写在黑板上，然后监督同学们学习。

陈向东个子最矮，每次抄题不得不站在凳子上，好几次还从凳子上摔了下来。但一个调皮的孩子能够获得老师如此的信任，拥有一个引领别人的机会，给了他很大的鼓舞。他如同获得嘉奖的士兵，为了在同学向他提问时能够迅速给出答案，陈向东每天都把老师给的课外学习书带回家，他只用了一个多月的时间，就把 200 多页的习题全部做完了。

陈向东特别感激初三时教他数学的陈老师。当时新安县要举办数学竞赛，全镇预考中他考了第一名，可以去县城参加比赛。结果前一天晚上天降大雪，山路全封了，这么大的雪，怎么到县里考试呀？不要说县城，连方圆 20 公里以外的地方陈向东都没去过，靠自己确实难以走出大山。

早上 5 点多钟，陈向东家的门就被敲响了。原来陈老师夜里 3 点就从自己家出发，冒着大雪翻山越岭走到他家，路上还把腿摔伤了。陈老师拉着陈向东就走，他们徒步几公里山路到镇上坐车，但紧赶慢赶，还是没赶上镇上的第一班公交车。陈老师特别自责，哭着说如果不是路上摔了跤，腿受了伤，就不会赶不上了。说着说着，流下一行行眼泪。

后来他们坐上了第二班车，赶到县城时考试已开始了半小时，在陈老师的苦苦哀求下，陈向东最终才有机会参赛。虽然最后他考了第 21 名，没有获得资格参加洛阳市的数学竞赛，但是，这在陈向东心中刻下了一道痕：做老师，就要做陈老师那样，成为学生一辈子也忘不了的老师。

只是当时他并没有想过，自己会自此与教育结缘。

举手那一刹那，他才发现自己是唯一站出来的人

1985 年，陈向东 14 岁，初中毕业。在中考之前，父亲问他准备考什么，他说高中，父亲没说话。后来他才知道自己的志愿被父亲从高中改成了师范中专，这是他人生中受到的第一次打击，也引发了和父亲的第一次冲突，而父亲这么做的原因是因为家里没钱。

表面上看，当时陈向东的家庭条件已有改观。高考恢复后，父亲便努力抓住机会考大学。母亲经常在夏天最热的时候去井上挑水，用浸湿的凉毛巾给父亲擦背，父亲则头也不抬，每天苦读、记笔记，最后考取了洛阳市第一师范学校。两年师范毕业后回家，父亲成为公办教师，家里的收入一下子就从每月 4 元涨到了 40 多元。

可是贫穷依然如影随形。家中的房子太旧了，陈向东常常梦到房子倒了，结果有一天，雨水真的把房梁冲塌了，幸好姐姐提前把他和弟弟拉了出来。为了修房子，家里借下了几百元的债务，那时几百元可真是一笔巨款。

陈向东的姐姐比陈向东大两岁，保送到了县里父亲读过的高中。当陈向东发现自己的志愿被改时，他哭着跑回家，质问父亲："为什么改我的志愿？我要上高中。"母亲也哭着对父亲说："你改儿子的志愿，他会恨你一辈子。"

父亲沉默不语，家里实在供不起两个高中生，而读师范中专，学费国家负责，每个月还有生活费补贴。陈向东从父亲的眼神里看到了自责，他由此“理解了人生是有局限的，理解了有些事是自己不能把握的”。

失去了才会懂得倍加珍惜，陈向东从14岁开始性格大变。进入中专那一刻，他突然对玩失去了兴趣，自称再没有偷过一天懒。因为他发现，学习的机会太宝贵了。从小父亲每天给他们讲的就是要上大学，只有上大学才能改变命运，但现在自己连上高中的机会都没有了。

陈向东发誓一定要超过姐姐。他买了高中的课本，每到周末就会找姐姐给自己补课。师范不教英语，他就自学，而且提前把高三的课程都学完了。

他冬天一直穿着破棉絮，一直渴望拥有一套毛衣毛裤，为此需要9元钱。陈向东第一次显示出自己的商业头脑，编了一大堆脑筋急转弯的题，如“树上6只鸟，打死一只，还剩几只鸟”之类的，每页题刻印出来卖1毛钱，趁火车停靠时爬到车窗里去卖。就这样，他终于拥有了人生中第一套毛衣毛裤。

买到毛衣毛裤后，陈向东就放弃了这个小生意，他很清楚自己的目标，要读大学。他回想自己在成长中有3件与教育相关的事。第一件就是小学时是由父亲辅导的，而父亲是当时全村水平最高的老师。第二件就是读师范时，遇到了一批从北京来援教的老师（当时叫中央讲师团）。这些老师不但水平高，而且见识广博，陈向东由此了解到县城以外还有更宽广的世界。第三件，后文再表。

教语文的夏老师就来自北京，多年之后，陈向东依然记得第一节课时夏老师的开场白：“各位同学，你们都是来上师范的，毕业后都要当老师，而当老师最重要的是要有好的口才。如果你有真情实感，你有什么想法，就把它们写下来，然后把它们背出来，再当着同学的面把它们讲出来，多讲，就能成为演讲高手。”陈向东把夏老师的话变成了行动，回去之后就写了一篇文章，晚上睡觉前还躲在被窝里背诵。第二天早上5点多起来跑步时在背，6点10分上早自习时也在背，为的就是要在语文课上好好表现一番。

早上上课之前，陈向东鼓起全身的勇气冲到隔壁教室的讲台上大声说：“各位同学,大家好!我是八五(3)班的陈向东,我想为大家演讲,你们可以鼓掌了。”尴尬了,掌声并没有响起来,除了几道好奇的目光,根本没人理他。陈向东个子小,就索性站在讲台的凳子上。看到他这个莫名其妙的动作,大家突然安静了下来。于是陈向东开始了人生第一次演讲。演讲,是陈向东最重要的技能之一,不管是一对一还是在万人体育场,他都应对自如。可人生中第一次演讲相当不成功,陈向东站在凳子上,两条腿一直在打哆嗦,提前背好的词从脑子里“嗖”的一声逃走了。终于磕磕巴巴地讲完了,他灰溜溜地跑回自己的教室。早上第一节课是语文课,快下课的时候夏老师问,今天有没有人愿意出来给大家演讲。陈向东已经忘了清晨的挫败,一听特别兴奋,“唰”地就举手了,在他举手的那一刹那,全班响起了热烈的掌声。他回头一看,发现全班只有自己一个人举手。于是陈向东又一次站到了讲台上,开始了第二次演讲。

陈向东刚开始演讲的时候两条腿还是有点儿哆嗦,不过比第一次强一点儿,还算流畅。他开口后,下边依然乱哄哄的,有人交头接耳,有人对他指指点点。等他讲到第三分钟时,全班同学都安静下来了,每位同学都盯着他,认真地听他演讲。等陈向东讲完,掌声再次响起,这次的掌声真诚而热烈。那次演讲过后,班上的同学看陈向东的眼神都发生了重大变化,那感觉美妙至极。

多年之后陈向东回想起这个场景,还很纳闷:全班 50 多个学生,为什么最后只有自己一个人敢举手?后来陈向东终于找到了答案,自己年龄最小,也最听话,会把老师的话当成命令一样执行。

当时,陈向东听校长说,谁能考到全校第一名,就能保送大学。陈向东对这话坚信不疑。在师范学校的 3 年,他每天都是早上起得最早、晚上睡得最晚的,中午从来没有睡过觉。最后他真的考到了全校第一名,但莫名其妙没有获得保送的名额。

1988 年,陈向东 17 岁,师范毕业。有一位叫陈明杰的老师帮他认真规划未来的工作方向,并建议他不管做什么,一定要勇于担当责任,以后最好做一位初中班主任，那样自己就会有压力，有压力才有动力。陈向东很好奇，说：“为什么要当班主任呢？”陈明杰老师解释：“这样一来，担当就更多了，担当一多，成长就更快。”

从此，新安县铁门一中就多了一位初中语文老师。陈向东暗暗发了一个“铁誓”：一定要到北京读大学。

梦想在冷水中变得炽热

1988年，在北京大学，一个叫俞敏洪的年轻教师同样在为改变命运而挣扎，他的目标是出国。努力了3年，并且在托福考试中获得了663分的高分，但由于美国的留学政策收紧，加上他在北大的成绩并不算优秀，他花光了积蓄，还是没有走成。

俞敏洪为了谋生，偷偷在校外办起辅导班，结果受到了处分，北京大学校园广播、有线电视和著名的三角地橱窗都发布了公告。为了挽回颜面，俞敏洪不得不离开北大，前途失去了所有的光明。1991年，俞敏洪开始在一个叫东方大学的民办学校办培训班，学校出牌子，他上交15%的管理费。

陈向东在铁门一中任教了3年，在这里人生中第三件重大事情发生了：他遇到了全县最勤奋、最优秀的校长田校长。田校长几乎天天跑到镇教育组找优秀老师，并且亲自给两个班讲数学课。

陈向东的很多教育理念深受田校长的影响，其中一项就是优秀老师的重要性。田校长天天去找优秀老师，天天培训优秀老师，自己讲课，以身作则，讲到口干舌燥、嗓音沙哑，依旧满怀激情，他把整个身心都给了学校。

一年之后，铁门一中的教学质量全县第一，县城里的领导都把孩子送到了这里。

陈向东想起了陈明杰老师的教导，刚参加工作没几天，就跑到校长办公室毛遂自荐要当班主任。田校长虽然爱才，但还是被陈向东的自信震惊了。田校长告诉他，学校要求至少有5年工作经验，年龄至少27岁，才有资格当班主任。而陈向东当时才17岁，也就是说10年之后才有资格当班主任。陈向东只好作罢。

但此时陈向东已体现出了“凡墙皆是门”的特质，他一直对当上班主任念念不忘，于是暗中筹备两件事：一是把课讲好，二是观察优秀班主任的行为。他每天都住在学校，早起晚睡，从不午休，全身心围着学生转，督促学生学习，让他们背，让他们读，不断考察他们的背读情况。

当时，陈向东教初二语文，每天都在教室里面晃荡，随便抓住一个学生就进行测试，而要躲避陈向东的“抓捕”并不是件容易的事。毕竟他是个爬树高手，动作敏捷。

当时教初二语文的还有一位老师，是副校长。这位老师的生活作息是准时上班，下午5点钟准时下班。第一个月的月考，陈向东班的平均分比这位老师的班高了近20分。第二个月，这位老师也开始早出晚归，即使这样，第2个月的月考陈向东班的平均分仍然比他的班多了10多分。

由于教学表现突出，学校马上就注意到陈向东了。陈向东再次提出能不能当班主任。当时陈向东进学校才两个多月，学校破例提拔他成为全校最年轻的班主任。陈向东实现了职业生涯中第一个小目标，体会到了陈明杰老师所说的责任，每天早上起得更早了，沉迷于观察、提问、研究每个学生。他还练就了一项本事，每天上课前把每节课的知识点牢牢记在心里，讲课时根本不看讲义，课文都能大段大段地背诵出来，学生们都觉得这个比自己大不了几岁的老师有超能力。

有段时间当地的治安不是很好，班主任也成了高危职业。有一天晚上，睡梦中陈向东突然惊醒，发现一把刀架在自己脖子上，劫匪逼着他把钱交出来。

当时陈向东带的班是全校最乱的，家长几乎天天到学校反映情况，但是经过他整顿，这个班每学期考试平均分都是年级第一名。于是，许多优秀教师都来找他：“陈向东，咱们一块搭班吧。”

陈向东还坚持了一件看起来很无聊，却对他意义重大的事。他每天跑到校长和书记办公室，把《人民日报》《光明日报》的社论找出来背诵。他的口才就是受益于当时的坚持。

工资一发下来，陈向东就迅速寄给家里，让父母先把修房子的债还了。母亲收到钱后就哭了，说："不要你的钱，爸妈对不起你，也没有让你读成高中，我们攒着将来给你娶媳妇。"

看起来，小镇青年陈向东找到了一份有前途的职业，沿着这条道路奔跑下去，他有可能成为副校长乃至校长。然而，他始终没有忘记自己的目标——去北京读大学。

白天陈向东玩命地工作，晚上别人睡着了，他开始背书、学习。有一天他学习到凌晨 3 点，实在太困了，拿着书就睡着了，学校晚上靠点蜡烛照明，蜡烛烧完就把书桌给烧了，火烧到了被子上。幸好同住的弟弟把他喊醒了，一盆水泼到被子上。

第二年，陈向东考上了大学，但是学校舍不得放他走，和陈向东约定要待 3 年。

在这 3 年中，国家政策又发生了变化，之前自学专科就可以考本科，后来必须有专科毕业证才能考本科。陈向东只好先考专科，他翻着招生简章，心里想着不能再考师范了，他发现河南教育学院物理系成立了一个新专业——电子技术专业，他就报了这个专业。

1991 年，陈向东考入了河南教育学院，开始学习模拟电子线路、数字电子线路、微积分、信号与系统、BASIC 语言编程等课程。那时的编程在今天看来过于粗浅，但当时国内懂计算机的人还很少，这段经历让他的思维更加缜密、理性。

1993 年陈向东专科毕业，他回到新安一高应聘。虽然陈向东不是英语专业毕业，可一心想教英语，这看起来比刚入职就要当班主任还离谱，之前根本没有这样的先例。陈向东恳求校长给他一次机会，结果试讲成功，陈向东如愿成了英语老师，并且延续了自己的传奇，所带的班级英语课成绩很快冲到全校第一。

多数人经过三年、三年又三年，去北京读大学的梦想早就画上了休止符，但陈向东的梦想却变得更为炙热。陈向东自学了郑州大学的函授本科课程，又准备考研究生，考了两次都没有成功，干脆到北京住进地下室，这样便于接触到最新教材与试题资料。1998 年，陈向东终于成功，以专业第一名的成绩考取了中国人民大学经济学院国际经济系研究生。

在新安县前后做了近 10 年老师，陈向东终于来到了梦想之地，这一年他已经 27 岁了，是班里年龄最大的学生。当年那个漫山遍野疯玩的孩子王已经远去了。

“你能想象，我对在北京的每一天该有多珍惜，对在北京的每一天该有多在乎，对在北京的每一天该有多好奇，对在北京的每一天该有多全力以赴吧。”陈向东告诉我，他必须要留在这座城市。

陈向东在中国人民大学（后简称人大）读书，很少有人能在宿舍找到他。他中午从不午休，都是拿着书出去学习。晚上，通常全宿舍的人都睡着了他才回到宿舍。如果回来的早，陈向东就一定会拉上几个同学一起去人大操场跑步。冬天的北京寒风凛冽，但和他童年时所经受的寒冷相比，简直不值一提。晚上 10 点的人大操场上如果还有一个人在跑步，那多半是陈向东。冬天跑完步他就在卫生间里冲个凉水澡。冷水一冲而下，白汽升腾，这种感觉爽极了。

陈向东的导师身体不是很好，每次吃饭前都会吃很多药，但导师每天都极其乐观。陈向东很好奇地问：“老师，您每次饭前都得吃药，怎么还那么乐观？”导师的回答很简单：“生活不就得乐观嘛。”这份坚强、乐观和豁达对陈向东产生了很大的影响。

进入人大后不久，陈向东的生命弧线和另一个坚强乐观的人发生了交集，那个人就是俞敏洪。

找到一个值得信赖的人，把他的话用百分之二百的能量去执行

1999 年年底，读硕士的同时，陈向东开始在新东方兼职，教 GRE 逻辑。这一年是中国 PC 互联网发轫之年。这一年在杭州湖畔花园，马云与 17 个年轻人共同成立了阿里巴巴（后文简称阿里）。在这一年创业大潮中，阿里看起来过于平凡，大家更关注 1999 年 7 月 12 日在美国纽交所首发上市的中华网，它是第一个在美国纽交所上市的中国概念网络公司。它旗下的天涯社区曾一统中文江湖。1999 年注定是不平凡的一年，中国第一个线上电子商务商城 8848 网成立，携程成立，中国搜索引擎 ChinaRen 成立；当当和盛大也相继成立。

互联网的巨浪彼时还未将新东方席卷其中，但新东方却比当时任何一家互联网公司都赚钱。彼时陈向东还没有参与伟大变革的心思，去新东方兼职的目的很简单：赚钱。

20 世纪 90 年代末，新东方已经占领了 80% 的语言培训市场，给老师的报酬有足够的吸引力。2000 年 2 月第一次开全体国外部教师大会时，现场还不到 30 人，但俞敏洪选了一个足够容纳 600 人的大教室，并告诉大家以后仅国外部的人在这个教室都坐不下。“各位，要想真正实现人生梦想，你们除了当老师之外一定要写书。我的一本‘红宝书’，一年能卖几十万册，版税 100 万元”。

“100 万元！”老师们坐在下边，听得心潮澎湃，可只有陈向东一个人立即行动了，这就像读师范时，只有他听了老师的话，站出来说“我是八五（3）班的陈向东，我想为大家演讲”一样。

俞敏洪讲话结束之后，陈向东马上骑自行车跑了 5 家书店，把关于 GRE 逻辑的书全部买了下来，一边读一边觉得难受。因为他发现，原来 GRE 逻辑早就有人写了，新东方已经出版过这样的书。那现在他是该放弃呢，还是该继续写？

随后陈向东发现一个巨大的机会，GRE、GMAT、LSAT 这 3 种考试都考逻辑，但是竟然没有一个人把这 3 种考试的逻辑内容串起来，他觉得自己要是能写出一本书是关于 GRE、GMAT、LSAT 的逻辑推理，一定会畅销。于是他用 3 天的时间在图书馆完成了一本书的提纲，3 天之后他去找俞敏洪说自己要出书。俞敏洪看了提纲之后说：“这本书确实好，但之前已经有两个人说要写了，如果 3 个月内你能交出书稿，我就支持你出书。”

出书说起来简单，做起来可并不容易。当时陈向东在人大读研究生，平时学业很重，周末还要到新东方授课。他没有电脑，怎么才能在 3 个月内完成呢？但是 3 个月后，陈向东硬是交出了一本 70 万字的书稿。

这本书出版之后大卖。陈向东的讲课费加上这本书的版税有 30 多万元，这在当时可不得了。2001 年，这个河南山区的穷小子居然用这笔钱交了首付在北京买房了，还是一套 168 平方米的大房子。而他的导师工作了大半辈子，也只住着 140 多平方米的房子。陈向东由此总结出一条职场经验：要找到一个值得信赖的人，把他的话用百分之两百的能量去执行。

出身贫寒的陈向东深知物质激励直击人性。因此他在新东方做校长和创建高途时，不仅长于描述使命、愿景、价值观和情怀，更是经常和管理干部谈到“我们可以给伙伴讲很多东西，但管理者最大的尊严，就是让伙伴赚到比市场水平更多的钱”。

1999 年年底，陈向东正式加入新东方。当时全公司才 200 多人，他经历并参与创造了新东方最陡峭的增长曲线。21 世纪前 10 年，出国留学辅导需求逐步增大，品牌服务商不足，中国70%留学北美的学生都是在新东方闯过了托福、GRE分数线。新东方将中国学生望而生畏的托福、GRE考试变成了考试生产线，创造了中国历史上输送留学生人数最多的奇迹。

虽然对财富有欲望，但陈向东也懂得延迟满足。2000年年底，俞敏洪开会，说自己想找个助理，问谁愿意做，当时没有人回答。4个月后，俞敏洪找到陈向东，问他是否愿意，陈向东反问："你觉得我行吗？"俞敏洪说："你行。"然后俞敏洪告诉他，助理的工作内容是什么，陈向东一听没问题，觉得自己肯定能做好。

陈向东后来才知道，俞敏洪不只找过他一人谈话，只是别人都婉拒了。消息一公布，和俞敏洪谈过的人都来找他，说："陈向东你好傻，做什么助理？"陈向东一脸懵："做助理有什么不好吗？"大家说："做助理给你多少钱你知道吧？"陈向东根本就没问。别人告诉他："俞敏洪和我们谈过，只有3000元，所以我们都不愿意做。"

当时做大班老师，上一次课就能赚1000多元，讲一天就能赚几千元。现在做助理，一个月才3000元。回到家陈向东和妻子汇报，说准备去做俞敏洪的助理，妻子问收入情况，他如实说3000元。妻子一听就生气了。陈向东知道妻子和同事的想法差不多。其实他们不懂自己的想法。从到手的收益来看，确实差了好几倍，但上课只是重复，无数次重复后自己就会贬值，而给俞敏洪当助理却能学到更多。

陈向东就这样愉快地去上班了。第一个月结束，俞敏洪也没和他谈工资的事。妻子问："钱呢？"陈向东说："人家没说钱的事。"第二个月的时候，妻子又问："钱呢？"陈向东说："人家没说钱的事。"妻子着急了，说："别人不说你自己可以问啊。"可陈向东问不出口。第三个月，办公室主任问陈向东是否拿到了工资卡，他说："什么工资卡，我根本不知道啊。"办公室主任一拍大腿："看来是把你给忘掉了。"于是马上补发。这时陈向东拿到了自己的工资卡，有点喜出望外的是，每个月的工资是3500元。

虽然钱不多，但陈向东的成就感难以言表。陈向东上班的第一天，俞敏洪就带他去见了一位知名企业家，俞敏洪很骄傲地向别人介绍说：“这是我的助理，人大的博士。”其实当时陈向东硕士还没毕业，是准博士。不过在21世纪初，各大公司的员工还是以专科生和中专生为主，本科生都不多见。

俞敏洪经常带陈向东去见各种大人物，陈向东压力更大了，他仿佛回到做数学课代表的时光，常想自己配得上吗。他是个有心人，没事就在走廊上晃荡，去各个办公室串门，看项目主任与秘书在做什么，学员和家长问什么问题，也观察俞敏洪怎样对待学员，如何走近学员并和对方谈话，又怎样通过这些情况来调整以及和老师的交流。

助理刚做了几个月，到2001年年末，陈向东决定去外地做校长，开辟新学校。又有人劝他：“陈向东你当校长一个月才一万元，你在北京讲课一个月好几万元，不划算啊。”但是不划算也要干，因为陈向东知道当校长和当老师不是一个概念。

后来学校做起来了，收入马上就涨了，虽然还达不到北京的收入水平，但学校越做越好，当时年度激励是给核心人才发放股票。那时候一元钱一股，很多人都说这是骗人的，股票有什么用，钱还是装在兜里可靠。但陈向东不一样，每年他都和俞敏洪说：“把我的工资奖金都换成股票，保留最基本的工资就行。”因此陈向东获得的股票比很多人都多。

还是有人说他傻，直到2006年9月7日，新东方教育科技集团在美国上市，开盘价为22美元，比15美元的发行价高出约46.7%。陈向东瞬间实现了财务自由，后来公司越来越值钱，他的个人财富远远超过很多同期入职的同事，这也成为他后来创业的底气和资本。

正如卡夫卡在《城堡》中所写：努力想得到什么东西，其实只要沉着镇静、实事求是，就可以轻易地、神不知鬼不觉地达到目的。这就是陈向东在新东方的经历。

面对挑战才能去审视与衡量自己的人生

虽然最初被外界人定义为职业经理人，但陈向东把“全力以赴”演绎到了极致。如果新东方有一个人比俞敏洪出差更多、喝酒更多，那就是陈向东。为了开拓市场，陈向东从广州一路喝到福州，在福州 9 个人喝了 114 瓶啤酒，一直喝到服务员说没菜了，他告诉人家：“没关系，我们不要菜，就喝酒。”

真正让陈向东名震江湖的是武汉市场一役。2002 年，陈向东从公司申请了 30 万元注册资金，单枪匹马跑到武汉创办分校。到武汉后陈向东发现，经常有家长来问新东方有没有少儿英语，当时还缺少全国性的少儿英语品牌，陈向东看到了这个空白。

陈向东准备在武汉开展少儿英语培训，这就是泡泡少儿英语的前身。当这一计划传到总部，遭到了激烈反对。董事会与管理层电话不断，要求关掉此项目。理由很简单：北京都没有做成，武汉肯定没戏，不要损害新东方品牌。陈向东的倔劲上来了，他从租场地到教研、教务，从搭建团队到推广都亲自负责。晚上 10 点下课后，他带一帮老师去开展团建。陈向东想创造一种磁场，让每个老师都能很自信地站到新东方的讲台上。有时陈向东会和发单人员一块去街头发宣传单，有时亲自讲课，经常备课到凌晨 4 点。

当时武汉有一些本土少儿英语培训机构做得不错，陈向东就去学习对手的广告设计、课程设计，甚至观察上课时老师的表情。陈向东还挖来了另一家机构的一位女老师，因为这位老师笑容“特别灿烂，眼神特别纯净”，就像《山楂树之恋》中的女主角一样。通过她介绍，陈向东又认识了当地少儿英语机构小星星的教学负责人。

陈向东把这位小星星的教学负责人留下了，后来这位负责人成了新东方泡泡少儿英语全国负责人。

新东方少儿英语就这样悄然上马。当然，陈向东创造了一个堪称教科书式的经典业务打法，同时开办了出国留学、国内四六级、考研、听力口语、中学英语等课程。2003 年制定第一个完整财年任务目标时，陈向东上报的任务额是 4000 万元，很多人都觉得他疯了，总裁和财务总监都给他打电话：“陈向东，4000 万元啊，以前做得最早的学校都没做这么多。历史上没有这数据，你做不到的！”甚至俞敏洪也给他打电话：“哥们儿，你这个任务额太离谱了。”

2003 年正值“非典”疫情，新东方停课，退还了学员高达一亿元的预付学费。而陈向东还是带领团队完成了任务，并且创造了 1500 多万元的利润，占集团利润的近 1/4。

这也是新东方草莽时期的创新路径：听到市场反馈，然后反推到总部。陈向东回忆说：“俞敏洪最厉害的地方就是给新人尝试的机会，这也让当时的新东方从总部到各地学校都有强烈的创业氛围。如果一个地方特别火，那么只要火是在可控范围内燃烧，那烧一烧没关系。”

武汉之战，陈向东带出了十几个管理人才，后来他们都成了新东方的校长、副总裁、总裁助理等高管。陈向东常常想到这段经历，觉得关键时刻特别锻炼人，面对疫情、面对灾难，能考验每个人到底该怎么样去审视与衡量自己的人生。

2003 年，陈向东回到总部做副总裁兼人力资源总监，主管市场营销等，后来又管理全国新东方学校，经历了学校快速拓展、组织膨胀阶段，积累了组织架构调整与运营的经验。

这段经历对陈向东磨炼颇多。

如果你熟悉新东方的创业史，就会知道 2001—2004 年是新东方创业史中最混乱的时期。当时公司深陷利益纠纷。俞敏洪要完成去家族化，后来又与徐小平、王强产生了分歧。

新东方最初所谓的合伙，其实就是包产到户。俞敏洪只是把新东方分成几个板块，如王强做口语，徐小平做出国咨询，他自己做考试，只是都挂了新东方的牌子。

后来俞敏洪想把松散的合伙制变成真正的股份制公司，因为原来松散的架构不利于开拓新业务，权责也不明晰，比如图书出版公司、远程教育公司具体由谁负责在当时都说不清楚。

俞敏洪经历了“放权—收权—再放权”的痛苦。2005 年，俞敏洪亲自负责集团的管理，并把家族人员从管理层撤离。徐小平、王强离开新东方后成立了真格基金，成为著名的天使投资人。

这是另外一个故事。俞敏洪虽然天性乐观，善于表达，由于压力巨大，也一度严重失眠，还患上了肠胃失调、腰椎间盘突出等疾病。这种身心上的痛苦，陈向东后来也体会到了。

陈向东身处管理层，也难以岁月静好。他发现自己无法实现目标，很多东西和自己想的南辕北辙，公司理念撕裂、冲突、矛盾、纠结，他也深陷旋涡。

当陈向东对重要决策有不同意见时，会拉上周成刚一起去找俞敏洪。有几次已靠近办公室，看到俞敏洪正一动不动、愁眉苦脸地坐在那里，陈向东心想“算了算了，老板也不容易”，两人于是折回。

2001—2004 年陈向东是“三眼皮”，每天晚上熬夜，早上 6 点起床，常睡两三个小时，最多睡 4 个小时，中午也从来不睡觉。但他从不抱怨，也没把情绪带回家。

在生命时不我待的紧迫感中离开

2005 年，陈向东申请去哈佛商学院总裁班学习，学费挺贵，短短几个月就要 50 多万元人民币。他完全可以报销学费，但根本没动过这个念头，觉得是自己想去学习，凭什么让公司掏钱。

等陈向东来到哈佛商学院，发现有些同学都不是以学习为目的，时常逃课，“我会逃课吗？不会。那都是自己的钱啊，平均一小时要 3000 元，打死我都不会逃”。

哈佛商学院迈克尔·波特教授谈到，一家公司要成功，有两件很重要的事必须要做到。一是全球化，公司产品要能卖到全球各地；二是 IT，公司要有特别强大的 IT，因为强大的 IT 才能把资源变得更有效率，决策才能够更精准。因此，一家公司，如果能做到把产品卖给更多的人，同时 IT 也特别强大的话，这家公司就是优秀的公司。

陈向东听完之后特别激动。回到新东方就说，希望新东方不是教育公司，也不是教育科技公司，而应该是科技教育公司。很多人批评他，说这太冒进了。而这次学习在陈向东心中撒下了一粒种子，这粒种子将在 9 年后发芽。

2010 年，教育培训赛道竞争加剧，在不到 100 天的时间内，中国有 4 家教育培训机构在美国上市。安博、学而思、学大在美国纽交所挂牌，环球雅思则在纳斯达克上市。

自 2006 年新东方上市以来，在漂亮的业绩与股价之下，俞敏洪的焦虑依然有增无减。他曾经多次在公开场合表示“后悔上市”。从 2009 年开始，新东方就启动了全面转型。2010 年 10 月底，陈向东由高级副总裁改任执行总裁，管理范围从所有学校延伸到各业务线，他成了俞敏洪之下实至名归的二把手。

此时陈向东已百炼成钢，他并不是空降的职业经理人，而是从基层靠实力打拼上来的。陈向东深知新东方应走出组织增长的迷宫，且其本人就是引路者之一。同时，新东方的管理难题与众不同，这家公司由数万个“靠嘴皮子去说服别人的人”组成，新东方的名师堪称“史前网红”。要管理这样一支队伍，如果不掌握内部沟通的技巧，再优秀的领导者也如同没有颜料的毕加索。这影响到陈向东创建高途后的管理风格，他极为重视各种形式的沟通，高途从创立第一天起，就建立了完备的文字、视频等沟通数据记录。

陈向东入职新东方以来，把生活填充得十分饱满。特别是从 2003 年做集团副总裁开始，基本上未休过假，连国庆节也不休息，大年三十都在慰问学生。当时北京有住宿部，集团领导和学生一起唱歌、跳舞释放考试压力，陈向东回到家时老人孩子都睡着了，但是他依然很开心。

由于应酬，陈向东经常半夜两三点回去处理邮件，第二天早上 6 点起床。这种没有留白的生活十分充实，以致一天没处理邮件他心里就特别慌。妻子有次和他说：“真的很佩服你，十几年来每天都是这样，不停地工作，你不累不烦呀。”陈向东说：“我是真的热爱它啊。”

但随着时间的流逝，陈向东遇到了自己的“中年危机”，开始重新思考当前的生活。

2012 年 12 月，陈向东去哈佛商学院读了领导力课程。这是哈佛非常经典的“真诚领导力”项目，教授叫比尔·乔治（Bill George），以前在医药公司美敦力做董事长，只用了 10 年就把公司从 11 亿美元做到了 600 亿美元。乔治辞任董事长之后到哈佛商学院来教书，他说这是他生命中除了生意之外的意义和价值。乔治提了一个问题：假定你有 5000 万美元，是依旧做现在的工作，还是会选择去做一件不同的事情？

全班86个人几乎都是来自世界各地大公司的高管，80%以上的人都举手，表示自己会去做一件不同的事情，但陈向东没有举手。

当天晚上，他绕着哈佛大学查尔斯河走了几个小时，清风拂过路边的树叶，鸭子船划开水面，河南岸的波士顿城区，古老的灯塔山和新崛起的CBD摩天大楼互为背景。

在岸边，陈向东反复逼问自己，是否有勇气去做一件具有颠覆性的事情？如果具有颠覆性的创新很难在企业内部实现，那是否应该走出去？

生命中一些之前忽略的细节突然泛起，陈向东意识到之前真的没有停下来陪伴家人。儿子已经6岁了，有一次自己好不容易休了6天假，带儿子去坐迪斯尼的过山车。第一次坐的时候儿子害怕得闭上了眼睛。

陈向东对儿子说："你刚才真棒，要不要坐第二次？"其实许多比他小的孩子都坐过好多次，可他却没坐过。陈向东告诉儿子："第一次坐害怕很正常，第二次找到方法再坐就没什么可怕的了，这一次你可以把手伸出来，可以尖叫。"儿子第二次坐完过山车之后兴奋地说："爸爸，坐过山车太刺激了，我还要坐一次！"

一直在教育行业的陈向东，意识到孩子的自信其实更多源自父母，如果在成长的关键时期忽略了孩子，就会留下难以弥补的缺憾。当时陈向东就想，如果继续做新东方的执行总裁，是不可能真正拥有属于自己的时间的。陈向东希望开启一种新的生活方式，在家庭生活和工作之间形成平衡。

2012年12月，陈向东和俞敏洪谈了自己准备离开的想法。2014年1月，陈向东正式宣布离职。消息传出，教育行业一时哗然，甚至出现了他的离职是因为权力被架空等各种猜测。

2014年1月13日晚间，俞敏洪给员工发了一封内部邮件，高度评价了陈向东在新东方的贡献。

俞敏洪在邮件中写道："如果说新东方有一个人比我好学和勤奋，那么这个人非向东莫属。他身上的坚毅、积极、向上，常常让我感动，最初我觉得他是我的弟子，后来我觉得他是我的战友，再后来除了战友，我们还是在思想和管理上切磋交流的伙伴，在工作中成了互相学习的榜样，都有着内心互相割不下的敬意。”

俞敏洪正面回应了猜测：“整体来说，从战略到执行，我们都有着相当好的默契度，所以不存在有些人猜测的内部矛盾和斗争问题。”

“当向东提出辞职时，新东方从董事会到管理层全体做了挽留，向东离开，更多的是一种人生道路的选择，而不是一种无奈。如果向东留在新东方执行总裁岗位上，将会继续享受还算优厚的待遇。放弃这些待遇的背后，是我能够感受到的一种对于生命时不我待的追求。这一追求，很像我当初从北大辞职出来追求新的生活，是一种生命的紧迫感导致的。对于这种感觉，我从心里抱有敬意。”

陈向东也写了一封内部邮件：“人往往是这样的，越是登高而望，越会有紧迫感，尤其在盘点、检讨与自我对话时，紧迫感会更加强烈……选择离开新东方对于我而言，是一个异常艰难、异常痛苦的过程。我的内心一度非常不安，不知道该如何面对大家，尤其是面对俞敏洪老师。在新东方的岁月里，绝大部分时间我都是和俞敏洪老师在一起工作，应该说我们是亦师亦友吧，有太多的默契，有太多的相知，有太多的信任。”

两封信是真情实感的流露。如此分手，已算是相当体面。

陈向东刚刚宣布离开后，曾接受《中国企业家》杂志专访，他谈道：“我想过我离开之后，会有不同的八卦，说什么权力之争啊、阴谋啊、帮派啊，我是嗤之以鼻的。你想想，我做到了执行总裁的位置，并且 2003 年就做副总裁，假如我要谋私、布局的话，那绝对不是今天的样子，但那不是陈向东。”

关于升任执行总裁是权力在缩小，是明升暗降的传闻，陈向东也没有回避，他认为：“这是一个政治化的解读。以前我只管学校，后来集团里各个部门的老总向我汇报，包括新东方高级管理干部、校长和非常重要的岗位的干部，比如营收一亿元以上的老总有 140 位。一个人不可能管 140 位，只能分解。我做执行总裁，直接向我汇报的人有 20 个，非常之累。我每天早上 6 点半起床，

7 点吃早餐，7 点 20 出发到公司，一天不停地谈话、开各种会，不停地签字，负责所有的审批、文件下发，那个责任和压力都是很大的。”

不过，在新东方 14 年，陈向东更多的是停留在执行层面，而从内心深处，他不甘于继续做二把手，渴望能够进行战略设计、决策布局。哈佛大学的领导力模型检测显示，他已经不适合自己当时的位置了。在一个大机构里，协同、协调的角色要更多一些，而创新、推动相对会少一点，但陈向东的内心是想在这个变革的时代快速地推动一件事，做一件风口趋势下不同的事。可是，破坏性创新往往来自企业外部，而不是企业内部。

这一年，陈向东 43 岁，对未来还没有做好准备，就先和过去的自己一刀两断了。

全力以赴

便利贴

- 在困境中怀有自信心，在不如意时就更快乐。
- 订立一个非常现实的目标，当目标完成时就距离梦想近了一步。
- 人往往越是登高而望，越会有紧迫感，尤其在盘点、检讨与自我对话时，紧迫感会更加强烈。

第二章
高光开场

在高途成立的第二个月，陈向东做了一个看起来没什么意义的安排——组建了视频直播技术团队，而这竟成了日后的救命稻草。当时视频直播在同行中并非主流，连技术背景的核心创始团队成员都表示反对：“咱们不是做 O2O 吗？搞视频直播研发干嘛？”陈向东说：“相信我，这是未来，这事儿别讨论，赶快找人。”恰好，“小龙女”龚海燕创立的在线教育公司梯子网解散，高途就把他们的直播团队直接端了过来。

找到活着的意义

陈向东归零的2014年，移动互联网开始重构产业格局。

2013年到2014年之间，腾讯在移动端逐渐展现的商业化能力给阿里造成了压力，双方摩擦系数变大，阿里提出要“all in 无线”，火力全开。

2014年春节前后，腾讯在无线端连出组合拳，在除夕夜推出微信红包，入股大众点评，参与滴滴C轮和D轮融资，与阿里抢占O2O入口。

阿里则重新排兵布阵。2014年3月，时任集团COO的张勇从陆兆禧手中接管无线事业部，准备集中火力研发手机淘宝（简称手淘），将之打造成“航空母舰”，将PC端流量及所有资源往手淘上赶，然后通过手淘整合社交应用。同时组建了O2O事业群，并对外公布“千军万马”和“四通八达”的O2O战略构想。

腾讯、百度与阿里三家都在2014年积极布局O2O，移动互联网时代迎来了第一场“烧”钱大战，创业者往自己身上狂贴O2O标签；投资者放出大话，称非O2O项目不投。O2O成了2014年的年度热词，投资金额动辄数亿美元起，涉及打车、团购、电商、支付等几乎所有互联网领域，教育也是最性感的主角。

陈向东最初没想立刻跳进创业圈。辞职后，他和妻子去了美国，住在长岛，希望休一个“相当长”的假期。他一直对技术变革保持敏锐，曾主导过新东方的信息化建设，也隐约感觉到关于教育的崭新世界将要开启了，但没想到会这么快。

在飞往美国的航班上，陈向东一口气读完了2014年1月出版的《一网打尽》，这本书讲述的是贝佐斯与亚马逊的商业史。陈向东在这本书上写满了笔记。特别是贝佐斯离开萧氏公司，创立亚马逊时的内心独白，他读来真是心有戚戚焉。

“如果贝佐斯想成为一位真正的所有者和企业家，拥有他亲手创建的公司的股东权益，并像其他商人，如比萨巨头弗兰克·米克斯那样获得未来财富回报的话，他就必须离开华尔街，虽然这里既赚钱又舒服。”“贝佐斯一直在回首人生的重要关头，当时他产生了一个想法，称其为‘后悔最小化模型’，以此来确定在这个人生的重要关头，下一步该怎么走。几年后，贝佐斯说：‘当你处于危机时，小事也会成为你的绊脚石，我知道，当步入80岁高龄时，我不会考虑为何在1994年的人生低谷时放弃了华尔街的优厚待遇。因为当你80岁高龄时，你不会再担心这些事情，与此同时，我会为没有亲历互联网浪潮而感到后悔，因为那是一件具有革命性意义的事情。当我这样思考问题时，就不难做出决定了。’”

陈向东在这些章节用黄色记号笔画下了重点，并用蓝色记号笔打了“对号”，还把“后悔最小化模型”写在书页的空白处。

到了美国，邮件没有了，电话也不用打，什么都不用处理了，一切真的都放下了，陈向东从14岁读师范开始，就没有过如此清闲的日子。大概过了一个月，陈向东晚上突然睡不着觉了，半夜妻子醒来，常看见他坐在客厅里发呆。妻子问怎么了，陈向东说“你睡吧”，然后就自己一个人去大街上跑步了。纽约的冬天充满质感，风很硬，陈向东穿得很少。街上的星巴克早晨5点多就开门了，他喜欢观察那些进进出出的人，每天总有固定的人在固定的时间出现，拿着一杯热腾腾的咖啡，然后开车走了。在这个快节奏的城市，陈向东无所事事，一边看着别人，一边思考自己的人生。

在过去的日子里，陈向东每天一睁开眼就是不同的挑战，如今却每天都在重复。妻子看他白天晚上都不怎么睡，就知道他肯定出问题了，就说：“你怎么就停不下来呢？要不你好好休息一年，我给你做饭，啥都不让你干，还给你发工资。”陈向东说：“你拿我的钱给我发工资啊？”妻子说：“咱家那钱有一半不是我的嘛。”陈向东说：“这感觉不对，我怎么觉得自己好像死亡了一样呢？”

如果此时陈向东和雷军聊聊，大概颇有共鸣。2008 年，雷军 40 岁，同样面临中年危机，当时他从金山辞职，也是带着亿万身家，同时感觉“身心俱疲”。雷军回忆说，曾经信奉的那些东西一路上已瓦解得差不多了，到接近 40 岁的时候“全面崩溃”。

有一段时间，雷军“每天早上起来不知道要干什么，半夜如果醒了会觉得很茫然”。有时候雷军会和朋友倾诉，自己提前感受到了退休老干部的凄凉。雷军感受到外界对他的兴趣与热情在快速下降，“有人走茶凉的感觉”，但同时，雷军也故意去寻求这种寂寞。雷军拒绝了金山的配车和司机，常常一个人背着双肩包走来走去，还曾经在风雪夜里站在路边等半小时都拦不到的出租车。偶尔，雷军回到金山总部所在的柏彦大厦，也不上楼，只是在楼下嘈杂拥挤的街边烧烤店和黎万强等兄弟在烟雾缭绕中讨论金山的新产品问题。

雷军和陈向东，在这个人生的关键转折点都拥有世俗意义上的成功，可他们并不快乐，甚至有点失落。他们都缺少一个证明自己的机会，一个属于自己的，至少价值百亿美元的成功。

将时间调到 4 年前，2010 年，陈向东有过一次美国之旅，这次旅程影响了 2014 年他在人生岔路口的选择。当时陈向东从旧金山到硅谷，朋友介绍他认识了一个住在奢华小区的台湾老人。老人是地产经纪人，这个小区里 60% 的房子都是经他手卖的。这位老人去机场接陈向东，没有带司机，亲自给陈向东开车门。陈向东看老人这么热情，心里有点犯嘀咕，正想要不要把话讲在前面，说自己不是来买房的。老人看出了陈向东的心思，告诉他不要有压力，并不是要他买房，说：“你是新东方的二把手，能和你聊聊天，陪你两天，我的人生就赚了。”

这个小区有 600 多户，是个大别墅区，几乎遇到的每个人都和这位老人热情地打招呼，这位老人在这里卖房子卖了几十年，与这个小区一起成长。这位老人还有两家餐馆，但为了表示对陈向东的重视，依然邀请陈向东去家里吃饭。到了门口，如同电影中的场景，一个大铁门缓缓打开，进去之后那房子“好得难以形容”，而周边几套类似的房子都是这位老人的。陈向东问老人有多少财富，老人回答说有七八亿美元。陈向东惊呆了：“您这么有钱，都快 70 岁了。还不享受人生，每天工作这么辛苦，还亲自给我开车？”

老人说：“你的问题我一度还真想过，后来想明白了，我如果不工作不就是等死吗？我得活着啊。”

这句话如同刺入陈向东生命中的一道闪电，瞬间把他点燃，突然闲下来的生活让他觉得自己毫无价值。他失去了战场，也没有了战斗，没有服务，没有付出，瞬间发现自己就“死亡”了，这不是他想要的生活。

2014 年 3 月 30 日，陈向东又回到了北京。O2O 的热风扑面而来，才离开几个月，马路上不用软件几乎打不到车了。陈向东并没有马上想好要做什么，他离开新东方时，俞敏洪没有让他签竞业合同，但陈向东还是问了俞敏洪自己能做什么，俞敏洪只是说“3 个月内你别做跟新东方一样的事儿”。陈向东也确实不愿再做熟悉的线下教育培训，同时，又必须迅速让自己的生命燃烧起来。想了一下，陈向东决定先从投资开始，一定要投一个技术类的公司，自己站在幕后，把握一下大方向就行了。

陈向东也没想到，就是这个决定让自己再次入坑了。

在香格里拉酒店，他每天见不同的创业者。有一天，一个叫苏伟的 80 后小伙子给他在微博上发私信。苏伟以前是学而思的老师，带着一个 7 人小团队在五道口的一个地下室搞了个名师网，还没有真正上线，就被毙掉了，后来重新注册了域名和公司，他希望获得陈向东的天使轮投资。

陈向东一看，这正是他曾在新东方讨论多年的场景。让老师和学生直接对接，省却中间环节。这符合陈向东对教育培训行业趋势的预测：第一，小而美的专业服务机构越来越多；第二，服务于社区的机构越来越多；第三，独立教师或教师工作室越来越多；第四，题库等应用类免费产品越来越多；第五，提供第三方场地租赁的机构越来越多。

基于这 5 个场景，可以把老师和学生很好地匹配起来，把机构闲余的场地利用起来。陈向东在新东方见证了老师的数量从一两百位增加到 17000 多位。谈到新东方，最脍炙人口的还是名师的故事。

陈向东认为，优秀的机构、学校都是因为优秀的老师而吸引人，但当时任何一家搜索网站都几乎只能搜到机构。到任何一家机构，都很难充分看到老师的行为，同时，现在大城市越来越拥堵，家长需要先跑到机构去听课，听课不满意再退费，这个过程其实很令人困扰。那么，在移动互联网时代，如果有这样一个平台，让人坐在家里就能够迅速地找到老师，那会是非常了不起的事。

苏伟并没有耀眼的背景，但他恰好在一个对的时间出现在了一个对的人面前。最初，陈向东并不想跳到一线，但很快发现，这件事如果要做成，靠现在的团队还不行，他需要帮苏伟找到真正的技术大牛。

要达到目标，首先要请正确的人“上车”

百度原副总裁任旭阳向陈向东推荐了百度凤巢团队的张怀亭。陈向东搜索了一下，没找到张怀亭的信息，但听说张怀亭在百度同一个部门工作了 9 年，觉得可能是自己要找的人，因为一个人如果能得到业内的好评，网上却还没有什么信息的话，就证明此人踏实、专注。

第一眼看去，张怀亭表面粗犷，不太像程序员出身，但实际上是个细腻、敦厚之人。

2005 年，张怀亭加入百度，参与了百度凤巢系统的研发。凤巢负责百度的流量变现，可谓最核心的部门。张怀亭为凤巢组建了横跨北京、上海两地的核心团队，使用超大规模机器学习算法和人群定位的精准投放技术来提高在线广告的变现能力。

2014 年 3 月 30 日，陈向东回到北京那天，张怀亭恰好决定从百度离职。张怀亭离开百度的原因，也与陈向东类似。张怀亭在硅谷拜访了苹果、谷歌、雅虎、Facebook 等公司后，意识到移动互联网将对传统产业形成更高的渗透率，而在原有框架下，他难有施展空间。

张怀亭在研究产业互联网的 3 个机会：互联网金融、互联网医疗和互联网教育。他发现互联网金融做浅了只能停留在信息撮合层面，做深了容易触碰到边界；互联网医疗行业壁垒很深，当时物联网成熟度不够，技术人员在这个领域存在感不强。因此，张怀亭最后把目光聚焦到了互联网教育上，因为移动支付极大地降低了缴费的门槛，再者当时在线直播系统在秀场中的应用已经成熟，虽然是单向传输，缺乏教育需要的双向互动，可也不能等完全成熟再进入。技术在教育这个场景中，可发挥空间更大，它能够规模化放大老师的服务势能，所有的行为数据，包括交流、互动、做题，都可以在平台上获得，而且完全符合互联网的精神：平等、规模、效率、共享。

可是教育的水很深，张怀亭也清楚需要找到真正懂这个行业的人做一把手搭班子，自己做副手。基于这套超级理性的分析，他其实已经锁定了方向。

2014 年 4 月 29 日傍晚 5 点，张怀亭接到一个陌生的电话，问他是否方便聊聊，他当时正在和人吃饭，说稍微等一下。对方说："好，你结束后告诉我。"事后张怀亭回电，对方说："我是陈向东。"他就说："向东，你好！"

陈向东在另一端略有些吃惊，在此之前，如此称呼他的只有俞敏洪、徐小平等几位熟人，那一刻陈向东感觉太亲切了，特别想和张怀亭拥抱，他说："我想见见你，我去找你。"

张怀亭提议了两种方式：一是在五彩城的咖啡馆喝咖啡，二是一起去奥森徒步。陈向东觉得第一次见面就徒步，好像有点不太合适，于是就约了第二天在五彩城见。

陈向东当天带着苏伟一起去了，当时他的本意还是想帮苏伟找合伙人。陈向东习惯把事情往前排，那天约的是 9 点见面，结果尴尬了，咖啡馆 10 点才开门，3 个人站在五彩城门口聊了一个小时。

一见面，张怀亭开口叫"陈老师"，那个瞬间陈向东又感觉不舒服了。陈向东说还是喊自己 Larry 吧，自己在教英文的机构工作了那么长时间，大家都叫自己 Larry，这样才平等。平等，成为高途创立后的第一条规则，如果称呼某人为"×× 总"，就要接受罚款。陈向东自己也不要办公室，跟大家一样开放式办公。他唯一的特权是有司机，因为不会开车，在北京又常常打不到车。

喝完咖啡后，3 个人就去了五道口苏伟租的地下室。当时，西少爷肉夹馍是以互联网思维做餐饮的典范，五道口就是它的发家之地。3 个人中午排队买肉夹馍。陈向东觉得这个模式很有意思，有段时间经常用肉夹馍招待客人。陈向东对陌生知识的学习态度，让张怀亭印象深刻。

张怀亭利用“五一”假期梳理了思路，又去找百度的老同事罗斌商量。罗斌帮他分析了一通，最后问张怀亭是怎样想的。张怀亭觉得，首先方向靠谱；其次，以陈向东对教育行业的认知，一起创业胜算相对会比较大；最后，双方价值观一致，能力又互补。

陈向东和张怀亭反复聊了 4 次，他颇为自信地“忽悠”对方，你和我一起创业，即使失败了也值钱，出去到市场上仍然有价值。

其实之前张怀亭已经接受了美丽说创始人徐易容的邀请，徐易容连办公电脑都给他送过来了，而且还给了他很丰厚的报酬。张怀亭给徐易容发了一条长长的微信，算是道歉。张怀亭解释今天做出另外的选择，不是因为更高的薪酬、更好的待遇，实际上是从零开始，而且是干一件从来没有干过的事，“作为创业者，相信你能够理解我的感受和我的选择”。

2014 年 5 月中旬，张怀亭正式加入，从地下室开始创业。地下室两张桌子一拼，门几乎都打不开了。张怀亭又拉来了罗斌。罗斌倒是没有纠结，他正准备离开百度，也不想从一个大厂跳到另一个大厂，之前已听张怀亭介绍过陈向东，觉得他们在互联网教育赛道上有可能干成一家大公司，能参与这个过程也蛮好的。罗斌最朴素的想法是，既然陈向东和张怀亭已经“all in”了，自己也没什么可担心的。

他们又找来了百度大数据部总监李钢江。李钢江本科和硕士都就读于清华大学计算机系，拥有 8 项美国专利，在百度管理着四五百人的技术团队。为了说服李钢江加入，陈向东经常约他散步，或者请他去茶馆聊上半天。李钢江终于被说服，但离职流程比较麻烦，直到 2014 年 8 月 10 日才办完手续。

陈向东还找到新东方前同事宋欲晓，宋欲晓负责新东方财务流程梳理、投资并购和资产管理。宋欲晓在 2013 年 9 月已经离开新东方，本来陈向东与他除了在春节期间象征性互相发一条祝福短信外，并无过多联系。2014 年 4 月

28 日，宋欲晓在老家突然接到了陈向东打来的电话，陈向东直接说：“我看了一个教育平台项目，想法非常不错，已经谈得差不多了，准备投资，你尽快来一趟北京吧！最快几号呢？”宋欲晓上有坐轮椅的 90 岁父亲、已成植物人的岳母需要照顾，下有正准备出国留学的儿子需要关心，本来打算退休了，但陈向东锲而不舍。两人约定了 5 月 19 日吃午饭，这一天，在五道口醉爱，宋欲晓到了后发现除了陈向东，还有陌生的张怀亭和苏伟。

有两件小事让宋欲晓感到有点不满。第一件事是，宋欲晓问：“你们的项目规划是什么？”张怀亭说：“现在保密。”宋欲晓心想：你们当我老宋白痴啊，无非有两种可能，一是你们根本没想清楚，没有底气；二是你们没有沟通好，没把我当自己人。第二件事是，陈向东说：“老宋，我现在用英文名字 Larry，尊重互联网行业的习惯，大家沟通起来比较平等。老宋你有英文名字吗？”宋欲晓想：叫什么都不重要，可我还没答应你入伙，就想改变对我的称呼。

陈向东哪里知道宋欲晓心中的百转千回，吃完饭之后，就直接拉他去看一个新办公场地，还请宋欲晓帮忙装修。宋欲晓暗下决心，坚决不能答应老陈入伙，这次是给老领导一个面子，帮他完成装修，以后他爱找谁找谁。

新办公室场地用了 9 天就装修完了。2014 年 6 月 16 日，是高途正式成立的时间，也是搬到新办公场地的时间，陈向东要请大家吃饭。宋欲晓不想参加，可陈向东连续几个电话叫他去。他故意晚去，并告知不要等自己，没想到一进门，发现大家还没有开始，这让他很内疚。

晚宴有 30 多人参加，在当时的团队中，有人来自百度，有人来自阿里，有人来自新东方。

陈向东在席间激昂地谈道：“有人说，今天创业成功需要 3 个要点：第一是找到足够大的市场；第二是找到足够棒的团队；第三是找到足够的钱。我想，今天在这里我们可以说，在中国互联网的历史上，能够在一个月之内组建 30 多人的团队，能够聚集今天我们在座各位精英，我们已经做到了中国 NO.1！只不过我们不应满足于中国 NO.1，不应满足于暂时的 NO.1，而要满足于我们应该为客户不断提供好的服务和技术。当我们能够让我们想做的事情使更多人有爽的感觉，让更多人和企业欣赏我们提供的服务的时候，我们才真正地走出了成功的第一步。”

在这次聚会上，宋欲晓明显感觉到陈向东喝酒的风格都变了。过去，他对陈向东喝酒的最深印象是，酒风豪爽且能想出毫无逻辑的方法劝酒，如：×××，你自己和自己喝一个；×××，你替 ××× 敬 ××× 一杯。现在，他居然说出了能喝多少就喝多少这样的话。不过，那天很多人还是喝多了。

这次聚会上，陈向东宣布公司的愿景是“人人乐用的学习服务平台”，使命是“让教与学更平等、更便捷、更高效”，价值观是“用户第一、诚信、简单、极致、创新”。宋欲晓听了，觉得这个团队还挺牛，能在这么短的时间想清楚做什么，令人敬畏。

这次聚会后，宋欲晓遭到了陈向东电话的不停“骚扰”。陈向东不断地给他讲这是个多么伟大、有前景的事情，一定要参与，不然会后悔之类的话。只是宋欲晓也是老江湖，回答只有一个：“家里事情太多，走不开，等下次有机会再说。”

陈向东实在没招，最后说：“老宋，那你总得把时间腾出来帮我吧！”这让宋欲晓一时不知如何回答。

最后宋欲晓还是加入了，原因是他对陈向东比较了解。陈向东这个人，除了拼命还是拼命，能快速组建团队，说明其有非凡的领导才能，有识人的能力，做成事的概率大。

参加这次晚宴的还有一位特殊的摄影师钱杨。钱杨之前在新东方职位并不高，2012 年已经离职加入了一家金融公司，但他的思考能力和执行力还是给陈向东留下了印象。钱杨买了一部新单反相机，正在朋友圈“嘚瑟”。陈向东给他打电话说：“6 月 16 号我们有一个重要饭局，你能不能过来帮忙拍照？”钱杨很兴奋地去了，陈向东敬酒时把钱杨介绍给了大家。2014 年 7 月 12 日，陈向东又邀他来办公室聊聊。钱杨等待陈向东召唤已久，谈到之前的工资情况时，他只说了实数的三分之一，因为金融公司薪资比较高，他担心说了人家就不愿意让他来了，7 月 14 日钱杨就正式入职高途了。

从大势上来看，陈向东认为高途创建的时间合适甚至刚刚好，陈向东2007年在新东方曾接触过韩国最大的线上教育平台Megastudy、美国最大的职业教育培训平台Apollo、印度人开发的语言类平台Livemocha，而当时国内在线教育类平台仅有新东方在线、会计网、101网校、人大附中网校等，且大部分都是录播课程，功能相对简单。

看到Livemocha时，陈向东眼前一亮，觉得这种人与人直接沟通交流完成语言类课程的学习才是未来，2014年已经出现的51talk、VIPABC等语言类学习平台，用的就是类似的商业模式。当时国内移动互联网的快速发展，使得教育类互联网平台迅速启动成为可能。

2014年7月底，陈向东集齐“龙珠”，核心创始团队成员基本到位：张怀亭负责运营并主抓产品，罗斌抓市场、客服及技术改造，李钢江做CTO主抓技术，苏伟负责师资运营，宋欲晓负责财务、法务、行政后勤，陈向东则负责整体布局和把握方向。

不难看出，陈向东有一项对创业者而言极为珍贵的本领：为了说服一个人加入，他既有排山倒海之势，又有金石为开的韧劲。

时间跳到2020年9月，陈向东对找人有个精辟的描述：指数级增长的公司必须意识到，要达到目标，首先要让正确的人“上车”。找到他们的关键，是要创建出反映公司核心价值观和愿景的招聘策略，然后借助营销技巧，找到合适的潜在人才池。

“请记住：一次失败的雇用，成本就是该员工年薪的15倍。”陈向东强调高途的高增长，就得益于当年把流量团队、销售团队、主讲老师、辅导老师、内容研发、直播视频技术、大数据AI团队以及财务和人力团队等都建设得特别完美。

陈向东画的是未来之饼，并非以现实条件来诱惑。这是一支超豪华的创业班底，也是一支超省钱的队伍。从罗斌等人的角度看，他们做出了自己的选择：曾经年收入数百万元，到了高途后月薪8000～10000元，陈向东自己则不拿工资。其他5个人合起来，一个月工资48000元，这种条件下，他们甚至比蔡崇信当年投奔马云更需要勇气。当时公司没有融资，也无所谓估值，不但如此，还要自己掏钱，早期核心创始团队凑了1000万元。苏伟家里经济条件最差，在北京这么多年一直租房住，也坚持要出钱。

他们往往每个月还要倒贴钱：一发红包，就是成千上万；年终抽奖时，陈向东一兴奋，说自己掏钱给伙伴奖励iPhone，其他核心团队成员看着也不好意思，总也要再捐几个。公司还有个规矩，核心团队成员迟到一分钟罚100元。9月1日学校开学，有人忘了这事，上班路上直接堵在立交桥下。8点整开会，他堵在桥下50分钟，看着时间一分钟一分钟地流失，感觉红包从手机里一个个飞出去。这一次他就被罚了5000元。

事后证明，这是最佳团队配比，6人中3人来自传统教育行业，3人来自互联网行业。如果传统教育行业的人占了绝大多数，仅可再造一个传统培训机构；如果互联网行业的力量占了绝对优势，则缺乏对教育行业的了解。

这样一支团队，需要强大的凝聚力。陈向东觉得创业公司的文化就是一把手文化。一把手乐观，下面的人都乐观；一把手天天苦大仇深，下面的人都苦大仇深；一把手精心算计，下面每个人都精心算计；一把手分享、奉献、给予，下面每个人都乐于分享、乐于助人。

陈向东认为以身作则不是领导团队的最好方法，而是唯一的方法。他不但不拿工资，甚至出差都是花自己的钱，司机和秘书也都是自己掏钱发工资。后来有人问公司的伙伴："陈向东每天都来上班吗？"伙伴说："上班啊，每天都来得很早！"

对高手的饥渴，或许是陈向东对抗时间的武器。"你看每个人都会到达一个顶点，之后就会慢慢下降，然后会再爬坡，再下降。这是一个常态模型，每个人都会有类似的经历，非常悲催的是有的人下来后就上不去了，因为竞争不给他机会。"

2015年3月，吕伟胜加入团队。他曾在新东方任助理副总裁，做过杭州新东方学校校长，分管华东二区。他曾在新东方经历了多年的起伏、失败与成长后，吕伟胜想要出去看看的心渐渐地发酵。在新东方吕伟胜也算是位高权重，到了高途之后，不仅没有司机、秘书和助理，连办公室也没有。不过，他没时间思考人生落差，因为每天繁忙的工作已经把大脑挤得满满当当，连花 30 分钟吃个午餐都是奢侈。

2015 年 5 月，邓弘离开自己创办的好学网，加入高途创业团队。邓弘也曾担任新东方助理副总裁，主管新东方产品和信息化等工作，做过哈尔滨新东方学校校长、西安新东方学校校长、北京新东方学校常务副校长。2014 年 9 月，邓弘怀着要改变教育的梦想，离开新东方开始创业，创办了好学网。后来由于业务发展未达预期，融资也不顺利，他才在陈向东的邀请下加入高途。

2013 年下半年，深圳新东方学校校长周斌，内心深处出现了极大的焦虑与不安，他看到了教育互联网化的趋势。一年后，周斌接受邓弘邀请参与了好学网创业，后来也一起来到高途，逐渐成为公司的骨干。

“If you are the smartest person in the room, you are in the wrong room（如果你发现你是这个房间里边最聪明的人，那么你就呆错房间了）。”陈向东感叹，自己最大的焦虑就是如何找到这个更加聪明的人，如何找到在某一方面比自己更加优秀的人。这样他才能当好这个 CEO。他特别讨厌有人说自己是最聪明的。“为了增强自信心，你可以说你自己最棒，但如果你总是最棒，说明你已经走错地儿了，要开始悲剧了。”

创业有风险，万一成功了呢

名字是创始团队送给自己的第一份礼物。公司的工商注册名是北京百家互联科技有限公司，由此也可以看出陈向东向科技公司转型的决心：名字中连“教育”两个字都没出现。他太渴望以科技为主导，但这种与过去切断的果决，也让团队为之付出了代价，在此暂且不提。

公司推出的第一个产品是跟谁学网站，上面呈现出一个类似淘宝的搜索框，用户输入想学的课程，就能搜索到相应的老师以及课时标价。学生找到需要的老师，在线支付之后就可以上课了，既可以到线下上课，也可以在线上上课，还可以根据住址选择距离最近的老师。上完课之后学生可以对老师进行线上评价。

可以看出，创立之初，跟谁学网站从课程搜索、教师介绍、课后点评乃至支付环节，都和淘宝非常相似，以撮合交易为主。区别只是淘宝卖的多是标准化产品，而跟谁学网站卖的是非标准化产品。陈向东则认为：“你可以把我们理解为一家电商公司，而且我们做的是O2O。”

陈向东将跟谁学网站定位为不仅仅是教育类淘宝或教育类大众点评、教育类团购网站，更是一个“综合了这些模式特点的互联网学习服务平台”。

对于双边平台而言，需要一边做产品设计研发，一边招募老师，一边招募学生，各个齿轮都要咬合得相当紧密。产品设计研发相当于盖一栋大厦，老师相当于入驻的商家，等大厦设计好了，商家和客户都要同步引进来。

他们还要搭建早期班底，核心创始团队成员总算还有些家底，但其他早期员工就不一样了。创业初期，没有高工资，只有高风险，有多少牛人愿意放弃安逸的生活，苦哈哈地每周 6 天和你一起泡在办公室呢？

他们当时把朋友圈里所有能“骚扰”的人都“骚扰”了，发布各种悬赏令，只要听到哪里有靠谱的人，立马死皮赖脸地拉关系、套近乎、约吃饭，甚至开车从北五环赶到南三环，就为见一面。他们不放过每一个可能，最多时一天见几十个人，嘴巴说干了，喉咙讲哑了，眼睛都睁不开了，还在条件反射地介绍公司，讲述愿景。即便如此，最终能被说服的依然是极少数。

创业公司的真实招聘过程和影视剧中描绘的坐而论道不同。公司早期的骨干，有的是半夜 12 点冲到人家公司会议室谈下来的；有的是把人“忽悠”到停在马路边的私家车里谈下来的；有的是上午听说对方在办离职，中午就约出来直接给 offer 的；还有的是即将入职其他公司，被他们半路“截和”的。像李钢江，自己在百度管几百人时，对于中低级别的工程师，很多都不认识，也很少说话。可创业以后，为了请到一个工程师，他会请对方吃多次饭、聊多次天。

为了更高效地引进人才，他们在不到两周的时间内，以极低的成本收购整合了 3 个团队，一下子弥补了在线直播、老师端 App 和学生端 App 的产品研发缺口，提升了整体推进的速度。就这样，如他们搭建了一支战斗力强悍的队伍，对成功充满了饥饿感。有一位资深工程师，原来年薪几十万元，来到公司后，除了股票，每月只有 15000 元。可他说工资太高了，要求降低到 5000 元。陈向东说创业有风险，万一失败了呢？对方却说，万一成功了呢？

天使轮融资“约法三章”

陈向东已经决定投身创业，不再仅扮演投资人角色。因为高手云集，他可以充分授权，可有一件小事显示，至少在项目冷启动期，IP 特征最明显的他，不站到台前还真不行。

陈向东本来自己就有房子在中关村，觉得在这里办公还能节省成本，但也有人建议不要在中关村，味道不对，附近就是闹哄哄的电子城，市井气息太重，技术人才也不好找，建议他去西二旗后厂村的中关村软件园孵化器，那边互联网气氛更浓。陈向东想，既然要颠覆自我，要破坏性创新，就一定要和原来不一样，于是马上开车前往。到了那边一看，简直是“荒郊野外”，和中关村完全不一样。陈向东想：就是它了。

当时中关村软件园只建好了一期，孵化器管委会人员说：“不好意思，已经没地方了，需要排队。”陈向东想“刷脸”试一下，也不知道是否有效，他就直接冲过去，找到负责人，自我介绍了一番，说希望在这里创业。“陈向东”这 3 个字还是好使，对方说：“我马上给你们找地方！”

就在他们谈房子的时候，管委会办公室里还坐着一位客人，他看着这群人，觉得挺有意思，主动说：“你是新东方的那个陈向东啊，咱们加个微信吧。”

这个人就是启赋资本的联合创始人顾凯。启赋资本也是一支新基金，2013

年 10 月刚成立，顾凯和创始人傅哲宽都来自达晨创投，投资阶段以天使、天使 + 和 A 轮为主。为了便于为新基金找项目，顾凯也在软件园办公，有时帮园区做一些入园企业的评审，没什么事也会溜达过来喝茶。

百分之九十的人都不会把这种擦肩而过的相遇放在心上，但圆脸短发且带着一股精悍之气的顾凯不一样。他不是坐在办公室里等项目的人，对机会充满饥渴。顾凯回去之后马上查资料。这一看，他发现陈向东太牛了。当时关于陈向东的最新新闻，就是辞职去美国深造，说自己暂时不想创业。顾凯心想：怎么又出山了呢？趁别人还没发现，我一定要先约起来。

顾凯多次给陈向东发微信，约见面，但当时陈向东不想融天使轮，总是一推再推。可顾凯决不放弃，拿出了陈向东“追求”合伙人的劲头，顾凯甚至精心研究，一天当中在什么时间和陈向东联系，成功概率最高。

到 5 月中下旬，两人终于约好在创业大街附近教堂旁边的咖啡馆见面。当时陈向东正密集见人，本来约在晚上 9 点，但前面还约了一个人，10 点才和顾凯坐下开始聊。

陈向东本来准备聊半个小时，客气一下就算了，但顾凯详细介绍了启赋资本，说了很多天使轮的好处，还特别强调河南老乡的身份。陈向东沉默了一会，报出了一个足以吓走 90% 投资人的天价：估值 6000 万美元。

那一刻顾凯如有神助，想都没想，两个字脱口而出“好吧”，陈向东都愣了。

顾凯接受这个估值，是基于多年来对人对事的沉淀，“风投风投，就是个‘疯’字”。

当天晚上，顾凯就和傅哲宽商量此事，大意是陈向东这种人我们很难碰上，基本上一出来，主流机构就把他们全部锁定了，这也是咱们跻身主流投资机构的一张船票。

傅哲宽也同意了，但陈向东又“约法三章”：“第一，自己在新东方管过几十亿元营收的盘子，我管钱肯定比一般机构管得还好，所以钱我来管；第二，我们还在保密阶段，项目不能公开说；第三，要忙着找人也没有时间写 BP，产品还没出来，你们要尽调都没有地方尽调。”

顾凯全部答应，说：“陈老师，我就是投你这个人。”顾凯自己写了份很简单的协议，没有什么对赌回购之后的约束，就只加了一句“需要享受后续投资人权利”。陈向东也很爽快地接受了。

启赋资本向高途共投资了（天使轮 +A 轮）1000 万美元，到 2020 年年底，这是启赋资本最成功的投资之一（它也以天使投资人的身份投资了泡泡玛特，并在接下来的两轮融资中持续押注）。以 2021 年 3 月 5 日高途的市值计算，这笔天使轮阶段的投资回报约为 400 倍。

公司由此搬到了中关村软件园一期孵化器 2 号楼 A 座 2308 室，就是宋欲晓装修的第一个办公室，和顾凯的办公室隔了一间厕所。2308 室永远灯火通明，陈向东自己就在办公室一角办公。

当陈向东第一次拿出季报的时候，顾凯就惊呆了。顾凯曾经做过二级市场，看到这家创业公司的报表体系比二级市场的上市公司都全，除了数据，还有数据分析以及各个板块事业部负责人的情况。在公司财务管理体系上，公司已经搭起了上市公司的架子。

从决定创业开始，陈向东短暂的休息就彻底结束了，反而换上了更快的引擎。他找回了 2002 年到武汉为新东方开拓市场的状态，晚上睡觉之前拿着本子，想想明天有几件事要做，睡一会儿，再起来添几条。

和其他核心创始团队成员聊到半夜是常态，妻子经常批评他：“你这个人有没有问题？中秋节要和人家开会，国庆假期也要拉着人家开会。”不仅仅是探讨业务问题，之前的管理经验让陈向东意识到，打造团队精神，无论花多大力气也不为过。核心团队在一起更多的是达成共识，形成对事物的共同认知，不断进行信任构建，不断厘清前进的方向，这才是决定未来能否胜出的关键。

陈向东和父母一起生活了 10 多年，每天他不回家，母亲就不睡觉，经常他半夜两点钟才到家，母亲突然过来给他倒杯水，让他喝了水再睡觉。除非他说自己出差了，老太太才能安心地上床睡觉。

2308 室有两个会议室，但都不隔音，核心团队因不同意见讨论或争吵时，所有伙伴都能听见，不免会容易让人误解，觉得公司是不是出问题了。陈向东索性在公司边上租了个两居室，这样既可以在那里讨论问题，又不会影响母亲休息。

陈向东还改变了多年的习惯。在新东方，一般他把客人送到办公室门口就好了；创业之后，某次他面试一个高管，感觉对方和职位要求不符，却想多聊几句，就从公司送到了楼下，后得知对方要坐地铁，又索性一直送到地铁口。对方很感动，陈向东拜托他“推荐人才”。

不到一小时，对方打来电话，推荐了一个非常优秀的清华毕业生。后来陈向东只要时间允许，送客人一定要送到对方上车的地方。

微创新、爱小白、极简单、快迭代、重引导、玩社区

这么注重组织建设的创业公司，顾凯也前所未见。公司刚刚成立，陈向东就体现出了自己对价值观的偏执。2014 年 11 月，他发现有一个伙伴，在入驻老师方面的业绩好到不正常。经过内部审查发现，这个伙伴虚假注册。为此公司内部展开讨论。有分公司负责人提出，“这个伙伴是大学老师加入进来的，他就是为了做业绩，所以做了假动作，他通过作假也没有获得多少利益，就是为了面子，咱们能不能放他一马，警告处分就可以了？”陈向东颇为生气：“什么是我们的核心价值观？诚信！一个人都不诚信了，对公司有用吗？所以必须开除。”还有很多人求情，陈向东说宁愿公司不做，也不能作假，当时就把这人开除了。

在公司成立的第二个月，陈向东做了一个看起来没什么意义的安排——组建了由张弩负责的视频直播技术团队，而这竟成了日后的救命稻草。当时视频直播在同行中并非主流，连技术背景的核心创始团队成员都表示反对，说：“咱们不是做 O2O 吗？搞视频直播研发干吗？”陈向东说：“相信我，这是未来，这事儿别讨论，赶快找人。”恰好，“小龙女”龚海燕创立的在线教育公司梯子网解散，高途就把他们的直播团队直接端了过来。

陈向东的逻辑很简单：他想起小时候坐在爷爷腿上听广播的情景，广播是

那个时代最好的线上服务。跟谁学网既然要做“人人乐用的学习服务平台”，这个时代最好的线上服务肯定离不开视频直播技术。

创业之初，高途希望通过工具来聚流量，这种工具导流的思路，有点类似于猎豹和WiFi万能钥匙的思路。当时互联网界流行三级火箭理论，第一级是通过高频免费工具获得用户，第二级是快速展开一个能够沉淀用户的商业场景，第三级是变现，形成商业闭环。但这个理论不一定永远有效，例如搜狗、美图、迅雷和暴风影音，都是工具出身，并没有完成进化，而美团和快手，则可以说是三级火箭的升级版。

可是高途有一个先天劣势，就是流量匮乏。

猿辅导创立于号称在线教育元年的2012年，享受了流量红利，它最初以线上学习题库为切入点，也有流量基础。作业帮也在2014年成立，它本来是百度知道团队内部孵化的K12问答学习平台，含着金钥匙出生，不是从零开始运营流量，后来在2015年9月分拆时，它号称累计激活用户达到5000万人，日激活量突破300万人。学而思网校和新东方在线通过线下培训班导流。但是高途“没爹没妈”，没积累没资源，天使轮弹药也有限，当时教培领域的每个有效获客成本至少100元，这点钱根本不够“烧”，流量从哪里来呢？

要想打造一个学生找好老师的平台，必须先撬动平台的一端：老师端或学生端。如果平台有大量的学生，老师自然会来寻找生源；如果平台有大量老师，学生也会主动来找老师。高途用了最笨的方法冷启动，在全国各地采用类似地推的方法，先把老师吸引上来，让老师大量入驻，再启动学生的运营。一个老师可能带来多个学生。理论上，当有学生大量涌上来了，就会产生交叉，即如果一位学生在某平台学英语，那么他也可能在该平台学数学。

先启动供给还是先启动需求，这是双边平台绕不开的选择。2012年滴滴创立时，程维也曾为流量发愁，后来也决定先全力撬动供给方。为了吸引出租车司机入驻，他自己还去北京西站停车场、小区的电梯里、国贸的路边发传单，甚至有时守在出租车司机常去的厕所门口，还要计算好是进厕所时发还是出厕所时发，如果是进厕所时发，出来时可能就没了。

程维的名言是，当你努力到无能为力时，上天就会给你开一扇窗。这句话对任何创业公司都适用。在产品方面，高途优先启动了老师个人中心的功能设计，考虑到老师注册和入驻需要填写比较多的资料，因此产品技术团队先开发与上线了 PC 端的老师注册功能，老师端的 App 则计划在第二期上线。老师个人中心注册功能完善后，使得高途的师资运营效率大大提升。在大量老师入驻的同时，他们又启动了老师主页、学生个人中心、搜索和约课等其他核心功能模块产品的设计，使得运营与产品可以并行与协同。

这种策略从逻辑上看最合理，但在实际运营的过程中却遇到了困难。

因为老师刚刚入驻，尚未看到跟谁学网的全部功能，对模式和产品服务半信半疑。很多老师是被师资主管说服加入的，还有一部分老师是基于对陈向东的信任加入的。所以在平台功能尚未完善的早期，苏伟负责的师资团队压力巨大。另外，这种运营策略造成的问题是，早期入驻跟谁学网的老师，理论上要等到平台全部功能完善后才能看到学生资讯和接到课程订单，因此，早期做师资运营的伙伴花大力气拉到平台的老师，有非常大的流失风险。

为了让大部分老师信服跟谁学网，在跟谁学 PC 测试版正式上线之前，高途还专门上线了一版“宣传版”的网站，主要是为早期建立品牌和宣传做铺垫，提前让用户熟悉产品。

陈向东刻意颠覆自己过去的做事习惯，他计划把 PC、安卓和苹果版 3 款产品开发好后一起推出。技术出身的核心创始团队成员则认为，互联网的打法很难说什么都准备齐了再往外发，都是一步步推进，快速迭代。

陈向东接受了这个意见，并自封为“首席产品体验官”。他本来就十分痴迷于电子产品及电商平台的用户体验，会注意到携程网站上一个产品通道的细微变化，创业后更是在跟谁学网上公开了自己的私人邮箱，欢迎任何人给他“拍砖”。

在新东方时，做一个决定需要许多人审批，高途是一张白纸，陈向东提出了“微创新、爱小白、极简单、快迭代、重引导、玩社区”18 个字的模式。

班课系统要赶着上线，当时是夏天，办公区还没空调，技术伙伴写代码又不能老站起来，汗不停地往下滴，他们就在脖子上围上一个大毛巾。陈向东走进工区，看到的场景和一群工人围着热锅炉差不多。

办公室有张著名的沙发，也是唯一的沙发，很多人都在上面睡过。曾做过陈向东秘书的钱杨睡的次数最多，后来他调到了高途课堂。钱杨住在南五环外，每天上班要到北五环外，来回横穿北京城，每天通勤时间都要 4 个小时。活最忙的时候，从入职到年底在办公室睡了 48 个晚上，人称“48 郎”。

陈向东向互联网转型如此之快，连来自互联网的核心创始团队成员都劝他“不要太急”。2014 年 9 月，产品原型基本完成，他们希望找一批种子用户来体验，于是 9 月 21 日，在中关村举办了一次试用体验会。试用完以后，很多老师都很看好这款产品，就问什么时候上线。其实上线时间本来定在 9 月底，但陈向东现场说了一句“明天上线”。之前根本就没有任何准备，大家说“Larry，是不是再推迟一下”，陈向东坚持说不行，既然定了就得上，还是 9 月 22 日。这就是打硬仗的时候。一般互联网公司都是夜间上线，于是他们就把上线时间定在了晚上 9 点 22 分，上线前半个小时，程序员还在后台埋头改漏洞。陈向东学到的互联网思维是，要迅速让客户来验证，并迅速获得客户反馈，产品永远没有最完美的时候，要在实战中检验。后来，陈向东在领英（LinkedIn）的一个经典案例中找到了自己的理论依据。2003 年领英决定上线时，有人认为如果再等 8 个月，加一个功能就完美了。创始人雷德·霍夫曼坚持要求按计划上线，结果这个功能 8 年之后才加上去。

“有时候人们总想把一件事做到完美，但那时候我们的客户可能已经不知道在什么地方了。”陈向东把客户需求变成了一道数学题，“任何时候都要思考一个核心问题，就是怎样更好地理解客户。第一，你要去找到属于你的 7% 的客户，忽略你 93% 的客户；第二，找到你 7% 客户的 80% 的需求，忽略 20% 的需求；第三，等你变得更强的时候，再去满足你 7% 客户的其他 20% 需求；第四，把你 7% 的客户变成 10% 的客户，再变成 20% 的客户。”

从正式成立到 9 月 22 号上线，跟谁学网已经有 8000 名老师入驻，这一方面得益于之前的积累和影响力，另一方面充分利用了微信场景的口碑裂变。跟谁学网一登场就给了老师和学生很多惊喜。

作为最早尝试把教育产品 O2O 化的公司之一，高途在早期的产品设计中，并没有太多可以参考的原型。对于产品经理而言，这项任务挑战巨大，一切都是从 0 到 1。产品设计的关键，是解决学生购买老师的课时，以及双方进行约课、上课的产品化问题，要让师生之间能方便地约课、修改时间、取消课程。同时，跟谁学网站作为第三方平台，需要记下双方上课的记录，作为课程打款和处理纠纷的依据。

产品经理针对这个流程做了大量的策略设计。比如：距离双方约定的课程开始时间大于 24 小时，学生和老师都有随时取消课程的权利，因为课前 24 小时取消课程，双方的成本都相对较小；距离课程开始不到 24 小时，只有老师有权利取消课程，学生此时如果想取消课程，需要联系老师，与老师协商一致后，由老师协助在系统中操作取消课程。

这一设计是基于深刻的用户洞察。在距离课程开始不到 24 小时的场景下，课程的取消对于学生和老师来说成本是不一样的。课程快开始时，老师往往已经完成了备课等课前大量的准备工作，花费了大量精力和时间。类似这种策略设计，在跟谁学产品中还有很多，都是产品经理花了大量的时间与老师研讨碰撞的结果。

在产品上线的第二天，就产生了第一单交易。一位皮雕老师在线下已经很久没接到学生报名了，在跟谁学网推出后，很快就有人报名付费。虽然只是几百元的流水，但大家都很兴奋。

可见，当时跟谁学网所面向的教师群体，是一个泛化的教师概念，不仅有传统的 K12 项目，还有瑜伽、茶道、武术、创意绘画、舞蹈，甚至励志课程。当时全军励志教育第一人新安龙，国内跑酷运动开创者、甄子丹的替身张磊、陈氏太极拳第十一代传人陈振肖都相继入驻。

新安龙在部队 21 年，有 9 年的专业励志演讲经历，他退伍后做了一家教育机构。新安龙做事踏实、注重细节和品质，唯独市场营销是短板。高途成立时，新安龙筹备了半年之久的卓越青少年训练营也刚好开班。在招生上他费了大力气，宣传彩页印了5000份，在百度、360各投了2万元广告，发动所有认识的人帮自己转发微信，搞得和每个人说话都有点低声下气。但最后招到的32名学员中，绝大多数都是他朋友圈的熟人，以及听过他演讲的学生，新增获客可以忽略不计。

新安龙在2014年5月加了陈向东的微信，然后就一直关注陈向东朋友圈的动向，后来成了第一批入驻老师，还登上过跟谁学网的首页。但他最初并没有意识到平台的价值，直到2015年5月22日，他的培训机构在跟谁学网完善了资料。当时有个广州的战友，暑期想把孩子送到新安龙那里去锻炼，他让对方在跟谁学网报名。这位家长同时又介绍了好朋友的孩子来报名，没想到这成为一个引爆点。当有20个人在平台报名时，公司上下一片振奋，开始劝说每一个有报名意向的家长下载跟谁学App，结果短短两周，卓越青少年训练营已有超过40人线上报名，而且一分钱广告费都没花。

不难看出，高途最初的产品设计、用户群体，与今天完全不一样，当时也确实满足了一部分用户的真实需求。这种表面上的繁荣，给他们造成了只要沿着这个方向打井，就可以打出甘泉的错觉。

高途之后遭遇的挫败以及获得的成功，都在创业前半年留下了草蛇灰线。

全力以赴

便利贴

- 闲下来的生活会让一个斗士觉得自己毫无价值。失去了战场，没有了战斗，没有了服务，没有了付出，仿佛自己已经“死亡”了，这不是他想要的生活。

- 一家公司如果要创造指数级增长，必须意识到先要找到正确的人才。而找到他们的关键，是要创建出反映公司核心价值观和愿景的招聘策略，然后以金石为开的热情邀请他们加入。

- 去找到属于你的7%的客户，忽略93%的客户。当找到7%的客户后，抓住80%的需求，忽略其他20%的需求。等你变得更强时，再去满足7%客户的其他20%的需求。最后，把7%的客户变成10%的客户，再变成20%的客户。

第三章

在黑暗隧道中摸索

陈向东特别喜欢看电影。他排解压力最好的方法就是晚上10点钟，去看最后一场电影，看到午夜12点左右，回到家里处理完邮件再睡觉，这是他人生最大的享受之一。在最痛苦的那段日子里，陈向东大概有十几次一个人跑去电影院看电影。创业维艰，带着创业的心境，特别是看那些灾难片、惊险片、恐怖片，总是会映射到自己的内心，映射到别人对自己的信任或者失望的眼神，映射到自己每天的生活。

破纪录的 A 轮融资

高途从创业第一天开始，就体现出极强的战斗力。它用了不到 10 个月的时间，上线了 PC 网站、移动网站、主 App、老师版 App、机构版 App、直播系统、机构系统、师资系统、审核系统、客服系统、财务系统、优惠券系统、数据系统、广告投放系统、运营系统、视频会议系统等近 20 个产品线，同时直接或间接布局了近 30 个分公司，相当于用 300 天完成了普通创业公司 1000 天的工作。

在完成天使轮融资之后，高途估值已接近 6000 万美元，这意味着它将在高估值背景下启动 A 轮融资。

张怀亭有一次遇到九合创投创始人王啸，王啸曾是“百度七剑客”之一，两人常一起打羽毛球。王啸觉得高途虽然基本面不错，可估值已超出了自己的投资范围，他给出了一个建议，即正常而言，创业公司要准备“开三枪”的资金。通常第一枪开不准，第二枪要微调，第三枪才有可能打中目标。如果要做一家百亿美元市值的公司，至少要 1000 万美元一枪，因此建议按高途当时的体量，至少融资 3000 万美元。张怀亭回来就和陈向东分享了这个判断，内部讨论之后，觉得万一 3000 万美元还打不准呢？再留点空间，因此就准备融 5000 万美元。

他们接下来和一些顶级投资者进行了交流，包括高瓴资本的张磊。本来约了半个小时，但最终聊了两个小时，张磊提了个很好的问题：互联网创业成功的案例，大家通常看到的多数是高频打低频，轻决策打重决策，但教育是个低频重决策的事，如何破这个局？

最终，高途接受了高榕资本、金浦产业投资基金以及天使轮投资人启赋资本的跟投。2015 年 2 月资金到位，2015 年 3 月 30 日，高途在北京国家会议中心高调召开发布会，宣布 A 轮融资 5000 万美元，估值 2.5 亿美元，由高榕资本领投。这刷新了小米之前的 A 轮融资纪录——成立 15 个月获得 4100 万美元融资。

高榕资本在做尽职调查时，曾背对背找陈向东和核心创始团队成员谈话，发现每个人说的都一样，高榕也觉得很惊讶，从没见过一个团队中每个人都如此一致。这就是陈向东所强调的持续沟通的成果，6 个人天天在一起，每天各种推演，各种相互拷问，各种价值观的对表，对问题自然能形成一致的看法。

高榕资本合伙人张震，曾任职于 IDG 并主导了对小米等公司的投资。张震称“这是他所投过的最贵的A轮项目”，他觉得这支团队既懂互联网又懂教育，是个完美的组合。他说：“我们看过新东方、学而思等公司，到了 20 亿元规模的门槛就上不去了，原因是他们过于受限于房租，没办法快速扩张。今天高途的模式打破了对人力和场所的依赖，是在线教育的淘宝平台。”

为了表示自己的决心，创始团队不但融资，而且跟投。高途有 136 人跟投了 900 万美元，仅次于 2010 年小米 56 人投资 1100 万美元的员工认购计划，其中有很多人个人投入多达 10 万美元。

对自己参与的初创公司如此具有信心并不多见。陈向东并不愿意让伙伴投资，但有几个伙伴听说公司即将启动新一轮融资，并且创始人要跟投，就单独找他说能不能跟投一点，就以 A 轮给投资人的价格。高层为此事专门开过一次会，担心在于：第一，如果开放过头，投多了压力很大；第二，万一投完以后没结果，伙伴的心会不会散？因为公司伙伴工资普遍低，而且已经发了股权和期权，公司认为伙伴最好不要再买了，但很多人坚决要买。既然如此，也不能对他们特殊化，于是公司发了全员邮件，说公司要融资了，创始人会投多少，现在给大家选择是否跟投的权利。

管理层定了三条原则：第一，投或不投自己定，给大家一个最终时间点，钱必须一个礼拜之内打到公司账上；第二，有个上限，不允许投资超过 20 万美元；第三，不允许借钱投资，一旦被发现立即取消资格，千万别负债，因为这件事风险太大。最后 3 天之内统计完，以每股 2 美元的价格认购。

陈向东在全体伙伴大会上告诉大家："我不敢承诺你们一定会成功，我只能告诉你们，我一定会全力以赴。"后来他们才知道，即使如此，还是有伙伴几乎押上了全部身家。到高途准备上市时，武汉一位中层突然绷不住了，放声大哭。她当年几乎把自己所有的钱都拿出来买公司的股票了，不知道最后是赔还是赚，而且有一段时间看起来，这笔钱算是打了水漂。

买了股票并拿到最后的伙伴，都获得了几十倍的回报。

宣布融资的当日，高途还发布了全套产品体系——由 PC 端网站和移动端 App 共同组成的 O2O 找好老师学习服务电商平台。课程品类几乎涵盖所有教育培训类别，数量达到 878 个品类，课程数量达到 69795 门。产品以 LBS+IM 的模式，通过定位，让学生能第一时间找到离自己最近的老师，老师和高途的客服也能第一时间解答学生问题。

一家科技公司拿到融资之后，最先启动的往往是通过大规模杀价和补贴来获取用户，但陈向东从创业第一天起就反对类似打法。他愿意拥抱互联网思维，可在这个问题上例外，这是基于他对教育本质的理解。

2014—2015 年，恰恰是 O2O 赛道补贴最疯狂的时间。我们难以精确地统计从 2014 年到 2015 年的 O2O 创业浪潮中因为补贴"烧"掉了多少钱，但这一定是惊人的数字。当时在线教育领域的明星公司还不是高途，而是疯狂老师。疯狂老师创立于 2014 年 12 月，面向 K12 阶段学生提供家教服务，采用 O2O 的方式让老师和家长、学生直接对接。上线不到半年就已经完成了 5 轮融资，在花钱上，它果然也堪称"疯狂"。招揽老师的手法简单粗暴——高薪挖人、大额补贴。创始人张浩经常说的是："滴滴能做到的事情为什么在教育行业不行？"根据他自己提供的数据，2015 年 6 月，疯狂老师的课耗为 500 万元；7 月，疯狂老师决定实施补贴，补贴额度为20%，补贴战略实施一个月后，疯狂老师当月课耗为5000万元，8月增长到1.07亿元。

2015年10月，疯狂老师取消了补贴，但花钱依然大手大脚。2016年1月，疯狂老师在人民大会堂给老师举办颁奖盛典，现场犹如明星见面会。轻轻家教等公司也参与了补贴大战，当时一位老师一节课补贴一百多元，一个月补贴五六千元。

同在一条赛道，天天看到竞争对手“烧”钱、刷屏、抢老师，数据也很漂亮，陈向东压力很大。公司内部发生了创业后第一次重大分歧，互联网背景的核心创始团队成员几乎每周都来找他谈，认为补贴的模式对于提升用户规模和交易量还是有很大帮助的，咱们也应该跟进。陈向东坚决反对。大家说：“别人不都这么干吗？互联网就是这么玩的。”就连负责财务的、最“保守”的宋欲晓也建议：要不要补贴个3%？

见争议很大，陈向东也有几分犹豫，于是他亲自去“体验生活”，去买平台补贴电影票，让司机买加油卡，看补贴的逻辑是什么。结果他发现，每一个高额补贴的平台都难以沉淀消费忠诚度，而且各个平台都会遇到薅羊毛套钱的。高途做过少量的补贴尝试，主要面向培训机构，为了把老师带上来；关于对C端用户的补贴也有试水，下载一个App，介绍一个新用户过来，奖励5元的红包之类的。虽然试了一两次，力度也很小，但依然要和“羊毛党”做不懈的斗争。罗斌后来回忆，很多公司就掉到这个坑里了，“通过这个模式你拿到的数据是不健康的，而且漏洞防不胜防”。

这一轮补贴大战，本质上是移动支付的入口之战。从移动支付逻辑看，补贴是有意义的，因为首次绑定银行卡的客户获取成本很高，可一旦绑卡动作完成，后续重复支付会摊薄获客成本。支付具备典型的双边市场效应，当C端客户逐步增多时，B端商户也会增多，从而增强C端客户的使用习惯。按照单位经济计算，先补贴，后续逐步降低补贴力度，最后全面取消补贴，也符合逻辑。

可是，对很多创业者而言，补贴大战会成为他们的噩梦。他们没有足够的定力或实力拒绝补贴，而如果补贴力度降低，直到最后停止补贴，获客曲线就不会像移动支付客户曲线那样平缓下降，而是往往出现断崖式下跌。武汉原本有1000多名老师使用轻轻家教，停止补贴后，骤减至100多名。轻轻家教最大的区域市场——上海，因取消补贴离开的老师至少带走了几百万元的交易额。2019年4月30日，疯狂老师也无法继续疯狂，宣布停止运营。

陈向东认为，教育和打车之类的行业不同，需要一点一点成长。在传统教育行业的浸润提醒他，只要能够为学生和家长创造真正的价值，教育应该是现金流极好的生意，贴钱说不过去。

这是关键时刻的重要决策。高途的体量在行业中比较大，体量越大补贴的投入就越大，如果没有守住这条底线，可能公司就“烧”没了。

“Larry整体的管理风格是大部分时间会充分授权，充分听你的意见，谁负责谁决策，他会给建议。”罗斌说，“但如果这涉及的是原则性问题，不是战术性问题，他就会果断拍板做决策。”

没有人惧怕起飞，只是惧怕在错误的跑道上起飞

创业总有绕不过去的坑。创造了 A 轮融资纪录之后，高途公司内部出现了亢奋感。

陈向东也曾一时觉得胜券在握，2015 年他花了大量的时间参加活动、论坛，还有一些行业大佬告诉他说："向东，你面临的最大挑战就是年龄比较大，应该更像年轻人。"他就问："如何像年轻人？"别人说："你可以学学 90 后啊，他们都在朋友圈发大头照。"陈向东觉得这倒简单，问："还有什么方法？"别人又说："陈向东，你要去演讲，去开发布会，这是互联网的战争。"内部所有人也告诉他："Larry，你最重要的任务是做流量入口，你参加活动就是打造品牌，有了品牌就有了流量。"

后来陈向东才发现，来的流量接不住。他当年参加过几个著名的活动，有一次参加活动之后，主 App 的下载量直接冲到教育类排行榜的第一名，但很快就掉下来了。

在宣布融资完成的那个月（2015 年 3 月），高途首次尝试了 3000 多人同时在线的直播互动大班课，授课的是从事个人职业生涯规划研究的达人古典。谁也没想到能同时来这么多人，这是中国第一家在线教育创业公司尝试做 3000 多人在线直播的大班课，但那一次把高途的服务器搞崩了，相关人员认罚一万元。到了 2015 年 9 月份，高途又做了万人在线直播大班课。

2015年，直播的主要应用场景还是在娱乐行业，直播领域头部公司映客2015年5月刚刚成立。当时陈向东就认为直播在教育场景中有变革性意义。

令陈向东印象深刻的是1999年年底，自己刚进入新东方时直接教大班课，一个班五六百人。只要找到最好的老师，同时把学生随时随地在线交互做到极致，就能用少数老师发挥最大的效能。如果线下一个老师一个班教20个学生，线上一个老师一个班可以教2000个学生，这就相当于把一个优秀老师的产能放大了100倍。

只不过，直播当时并未进入高途的战略主轴。虽然没有在补贴和广告上“烧”钱，可高途也迅速开始招兵买马，全国扩张。在2015年3月之前，高途有四大分公司，分别是北京、成都、武汉、合肥，融资完成之后，很快就增加了10个分公司，在长春、深圳、南京、杭州、石家庄、重庆、贵阳、广州、上海、长沙等城市遍地开花。

这些分公司的主要任务是把老师吸引到跟谁学网上来，让平台先跑起来。当时商务拓展专员的薪酬绩效考核是以签约人数为主要指标。他们是在用销售的方式去谈“入驻”，这一开疆拓土的过程，堪比当年阿里拿下第一批客户。

2015年3月，高途总部各办公室都挂起了横幅：产品升级2.0，拼命模式ing。2015年3月7日上午8点，孵化器1号楼B座1237室敞开大门，欢迎“跟谁学首届代理商大会”的伙伴。大同与太原的代理商高福厚是最早与公司签下协议的合作伙伴，他分享了自己在当地推广跟谁学网、邀请机构和教师入驻平台的经历：每天从早上8点到晚上10点，在城市各街道、各商厦找机构负责人洽谈合作。原计划是一个月内举办太原站的上线新闻发布会，但当时太原还没人知道跟谁学网，没有一个机构入驻。高福厚顶着压力筹备，结果累得病倒了，在医院打了6天点滴。由于耽误了几天，他心急如焚，发动身边一切可利用的资源，每天工作14个小时以上，用20天左右的时间邀请了200多位教师和几十家机构入驻，如期举办了发布会。

一个叫杨勇的伙伴申请去外地开拓市场，临行前一天晚上，陈向东亲自请杨勇吃饭。参加饭局共5个人，分别派到3个城市，吃完饭后一起合影，有一种古代将军临出征的感觉。杨勇成了深圳的城市经理，尽管他之前根本没去过深圳。有一次在深圳宝安做活动，杨勇和他的团队还穿着高途的吉祥物服装做活动，那衣服在北京冬天穿都很热，结果几分钟就全身湿透，差点热得晕过去。培训机构的负责人被小伙伴的敬业精神感动了，纷纷加入。

还没毕业的陈学良，在 2015 年 7 月 30 日下午 2 点 30 分通过复试，3 点整就被安排找“师傅”，开始师资拓展，甚至连回宿舍收拾行李的时间都没有，晚上住在哪里也不知道。初入职场的他被这阵势吓坏了。没几天，陈学良就带着 2000 元钱和一包衣服，来到了陌生的广州开拓市场。连续看了两天房子后，他在距离公司 1 小时车程的三元里沙涌一栋违建楼房里租下了顶层最便宜的一室一厅。每天早晨 7 点起床，5 分钟洗漱，从 11 层快跑下来赶最早一班公交车，领到任务后，一条街一条街地去拜访培训机构，充满激情地介绍“我们是一家专注线上线下找好老师的学习服务平台”。

为了快速找到培训机构，陈学良熟知这座陌生城市每一条街道的名字，能够随口说出哪条街有什么样的培训机构。被校长质疑、被大厦保安赶出来是家常便饭。有时候下雨被困在路上，为了抢时间，他就在垃圾处理站的台阶上录入资料。

这些片断就是全国分公司的日常。总部更是情绪沸腾，当时伙伴们每天忙到凌晨两三点，再出去团建的情况常有发生。当时罗斌的太太正怀着二胎，大着肚子，带着大女儿来公司找他，可他们开会开到凌晨，大女儿在沙发上睡着了，太太也靠在椅子上睡着了。

陈向东从未想过自己还会过这种日子，他对此很享受：不但没有办公室，还坐全公司最烂的座位；加班时给伙伴切水果；一遍遍下载公司最新的 App，给产品经理提个意见还有可能被毫不客气地驳回；他加了几百个微信群，批量发送公司的宣传广告，还在各种场合不厌其烦地讲述公司的使命。

每天都像坐过山车一样，忽上忽下，经历着各种考验。核心创始团队成员之间也会有分歧和争执，甚至会吵得很凶。但战争一旦打响，每个人都会集中精力对付正面的敌人，把后背交给自己的兄弟。有一次在会议室，因为一个业务问题，每个人嗓门都提高了，路过的人还以为他们快打起来了，但走出会议室，大家又像没事人一样勾肩搭背。

创业赌的就是晴天

2015 年 6 月 16 日，高途举办了一个“616 学习狂欢节”，创造了 5832 万元线上成交额。陈向东决定，6 月 17 日在公司的天台上举办庆功会以及周年庆典。负责组织的宋欲晓反对：万一下雨呢？找个饭店更稳妥。为此还发生了争执，最终宋欲晓妥协。

那天下午北京果然下了暴雨，可是到傍晚天晴了，从天台上能看到落日熔金。顾凯也带了一桌朋友参加，他看到陈向东表演“高危动作”：一步就登上了几乎半人高的平台，并且站到台上就开始演讲。

有人问：“如果晚上雨没停，怎么办？”陈向东的回答颇有哲学的味道：“创业赌的是什么？是晴天。你心里总是阴雨就变味了，你得充满阳光，才能看到晴空万里。”

几乎每一个分公司都有一段曲折的办公室搬迁史，总部也不例外。陈向东一直谨慎地控制人员成本，但随着业务扩张，总部及分公司总人数也一度超过了 1000 人。

一个叫何兆意的伙伴，在内刊《我们》中写下自己找工位的经历。何兆意在高途一周年纪念日后入职，办完报到手续，被告知公司已经没有足够多的工位了，只能去软件园一期孵化器 2 号楼中的一间办公室前台碰碰运气。何兆意的运气还真不赖，靠近大门的一排沙发还空着，他就坐在那里，把电脑放在腿上办公。很快何兆意就发现另一个问题，这个“共享工位”越来越抢手，开个会再回来，沙发上就坐满了其他新入职的伙伴。

一个偶然的机会，何兆意发现了一个五星级“办公室”——具有全天候中央空调、奢华的装修、宽阔的工位和高速的网络，这就是距离孵化器 2 号楼步行 5 分钟路程的中关村软件园国际会议中心二楼环廊。后来几位苦于无地办公的小伙伴得到信息后，就一起挪到了这里。不过，酒店工作人员很快觉察到他们的企图，大约两三周后，酒店减少了座椅，并早早熄灭环廊的灯光，等于变相地下逐客令。于是，他们只得转战到一楼大堂消费区，好在消费区的茶水饮料价格不高。

直到两个月后，公司决定在中关村软件园二期租下五层大楼作为总部办公场所，也就是博彦科技大厦 C 座。在搬迁的装修阶段，“游击队员”可以搬到紧邻孵化器 2 号楼的国永大厦地下室办公。陈向东担心大家感受不好，特地召开了一个搬迁人员的说明会，解释这次搬迁只是临时过渡。

真正搬到地下室后，又发现了一系列问题。首先是空气混浊，不到 200 平方米的临时办公室中，挤进了 3 个部门 50 多人和 60 多台电脑，以及摄录设备、简易办公桌椅；其次是没有窗户，没有排风扇，只能靠几台老旧空调和若干落地风扇通风、降温；最后是没有任何自然光线，照明设施就是头顶上几排简易灯管。

小伙伴们给这间办公室起了个名字叫“古墓”，女生统称“小龙女”。这段日子辛苦又欢乐，几位男生工作间歇时间最爱做的运动就是在“小龙女”们的欢呼声中匍匐在地上比赛平板支撑。

2015 年 11 月 9 日，高途搬入博彦科技大厦。公司看起来充满朝气，不但在一线城市，在那些通往三四线城市的破旧中巴车和没有空调的绿皮火车上，也经常有高途开疆拓土的大将。就是在博彦科技大厦，一个人的工位也会随着岗位经常变化，半年之内就从一楼南到五楼南，从北三楼再到北二楼。

年轻人越来越多，陈向东深知带一个年轻的团队更需要“将心注入，全力以赴”。他特别关心食堂问题，也特别关心班车问题，希望在各种细节上尽可能做得更好，甚至连加班晚点后的交通费报销标准他也操心。他还特别关心伙伴们的娱乐，鼓励大家成立更多的社团和兴趣爱好小组，公司会给予一定的费用支持，加强工作之外的非工作沟通。他还觉得如果有可能，就在办公楼里建个小卖部，给大家平价供应商品。

就在这表面的一片繁荣之下，陈向东其实陷入了深深的焦虑。

争分夺秒去变现

狂奔之中，高途的业务模式实际上并未形成闭环。简而言之，高途还没想明白怎样挣钱。

沿用互联网公司的思维模式，高途最初没有把变现提到优先级。陈向东曾说，会把跟谁学网做成一个近乎免费的平台，以后如果有收费场景，收费标准也会非常低，肯定不会走平台返佣的模式。陈向东最初根本就不担心靠什么盈利，他只考虑：产品做得是不是足够好？用户是不是足够多？“百度搜索是免费的，淘宝也是免费的，但它们赚钱赚得一塌糊涂，如果人人都用你的产品，那后面就赚钱了。”

因此，当跟谁学网每个月的网站成交金额（GMV）接近一亿元的时候，它依然不赚钱。当它定位在“人人乐用的学习服务平台”，就意味着并非沿着细分领域布局，而是从目标用户、教育品类到服务样式全业务线展开。从烹饪到开飞机，都能在跟谁学网找到老师。

仅从用户的角度看，跟谁学网就需要聚焦 3 类人群：教师、培训机构和家长。这 3 类用户的诉求和使用习惯存在差异，为此，跟谁学网在移动端开发了 3 种不同的适配版本，再加上 Android、iOS 的操作系统差别，以及 M 站、PC 版本，使得产品结构非常庞大。

贪婪，是陈向东扛起创业大旗后犯的最大错误，也是所有创始人最容易跌进去的坑。“如今回想，创业以来最大的错误就是想做的太多，既想做线上到线下，又想做线下到线上，还要做线上到线上。”陈向东在上市之后回忆道，“如果是今天，我一开始就会选择做一个最大的赛道。在这里我给创业者提个建议，如果真想创业，一定要找一个非常小的单点，然后去 all in，把一厘米宽做成一万米深。”

这个坑大到肉眼可见，为什么多数创始人还会跌进去？这在决策心理学中被称为过度自信偏差。“过度自信”是所有偏差的根源，它也是最强有力、最普遍以及最具危害性的偏差之一。战争、股市泡沫、罢工、不必要的诉讼、破产率居高不下、企业并购失败等情况都可能源于过度自信。过度自信有 3 种形式，即过度精确、过高估计与过高定位。正如陈向东所回忆的，“觉得自己在新东方当过二把手，管过几万人，又拿了那么多融资，以为自己真的无所不能。其实后来回想一下，如果你认为某一个时刻是你的高光时刻，那么离开这个时刻后你还是会进入到黑暗中。”

流量对于在线教育而言，是非常残酷的陷阱。数据看起来可能很亮眼，但教育更注重的是“留”，而不是“流”。

罗斌觉得，“这一批早期核心创始团队成员，大家普遍还都算比较务实。A 轮融资之后，虽然那种主观上的傲慢并不存在，但还是会觉得很自信：我们团队这么豪华，拿了这么多钱，好像资本市场也比较认可我们。但其实 2015 年跑下来之后，我们发现其实大家对商业模式的理解不是那么清晰。到底要给用户或者客户解决什么问题？是不是真的解决了？怎样才能挣到该挣到的钱？这些问题都没有得到很好的答案”。

高途一直在寻求低成本的流量，除了线下强攻之外，它还做了一些线上的置换。比如，凭借在百度时积累的一定人脉，高途去找当时的四大搜索引擎（百度、360、神马和搜狗）刷脸，后来和这 4 个搜索引擎都达成了合作。合作方式是平台上有几十万老师与课程，高途以此为内容，输送到搜索端，当用户在搜索框里搜索某某老师、某某课程时，高途的内容就会优先展示出来。

但是，这些流量缺乏变现价值，不够精准，量也不够大，而且难以持续产生。

5000万美元看起来是一笔巨款，可如果真要打一场硬仗，消耗起来也很快。随着高途不断扩张，当时每个月成本在2000万元左右，最多的时候一个月3000万元，这些钱还不够“烧”一年。

高途公布A轮融资之后，2015年3月31日，小站教育宣布获得顺为基金和纪源资本2900万美元B轮融资，4月1日，猿题库宣布获得IDG、经纬中国、华人文化产业投资基金、新天域资本的6000万美元D轮融资。

A轮之后，高途也尝试过B轮融资，有投资方给出了5亿美元的估值，但内部讨论后觉得这个估值相对于A轮太低了。到了2015年下半年，O2O江湖发生变化，资本趋冷，融资变得更困难。而高途的用户数据始终没有出现陡峭的增长曲线，再继续融资的话甚至估值相对A轮还可能打折，这对创始团队而言难以接受。

人的底层性格在压力之下更能浮现，此刻团队中有核心人员找到陈向东说“要不要做个假数据？”

陈向东一愣：“什么意思？”

对方说：“我通过技术可以做数据的。”

陈向东问：“然后呢？”

对方说：“然后咱们就可以拿融资了，有了钱咱们就可以把公司做下去了，然后上市。”

陈向东大怒：“我们的价值观是什么？是诚信！宁可关掉这家公司，也不能做假数据。”

“那公司没钱了怎么办？是活着重要，还是诚信重要，脸面重要？”

陈向东认为：“公司就像一个组织一样，这个组织如果不诚信，我们干嘛呢？我创业不是为了证明自己，而是想和伙伴们一起探索自己生命的可能。作假这件事，谁都不用想。”

对方又说：“没钱了怎么办？”

陈向东一秒钟都没有思考，“如果没钱了，我把家里所有的钱全部拿过来投。”

这个动员他作假的人，一段时间后就离开了。

陈向东意识到，最核心的问题不是没钱，而是压根没有找到盈利点。公司的价值观本来是“用户第一”，后来改成了“客户第一”。管理干部开会时，陈向东总会让大家背一个定义——什么叫客户？管理干部不断被拷问这个问题。当时他们对客户的定义是：给我们付费的学生和家长，我们给他们提供最优质的服务和教学，并且我们还能够赚到钱。而我们用赚到的这些钱，可以在年底时给大家发奖金，也可以在第二年给大家涨工资，还可以更多地投入研发。如果只有人使用，但没有人交钱，或者最后压根赚不到钱，那么这样的只能叫用户。

在思考如何变现之前，高途只有用户，没有客户。

高途的客户在哪里呢？陈向东从2015年10月开始出现失眠，主要基于3个原因：好消息是，高途已经是在线教育行业的第一了。他亲自去打探过自称第二、第三的团队，发现对方存在重大短板，“基本上就和我们不是一个赛道的”。坏消息是，当自己的规模很领先的时候，发现居然没有收入。到2015年10月的时候，公司还没有赚到钱，只是在全力做用户产品。没有赚到钱，心里就慌。另外，他发现当团队也认为自己做得比对手好的时候，就会有骄傲感。当伙伴们的骄傲感出来的时候，他内心就紧张了，因为还没赚到钱呢。

陈向东有大概两个月的时间，每天晚上拉着团队出去，在烧烤店里面喝啤酒，谈论人生，谈公司的文化、使命、价值观，常常会讨论到凌晨3点。“什么叫领导力？我认为领导力就是服务于他人的榜样力。我不是被人认为已经功成名就了吗？老大都忙成这样了，他们也就知道该做什么。”

曾与陈向东在新东方共事近20年，后任高途北京大区总经理的屈建民记得，2015年8月之前，全国铺点；9月之后，风向变了，从11月开始，公司的主题就是“变现、变现、变现”。陈向东还加了个前缀：争分夺秒去变现，卖一切可以卖的资源，包括技术、流量等，一切为自力更生活下去做准备。

最先启动的项目是推会员服务，相当于以不同城市的头部老师为客户，推会员服务。高途之前的很多一线伙伴都是运营或技术导向，根本没有销售经验，很多人不愿意上门去一个个拜访。过去是免费让老师入驻，现在要让人家先花钱，大家都适应不了这个变化。

屈建民几乎每天都是半夜才回家，出门前看到谁还在公司就拍张照片发到群里，鼓励大家。每天早上都要喊口号，团队是谁要是在外面看到了足够激励人心的话，也都会拍下来顺手发到群里，像“当你老了，一生最后悔什么？92% 的人后悔年轻时不够努力”“努力到无能为力，拼搏到感动自己”之类的。

解压的常见方式是喝酒，小伙伴开了第一单喝酒，小伙伴新入职也喝酒。有一次团队建设屈建民给大家买的是五粮液，几个年轻小伙子都喝多了，但喝多了以后又不舍得吐，便捂着嘴坐在那里坚持。类似这种有泪有笑的故事，每一个大区都在上演。

2016 年，高途进入加法状态。公司在 2016 年 3 月之后，分成五大事业部，其实是各自寻找变现之路来养活主业务。陈向东也一度为融资的事困惑，但后来想明白了，创业是为了让自己的生命更加丰盈，不是为了拿融资，自强则万强，干脆忘掉融资。

当时高途在全国轰轰烈烈搞了 26 个分公司。产品包括为培训机构和个体老师招生的会员服务，专注于为教育培训行业全渠道分销招生提供移动解决方案的 U 盟，为培训机构提供学员档案、设班排课、学员中心等系统服务的天校，为教育培训行业从业者提供培训的商学院，面向企业用户提供直播点播一站式解决方案的视频云服务商百家云等。

不难看出，高途在 2016 年将主要精力投向了 to B 服务。相对于 to C，to B 的需求更具确定性，客户会明确说出自己愿意为之买单的需求点。to C 客户需求不稳定，多样性强，变现挑战大，需要挖掘。就像产品经理常开的一个玩笑：人家要的是一辆车，你却给了一匹马。但是 to B 同样很苦，获客要通过重销售。

罗斌对此就深有感受，他负责 U 盟业务，售卖模式类似于线下会销。各地分公司邀约一些老师和机构过来，总部派人给他们做一些互联网教育升级培训，培训过程中卖产品，堪称“线下版直播带货”。罗斌本来是技术出身，但也居然练出了嘴皮子，被称为“销售小男神”。只要他一出场就能卖十几套系统。2016 年 12 月，为了年底冲业绩，罗斌一个月跑了 22 个城市。

O2O 逻辑难以重构教育，探索新的边界

陈向东又请来了一位擅长赚钱的人加盟——在阿里工作 12 年的祁秀平。祁秀平全程经历了“中供铁军”，曾任阿里国际事业部北方大区总经理。2014 年他离开阿里后，参与了去哪儿网内部孵化创业项目；2015 年 10 月，去哪儿网与携程合并，此项目并入了携程内部，这与祁秀平之前的想法不太一致，他由此开始寻找新机会。

2016 年年初，经朋友介绍，祁秀平和陈向东吃了一次饭。很快陈向东就对他发起邀请，但当时祁秀平手中项目尚未收尾，没有立即决定加入。2016 年 3 月底，高途在上海开发布会，陈向东邀请祁秀平也去听听。由于祁秀平当日还有其他安排，无法到场，陈向东便把发布会的小视频、资料全程不停地转发给他看。

这位 CEO 邀请人的诚意和用心让祁秀平印象深刻，可他并没有立刻表态。这一次的事业选择，祁秀平希望更加慎重，他也想看看管理层的决心。当祁秀平了解到核心创始团队成员都出了不少钱，基本不拿什么工资，A 轮伙伴还跟投了，觉得挺有意思，这是他喜欢的风格，表明管理层有破釜沉舟的勇气，而且能做到上下同欲。

2016 年 5 月初的一个周末，祁秀平正在 798 看艺术展，收到陈向东的电话：

"你考虑得怎样了？"祁秀平说准备加入团队参与创业。此刻陈向东才说："反正上次也跟你说过了，我们都是不怎么拿工资的。你应该也不太缺钱，对吧？"

祁秀平说这无所谓，能交五险一金就行。还没有等到正式发 offer，基于前期铺垫的信任基础，祁秀平在 5 月 10 日就正式入职了。那一天恰好是阿里日，他将之视为与过去的告别和新篇章的开启。

从账面分析，自 2015 年 11 月开始的变现行动已经小有成果，到 2016 年 3 月每个月有 900 万元左右的收入，可仔细分析收入结构就会发现并不健康。很多收入都来自临时性的项目，属于打零工挣零钱，临时支撑一下。

祁秀平把会员的产品重新规划，把定价从 980 元调到 1980 元，最高档达到 7980 元，机构产品可以卖到 13000 多元，后来还推出了"城市英雄"，将高途所有的资源打包给优秀的老师，一年会员费高达 20 万元。如果是给机构提供直播的解决方案，再加上硬件，客单价就更高了，有时会卖到 100 多万元。

除了开源，还要节流。之前负责商务的伙伴，根据邀请老师入驻的成绩，有时一个月能拿三四万元的收入，如今公司降低了伙伴底薪，缩减了一些福利，对分公司进行缩编，把大量实习生和兼职的劳务砍掉了。

此外，还有一些小的"出血点"要堵住。当时，高途没有建立自己的支付体系，学生缴费有时就通过微信转给公司拓展专员，而微信在 2016 年 3 月 1 日之前会收取一定的转账手续费，但公司再转给老师时，因为手续费很少就没有扣除这一部分，可是积少成多，随着 GMV 增长，为此公司每个月要损失 80 ～ 100 万元。之前不在乎，意识到钱的重要性后，这些小账也要算。后来他们就和老师提前说清楚，所有通过微信转账的费用，都需要按照微信的规则扣除手续费。

当潮水退去，关于在线教育 O2O 模式，整个行业在 2016 年都进入了集体反思阶段。多数机构都是 to B 与 to C 混着进行的。to B 是指把整个机构拉到线上来，to C 是指把个体老师拉到线上来。机构心里就会犯嘀咕：你把我拉到线上之后，老师自己单飞了怎么办？作为 C 端的老师也可以跳单，越过平台，直接与学生联系，平台因此收不到佣金，也无法对交易进行管控。看起来，相对于线上线下结合，还是纯线上更容易形成闭环。

这个时候投资人最青睐的在线教育模式，已经从 O2O 转移到了一对一。2016 年 8 月，VIPKID 获得了 C 轮 1 亿美元的融资。多位投资人和朋友都劝陈向东可以尝试一对一的业务。可当陈向东把一对一产品研究了几天之后，就删掉了下载的所有相关 App。高途也短暂做过一对一产品，名为“来师一对一”，只是项目周期非常短。

虽然不看好一对一，但团队逐渐意识到平台模式的弊端——O2O 难以解决供给侧问题。学生最需要的关键要素是“靠谱”，在线教育与电商不同，并非通过简单交流就能达成交易，还需要长时间的磨合与挑选，需要试课、听课，需要了解老师的背景。报错一门课，代价比买错一件产品要高得多。连来自互联网领域的核心创始团队成员，也意识到用 O2O 逻辑去重构教育，还是把教育想得太简单了。教育本身还是传统与枯燥的行业，有能力在线提供优质教学服务的个体老师或机构凤毛麟角，如果自己没有真正意义上的供应链，不能建立供给能力，将会掉进非常大的坑。罗斌举例，这就像开了一家高端商场，用户期望进来看到的商品都是高档的，在高途，大家也希望授课的老师和老师提供的服务就是最专业的。只有自己招聘老师，自己研发课程，才能够保证稳定的高质量供给。

另外，从流量运营角度看，老师只会教学，不懂营销，也不懂转化。好不容易引来的流量，一场公开课 5000 人，流量成本至少 20 万元，但可能只转化了 10 单，老师反而会埋怨平台太不精准了。如果从投放到拉新到运营到转化，整个流量链条都由自己来管理，这样流量效率可能是合作老师自己做的 10 倍甚至更高。

如果平台上的老师并没有在线上课的训练，入驻后可能会认为交流界面并不是那么友好。另外，兼职老师投入度总是有限的，假设用户在找老师咨询时，老师正在上课，隔了一个小时都没搭理对方，用户体验并不好。陈向东组织了一次现场实验，让高管都打开手机，在平台上作为家长去给孩子约课，看半个小时内能不能约得上，以及是否想去买这位老师的课，测试结果发现反应非常滞后。

陈向东处于纠结之中，这种纠结也无法对外言表。他一时找不到更好的坐标。“对商业而言，你必须要活下来，活下来就是你要能够把账算清楚，但那时候我们是做不到的，所以就非常痛苦。如果是做教育，那么你只是提供了一个平台，而没有办法对每一个老师进行最好的训练，没有办法给每一个老师提供最好的服务，也没有办法保证每一个老师能够给我们的学生和家长提供最好的服务，这是不行的，但在当时的情况下其实非常艰难。”

陈向东开始向外探索边界，2016 年 3 月开始组建团队，自己出资在公司之外孵化了一个 to C 的产品。过去隐藏在认知中的一点光亮开始从背景中显现。名师的放大作用超乎想象，学生和家长对于名师的喜欢也超乎想象。如果能够去挖掘和培养最优秀的老师，能够去优化各个流程、各个链条，很有可能就能让公司活下来，同时也能真正把教育做好。

如何落地这个想法呢？陈向东觉得可以尝试以在线直播大班课作为突破口，因为最优秀的老师永远最稀缺。如果能够把最优秀的老师服务学生的数量，放大 100 倍、200 倍，也就等于将一个商业变量当中最重要的要素放大了，这在理论上是能够行得通的。

那这支 to C 的在线直播大班课“特种兵”应该叫什么名字呢？当时起了大概 100 多个名字，经过不断地讨论、碰撞、否定，最后聚焦在“高途”这两个字上。因为可以令人联想到“名师出高徒”，后来用了“高徒”的谐音，寓意前途“高中”（gāozhòng），最后起名叫“高途课堂”。2021 年 4 月，公司统一品牌名称为“高途”，也是起源于此。

表里如一、始终如一、知行合一

2016 年高途过得颇为狼狈。两年后万科曾在内部会议上打出了“活下去”的标语，只有经历过跌落十八层地狱又爬上来的公司，才能真正体会到“活下去”这 3 个字的含义。

高途本来在博彦科技大厦租了 5 层楼，到 2016 年年底退租成 3 层，外面都在传说高途“不行了”。伙伴也出现流失的现象，还有一部分属于主动裁员优化，连核心创始团队成员都经常接到猎头的电话。

陈向东依然在内部展现出强大的信心，所有核心创始团队成员回忆起这段日子，都记得他每天风风火火的身影。2016 年 10 月，陈向东自己出钱，给核心团队安排了一次英国豪华游，为期 9 天。正如任正非所言：“越是在辛苦的时候，越要激励士气。”这让核心团队感觉陈向东心里有底，这事儿可以继续搞下去。

但此时陈向东严重失眠，经常在半夜三四点爬起来发呆。陈向东理解了任正非为什么曾患上抑郁症，为什么会想到自杀，也理解了他痛苦到撞墙的心境。虽然一夜没睡，但第二天陈向东又会睁着通红的眼睛，告诉所有人“我们不会缺钱的，我们会有钱的”。可回家之后，又惧怕剩下的那点钱真“烧”没了怎么办。他和自己开玩笑：如果真的失败了，自己就彻底退出江湖，找个小岛躲起来，谁都不见。

陈向东特别喜欢看电影。他排解压力最好的方法就是晚上 10 点钟去看最后一场电影，看到夜里 12 点左右，回到家里处理完邮件再睡觉，这是他人生最大的享受之一。在最痛苦的那段日子，陈向东大概有十几次一个人跑去电影院看电影。创业维艰，带着创业的心境，特别是看那些灾难片、惊险片、恐怖片，总是会映射到自己的内心，映射到别人对自己的信任或者失望的眼神，映射到自己每天的生活。

陈向东认为，一部好电影肯定是无数人合作的结果，在线教育其实和电影之间存在着太多太多美妙的联系。他特别希望通过对于电影的了解，不断地提升对学习场景的改善、优化和升级。陈向东甚至畅想：如果将来老师们在课堂中的很多片段，能够像电影一般吸引人；如果在和学生的互动连接当中，一些知识点能够像电影片段一样精彩；如果未来公司里面各个角色的合作和协作，能够像电影一样精美地展示在客户、学生和家长面前，那会是多么美好的事情。

每当离开电影院时，现实就会跳到眼前。钱总是不够花，有一段时间，财务负责人每次发工资都是先从 n 个账户把钱一点点地归集起来。

到 2016 年年底，账上真的快没钱了，工资眼看就发不出来了，这是最接近现金流崩断的一次。陈向东拿出 1000 万美元，仅用一个上午就从私人账户打到公司账户。他和妻子商量，妻子想了一会儿："反正我嫁给你的时候，你也是一无所有。你觉得重要的话就去做，需要就都拿去吧。"

顾凯此刻更觉得赌对了人。陈向东在压力下不只笃定，也体现出其特有的品质。陈向东最初是自己拿钱孵化的高途课堂，最后又将高途课堂放进了公司，整个过程都在董事会股东会中讲得很清楚，每一件事都有公开的程序，从没有偷偷摸摸在外面干什么事。

顾凯用 3 个"一"来评价陈向东——表里如一、始终如一、知行合一，认为"这种创业者非常罕见"。

那段时间，一个画面总会跳到陈向东眼前：14 岁时，身高 1.44 米的他，每次背 100 斤化肥，和父亲一起运了 3 次，把 600 斤化肥运回家。出发前，父亲为了让儿子坚持走完这段注定艰辛的3公里山路，分享了自己的经验：途中再累也不要把袋子完全卸下来，放在地上，那样就再也背不动了。感觉累时，可以找山壁靠一下，负重感稍微轻一些，就立即往前走。

变现策略就是可以暂时靠一下的山壁，让袋子不落地。2016年3月，公司月收入冲到了1000万元，从账面上看，盈亏接近平衡，可陈向东清醒地知道，这只是虚假的繁荣，实际投入依然远远大于收入，另外这在当时并非一个有保障的可持续增长。有几个小细节让他特别担忧：一是每个月前25天进账很少，月末时要冲业绩，进账会快速增加，这让他觉得不均衡；二是他收到了很多来自老师和机构的感谢，但发现感谢他的人都没交钱。他更深刻地意识到，流量并非教育的本质，如果只做一个交易撮合平台，就远离了教育的初心。

陈向东获得了一个痛彻心扉的教训：如果一家机构的创始人，总是把公司营收规模或现金收入规模当成第一指标，或者这家公司每天对外讲的是招了多少人、收了多少现金，那么这家公司大概率还在做PR、to VC，还没到活下去的时候，只是在试图鼓舞内部的力量。

“注意，如果一家公司只是把它的规模放在第一位，从全世界范围来看，基本上没有成功的先例。而一家好的公司会在强调规模的同时，更多地强调有效增长、利润的增长，以及每个人的人均创收、人均创利的增长。如果一家公司它只是呈线性规模增长，而没有带来内部组织效益增长，那么时间最终将会给其一记狠狠的耳光。”

陈向东联想到2015年，高途对外宣布每个月平台上有一亿元流水，这是真实的数据，确实很牛了，但那时候算不清楚账，公司自己没有收入。最后他和团队用了两年时间，才痛苦地从里面爬出来。“我犯过这个错，我痛过，如果你没犯过这个错，没痛过的话，你是听不懂的。”

有不少培训机构的校长来找他请教，陈向东都会问对方两个问题：第一，到目前为止，你融过多少资，累计拿了别人多少钱？第二，你现在账上还有多少现金？然后再问，你是做一对一的，还是小班课的，或者大班课的？如果你做一对一，收费是不是收一年或两年的钱？如果收了，这都是负债。

陈向东看到过有一家公司收费居然是一次收 5 年，就问那个校长：“你为什么这么收钱？”对方一脸诧异：“我能够收 5 年为什么不收呢？”陈向东说：“你收 5 年的钱的那一刹那，就相当于你刚收的这个钱都是亏损。收别人 5 年的钱，第一，你要打折，打折的部分都是利润；第二，你给销售人员更高的佣金，销售人员更高的佣金部分都是利润；第三，未来 5 年你没法提价，提价的部分都是利润；第四，你的销售如果离职，人家家长如果要退费，将来又是重大的损失，都是交易成本，又是巨大的负利润；更重要的是第五，你这么做无异于圈钱，你会让整个机构里边的风气变坏。反正卖了 5 年，钱已经套进来了，就没有人去用心服务了，也没有人会真正对每一个家长具有敬畏心。”

“要倒逼每一个伙伴提供更好的服务，让他们从服务的体验当中磨炼人性、磨炼美好的灵魂。如果不去这样做事，到最终不就是崩了吗？”

在痛苦的磨炼中，陈向东模糊地看到一扇通向未来的门已经打开了。

全力以赴

便利贴

- 成熟的管理者会充分授权、充分听取团队的意见，把建议告诉应该负责的人，但当涉及原则性问题，而非战术性问题时，要有果断拍板的勇气。

- 创业赌的就是晴天。心里总是阴雨天就变味了，还是要充满阳光，看到晴空万里。

- 客户与用户不同，用户不一定付费，或者付费后公司赚不到钱，客户是付费后，公司能赚到钱，可以在年底时给大家发奖金，也可以在第二年给大家涨工资，还可以更多地投入研发。公司应该将客户放在第一位，为客户提供最优质的服务。

第四章
力出一孔

2017 年 7 月，公司开了一次高管会议，专门讨论是否要立刻停掉 B 端业务。张怀亭、罗斌、祁秀平等人提前碰了一下头，大家商量要一起说服陈向东，采用过渡方案，毕竟之前积累的资源不能浪费。可会议开始没 10 分钟，过渡派就哑火了。陈向东说：“你们不知道只做一件事多美妙吗？”他举了在森林里同时追两只兔子的老梗，说明只有专注追一只兔子，才有可能追到，否则一只都追不到。

断舍离中体会到只做一件事的美妙

从2016年年底到2019年5月提交招股说明书，高途把自己关进了黑暗森林，陈向东不再接受采访，公司也没有开大型发布会，无人知道它的愿景蓝图，连产品运营都很低调，圈内人都描述不清它的样子，偶尔有人怀疑它是否还活着，更多人都忘了它的存在。当它突然宣布即将上市，即将成为首家实现规模盈利的K12在线上市公司时，大家才发现，它的业务模式如此简单垂直，而寻找这种简单的过程又如此复杂。这真的是一家“非常能折腾”的公司，几乎尝试了在线教育领域所有课程类别与交付路径。

从2016年10月起，高途各部门就开始准备新一年的规划，但直到2017年1月都没有成型。规划做得非常艰难，艰难在于发现怎么做都不尽如人意。内部也很迷茫，不知道该干什么。2016年年底，究竟是做平台还是做自营，是to B还是to C，内部争执越来越激烈。对此，陈向东最初并没有表态。一天晚上，他约了张怀亭和另外一个核心成员到住所谈话，谈到凌晨两点。核心是如果业务模式要调整到以自营为主，就意味着要回归教育的本质，他自己也要从务虚转向务实，这涉及一系列人员的调整。

这是一次艰难的谈话，张怀亭失声痛哭，最后还是达成了共识。第二天早晨7点，陈向东迅速给13个核心干部开会、做评估，评估后直接决定让2人离开。

其中，一个人正在休假，陈向东直接说以后别来了，可以离开了；一个人问能不能第二天离开，陈向东说不行，必须今天离开。

领导力的核心是能够做出艰难决定。这是陈向东做事的风格，要么不决策，决策之后执行就非常果决。说了就做，没有反复、妥协、再商量，说出来就马上行动。这迅速在团队内部传递出一个信号：Larry 要亲自管业务了，内部要大改革了。接下来，陈向东每天开会，从早晨一直到深夜。

陈向东喜欢以高标准约束自己，同样喜欢以高标准来管理公司。以开早会的时间为例，创业之初，有人建议能不能 10 点半开会，因为互联网公司的人喜欢晚上加班，早上经常起不来，后厂村又是著名的交通堵点。后来陈向东说那 9 点吧，早点出门错过堵的时间，结果 9 点总有人迟到，理由还是路上堵车。后来开会时间又改到 8 点半，结果还有人迟到。再后来他干脆定到早上 8 点开会，从此再也没有人迟到了，因为那个时间路上还没什么车。

2018 年 12 月 29 日，高途近 70 位核心干部在延安开会。有一位伙伴刚入职，很惊讶地发现，从来没见到过一家公司说 8 点开会就 8 点开会，说 12 点半出发就 12 点半出发，没有一个人迟到。陈向东说，这是因为已经训练到了一个程度，训练出了一种味道，训练成了一种模型。

执行力强大的公司，往往对时间管理有近乎偏执的要求。在联想，不迟到是第一天条，柳传志自己迟到了也要罚站；京东集团每天早上 9 点上班，但所有管理层早晨 8 点半要到公司开早会；每天早晨 7 点 20 分，万达创始人王健林则会和核心层一起共进早餐。在万达，8 点半的例会，如果你 8 点 25 分到了，依然可能算是迟到，最稳妥的方式是提前 15 分钟到场。

陈向东笃定要推进公司发生巨大变化，但依然有多种实验同步进行。2017 年春节他在美国度过，可过得并不踏实，每天都要和国内通若干电话。

陈向东此刻已认定直播大班课是未来。高途成立了若干个创新小组，分别叫创新一组、创新二组、创新三组……创新九组，其实这个代号和“八路军”一样，并没有八组。

当时还有团队在探索学前、初中与高中的直播大班课，这就是在赛马中选马的过程。2017 年 6 月，经过调整，所有 K12 在线直播双师大班课合并，将之前在外部的高途课堂也纳入进来，统一为新的高途课堂，这成为高途杀出至暗时刻的尖刀班。这是另一个热血沸腾的故事，容后再表。

从 2017 年 4 月开始，公司提出要以有效收益为主线，不要盲目扩大，不要奢谈格局，一定要找到突破口。突破了，再撕大口子，逐步做大。可以看出，这与任正非的攻破城墙口理论接近，华为就是坚定不移 28 年只对准通信领域这个“城墙口”冲锋。几十人如此，几百人、几万人的时候也如此，十几万人还是如此，而且集中炮火，全力攻击。每年用 1000 多亿元的“弹药量”炮轰这个“城墙口”。

陈向东又列出了一个公式，即“客户体验提升 + 服务效能提升 + 客户价值提升 + 回归创业初心”，日拱一卒，每日精进，让用户和客户每天感到高途的变化。

创业之初，高途特别强调技术，但从 2017 年 5 月开始，内部感觉对教育越说越多了，不仅请内部懂教育的小伙伴分享，也请外部教育界的朋友来分享，分享内容集中在老师的培训、教学质量和续费管理。

陈向东认为要补 3 项课，即补之前线下发展的课，补非教育板块小伙伴的课，补教育培训管理思想迭代的课。

2017 年 6 月，在高途 3 周年媒体沟通会上，陈向东开始放风：我们不是一家纯粹的 to B 公司，而是要通过赋能 B，使其更好地服务于家长和学员的 to C 公司。

其他事业部继续沿着 to B 业务探索，但大家心里也都明白，如果找不到一条稳定的增长路径，终究无法持续。但真正要挥刀自宫，又缺乏立刻下手的勇气。内部争论的焦点，是一边继续做 to B 业务，一边探索 to C，还是果断聚焦，力出一孔押宝 to C？选择第二种方案的，只有陈向东一人。大家的顾虑也可以理解：当时已经收了 B 端业务不少钱，签了几万名会员，不做将会涉及退费问题，而且每个月也有 1000 多万元营收，就这么放弃实在有点难。

2017 年 8 月，高途开了一次高管会专门讨论此事。张怀亭、罗斌、祁秀平等人还提前碰了一下头，大家商量要一起说服陈向东采取过渡方案，毕竟之前积累的资源不能浪费。

可会议开始没10分钟，过渡派就哑火了。陈向东说：“你们不知道只做一件事多美妙吗？”他举了在森林里同时追两只兔子的老梗，说明只有专注追一只兔子，才有可能追到，否则一只都追不到。

开完会陈向东就出差了，后来在机场他又接到罗斌的电话。还是有几个核心创始团队成员强烈反对，因为他们已经对自己的业务做了雄心勃勃的全国拓展计划。罗斌既然已经成了“销售小王子”，自然比其他技术直男更懂得关键对话的技巧，于是大家就派他作为代表与陈向东沟通，觉得可能会有缓和的余地，可陈向东说“不行，坚决不行”。

真正说服核心团队的并不是这些浅显易懂的道理，而是陈向东坚定的态度。“当时我还在想能否平滑切换，他的意思是马上聚焦。”张怀亭回忆，“这就是我和他的区别，他在战略决策方面有自己的果敢和狠劲，他就是做一把手的料。”

2017年8月，高途宣布彻底聚焦C端业务，B端业务能砍掉的砍掉，能剥离的剥离。有的投资人也不理解，眼看收支都要持平了，为什么一年营收一亿多元不要了？而且当时to C业务每个月才100多万元出头的收入，看起来也不稳定，是不是太激进了？

但陈向东已经想得很清楚。团队一直在经历打硬仗的考验，既然陈向东拍了板，也就不再争论，开始确定聚焦的细节。

原有5个事业部中的3个to B业务进行了关停或剥离，保留了由吕伟胜负责的跟谁学商学院。商学院集中了一批非常优秀的人才，他们加入公司较早，忠诚度高、业务能力强，所以陈向东决定抽调商学院的业务骨干去充实主营业务部门，也就是高途课堂和跟谁学好课。首批抽调的人员包括吕伟胜和副院长屈建民等人。

当陈向东通知吕伟胜要去负责教学质量工作时，吕胜伟的内心颇为矛盾。他已经跟随陈向东十几年时间，在高途因为工作需要已经换过两次岗位，但他心中清楚，只要跟对了人，自己做什么不太重要。虽然极其不舍，吕胜伟还是服从了陈向东的安排，开始筹建教学质量部，为公司主营业务场景提供教学支持。

打磨出一批敢打、愿打、能打、抗打的人才

如果你在一个大舞厅跳舞，舞厅上方有一个阳台，乐队在演奏，而你周围的人伴着音乐翩翩起舞，此时你的目光聚焦在舞伴身上，余光观察着是否会撞到别人。你沉浸在这美好的时刻中，事后有人问你觉得这支舞怎样，你大声回答：“乐队演奏得很好，舞厅里满是跳舞的人。”

但是，如果你走上阳台，从上面俯视舞厅，你会看到非常不一样的场景：当音乐节奏放慢时，只有一些人在跳舞；当节奏加快时，更多人会步入舞池；有的人出出进进，有的人在交头接耳。

这就是哈佛大学肯尼迪政府学院公共领导力研究中心的罗纳德·海菲兹在《火线领导》中提出的舞池理论：如果你要清晰地看到现状，就要走上阳台，哪怕只有一小会儿，就能远离争辩，获得全局的概念。如果你要对正在发生的事情施加影响，又必须回到舞池中。在阳台上扮演安全的观察员角色不会产生任何作用。这个切换的过程不是静止的，而是需要反复数次。

陈向东在创业之初犯过一些错误，但幸运的是，他既能从外部观察自己，又能把自己看作众多舞者之一，他掌握了在参与者和观察者之间反复进行角色切换的技巧。

高途内部曾经历过“非常艰难”的讨论，董事会决议把所有能够砍掉的技

术全部砍掉，把所有能够外包的服务全部外包，尽可能保留最少的人来对业务进行突围。

此决议在公司内部核心创始团队中引起了很大的冲突，毕竟技术是这支团队组建时最引以为豪的部分。大家意见完全不一致，陈向东坦率地说可以用“四分五裂”来形容。不过，当时陈向东坚持认为，核心技术研发人员一个都不能裁。视频直播技术团队本来也要拆分出去，他的意思是即使视频直播技术团队拆分，高途也必须保留一个适度的相应团队。如果视频直播技术团队不愿意留在高途，高途也会全力重建一个新的视频直播技术团队。

回到 2017 年，当时 80% 以上的人都不支持保留视频直播技术团队。这么多看起来更牛的技术人才都走了，为什么要保留一个最烧钱的团队，而且这部分服务完全可以外包出去。但到 2018 年就会发现，这是再明智不过的一个决定，没有自己的视频直播技术力量，高途将不复存在。

2017 年年中会议统一思想之后，公司就决定不再提供原有流量转化效率太低的会员服务，放弃做第三方教育平台。这一决议层层传递到分公司，并对原有伙伴做出了分流安排。

2017 年 8 月，聚焦 to C 业务全面启动，会员业务不再签单，刚刚缴费的可以退费，原来已经服务了一半的，会继续服务下去，会员可以继续使用平台的流量，或者使用高途的直播工具。从增肥到减肥，比直接减肥要痛苦百倍，此刻最能看出日常价值观建设的力量，因为需要伙伴执行公司的策略，尽可能留住每个客户，并且去实现之前对客户的承诺。过渡的过程总算平稳，没有产生大的纠纷。

一边修飞机，一边开飞机，祁秀平开始重新组建团队，直接面向 to C 端卖课程。分公司陆续关闭，愿意来总部的可以调过来，陆陆续续留下了 10 个人左右，这就构成了跟谁学好课 B to C 业务最初的班底。

2017 年的 8 月非常难熬，大家对如何直接触达 C 端还是缺乏经验。某次公开课，本来以为有 100 多人报名，后来一上课才到了两个人，老师在直播间好不尴尬，整个 8 月才仅 2 万多元的业绩。

高途内部分成了六七个团队，卖不同的产品。大的分组有两个，即 K12 和非 K12，非 K12 组里还卖瑜伽课、吉他课、Excel 课、PPT 技能课程，以及建筑师培训、会计从业培训、执业药师资格培训等。当时知识付费比较火，高途看起来有知识付费属性，与教育行业有所不同。“我们对于教育的认知当时还非常肤浅的，依然在用互联网人的思维去看这件事情。”祁秀平复盘。

2017 年 8—10 月都在摸索前行，团队也并不确定什么课最好卖。当时跟谁学好课也在做 K12。陈向东的想法是，这个市场太大了，两个品牌同时向前推也没什么问题。9 月，收入略有起色，大概每月达到三四十万元；到了 10 月，收入就达到七八十万元了。

一个令人振奋的信号是，跟谁学好课已经出现了良性而陡峭的增长曲线，这给了其更从容的试错空间。祁秀平的团队成本控制能力极强，没有投放广告，完全靠自己做流量，保持着小而精的作战单元。他认为：“在最小单元的时候，保持的时间足够久，沉淀得足够久，我们才能想清楚很多业务是不是跑得通的。”

“如果你能够找到一个创新商业模型的最小单元，并控制自己的欲望，让自己慢下来，然后把里面的核心要件都做到极致，后面在扩张的时候就会产生契机。”陈向东如此理解。一家公司在小规模状态下保持的时间越长越好，从历史的长河来看，这样的公司往往会成为非常伟大的公司。

在唯快不破的大环境下，很多人并不一定认同他这个想法，因为也可能活成“长不大，死不了”的小老树。陈向东则认为在小规模组织状态下保持的时间越长，所打磨的就不仅仅是最小单元、商业模型，更重要的是打磨出一批伟大的人才，一批敢打、愿打、能打、抗打的人才。高途最核心的能带着团队打仗的干部都是那几年打磨出来的。

转向 to C 后，高途用了大量的社群裂变玩法，如用书做活动，带来 4 个新人入群，就可以领套书。类似这样的活动很快拉来几百个人，然后以此为种子，再一点点裂变。同时，也用低价课引流、从原来的学生中筛选等策略引流，但流量一直不多。如果某次免费的公开课有 100 多人参加，大家就觉得特别开心：你看，今天这个课爆了。

虽然最后也没成几单生意，可似乎希望就在眼前。直到有一天，单日卖出了一万元，小伙伴就组织出去庆祝，祁秀平没去，他说等到月收入过 100 万元了，他再参加庆祝活动。这个目标当时看起来还过于遥远。

那段时间，跟谁学好课的管理团队晚上大部分时间都忙于和各路高人请教，听说哪一家少儿英语做得好，四五个人就跑到人家楼下约人喝茶，看看别人的业务是怎么起步的。其实不见得收获多少干货，倒是获得了很多信心，觉得跟谁学好课做起来只是时间问题。

陈向东在这个过程中，体现出了极大的耐心，他一直传递给核心团队的印象是：我们有钱，现阶段还不能赚钱的话，我自己也会再拿钱，所以钱不成问题。

2017 年 11 月，这支团队的收入接近 100 万元，12 月收入真正过百万元，但是他们却忘了要庆祝的事。在更宏大的目标面前，这点收入实在是不值一提。

坚忍之心，征服一切

在摸索阶段，陈向东虽然尽量表现得云淡风轻，但偶尔也有溢出的焦虑感。当时许翔策划了一个创业大咖课，要请 38 位导师，后来还差一位导师，他找到陈向东，想让他请一位熟悉的企业家朋友。陈向东说：“许翔，别折磨我了。”

许翔由此猛然体会到，原来陈向东内心已经很焦灼，他根本没有心思引荐朋友来讲课。这根本就不是他的战略重点，就算是请来最牛的企业家又如何。

从 2017 年 10 月起，陈向东就不再失眠了，因为 2017 年 9 月公司居然实现单月盈利了。他在 10 月 4 日中秋节发了一封全员邮件，邮件中写道：“2017 年 9 月是可以载入高途发展史册上的一个月，不仅仅因为我们是目前为数不多的以线上基因为主导的教育公司能够盈利的一家，更重要的是因为在面临重大变革和调整的情况下公司的组织能力经受住了检验，9 月单月盈利比我们在年初制定的 12 月实现单月盈利的目标提前了 3 个月。9 月能够实现单月盈利，这意味着之后的每个月我们都可以盈利，并且有可能更好地实现规模化的盈利！”

也许在谷底待的时间太久，盈利后陈向东的兴奋溢于言表。“说真的，9 月公司实现盈利，我和大家一样，还是蛮激动的。确实，赚到钱，能盈利，对于一家互联网创业公司而言，真的是一件具有划时代意义的事情。”

但陈向东很快又进入了清醒的状态，用一贯擅长的排比句反问："因为盈利，意味着付费给公司的客户多了，也就是说，公司服务的客户多了，但是我们对这些付费客户的服务真到位了吗？我们真的懂客户吗？我们真的聆听客户的心声了吗？我们真的对客户敬畏吗？我们的产品和服务体验能根据客户的反馈快速迭代和优化吗？我们真的把客户当作'上帝'了吗？我们真的能够做到客户第一吗？我们真的是用心在和客户沟通吗？我们真的能够如同对待家人一样对待我们的客户吗？我们的客户真的从我们的产品和服务中受益了吗？我们的客户真的因为我们的产品而改变了吗？我们交付的产品和服务真的如同我们的销售伙伴所描述和承诺的那样吗？在这里，我恳请我们所有的小伙伴思考这些问题，看看你们的答案是肯定还是否定的。"

回归教育的本质，有三大业绩倍增利器：续班（续签）、扩科（购买跨项目与子模块）和转介绍（圈子影响成就力）。要找到这三大利器，就需要牢牢抓住"客户"这一概念，这是组织能力倍增的按钮。

"让 300 个客户付费给公司并不算牛，牛的是让这 300 个客户能够陪伴公司走 10 年。如果你能让这些客户陪伴公司走 10 年，那么这 300 个客户的续班（续签）、扩科（购买跨项目与子模块）和转介绍（圈子影响成就力），将在未来 10 年里为公司创造 100 倍的收入。10 年业绩增长 100 倍的公司的所有奥秘也不过如此。"

陈向东算了一笔账，要想服务好这 300 个客户，就要找出服务好这 300 个客户的成功要素、关键节点、人才素质模型、系统、文化精气神。然后再提炼、打磨、复盘、打样、迭代，不断循环往复，不断否定之否定，不断快速迭代，不断每日精进，一年或者两年，最多 3 年，就能做出一定的门槛和护城河。

奇迹，都是由奇迹般活下来的公司全力以赴创造的。

从 2015 年 11 月到 2017 年 10 月，高途一直在挣扎中求生。90% 以上的公司都很难爬出类似的谷底，可高途在最无望的情况下，依然没有停止折腾，它一直在对抗地心引力，这使得它没有进入自由落体运动，产生不可逆的下滑势能。

几乎同一时期，另一家公司也上演了一出逆转大剧，它就是小米。2015年小米没能完成8000万至1亿台的出货量目标，2016年小米的销量大幅下滑，新机型表现平平，供应链危机频发。而这两年恰好又是OPPO和vivo在市场份额以及出货量爆发式增长的两年，华为更呈泰山压顶之势，2016年华为P9出货量超过1000万台，Mate9再次联合徕卡冲击高端市场。

手机行业的残酷物语是，只能向上走，不能向下走，一旦出现下滑，就很难再上升。2012年HTC因为One系列失败，营收出现下降，最初看来这不过是战术失误，可接下来连续两年翻身失败，到2015年就隐现巨额亏损。诺基亚、摩托罗拉也是如此。小米的宿敌魅族接连战略失误，高层内讧，眼看着从手机界清流变成了“泥石流”。乐视、360以颠覆者的姿态出现，前三板斧之后就销声匿迹。至于罗永浩的锤子，根本就没有迎来波峰，就更不用谈什么波谷了。消费电子行业是修罗战场，一步错步步错，被拍在沙滩上容易，站起来难。

小米和雷军本人都在2016年进行了全方位的补课。在研发与供应链层面，雷军甚至撤掉了联合创始人周光平，自己亲自负责；在渠道方面，由总裁林斌大规模推进开线下店，并在全国开小店狙击OPPO和vivo；在国际化方面，抓住印度市场提升业绩，刮起“小米旋风”，最重要的是小米由此完成了由一家创业公司向成熟公司的进化。

雷军和陈向东，都属于特别善于复盘和学习的人。环境和对手，虽然能轻易毁掉一个人的优雅与定力，但善于迭代自己的人，压力之下动作不会变形。

1914年，探险家沙克尔顿（Ernest Shackleton）带领挑选的27名船员，开始了宏大的远征：跋涉3000公里，跨越南极洲。沙克尔顿将这次远征的轮船命名为坚忍号（Endurance），这个名字源自他的家训“By endurance we conquer”（坚忍之心，征服一切）。

让他们始料未及的是，他们遭遇了被困冰川、轮船沉没等一连串打击。在食物、衣服、遮蔽物严重不足的情况下，沙克尔顿和他的船员在冰天雪地里艰难求生。令人惊叹的是，28人历经受困于极端环境近700天后，全部生还，完成了人类历史上一次绝境重生的伟大壮举。

与此形成鲜明对比的是，1913 年 8 月 3 日，一支由加拿大探险家菲尔加摩尔·史蒂芬逊率领的探险队乘坐卡勒克号探险北极，同样受困于冰川，结果却大相径庭。在卡勒克号陷入困境后，其探险队员就变成了一群自私、散漫的乌合之众，撒谎、欺骗和偷窃成为家常便饭。最终，卡勒克号以悲剧收场，11 名探险队员殒命于荒芜的北极地带。

创业公司就是一艘时刻可能困在冰川中的船，CEO 就是船长，船长将决定这艘船的命运。一位船员描述沙克尔顿："他总是能镇住所有困难，展现出无畏的一面。他经久不衰的乐观态度，令我们这帮沮丧的探险家受益匪浅。我们都对当前的灾难心知肚明，尽管他本人也很沮丧，但他从未表现出来，只是极力展现幽默与希望。他是最乐观的人之一。"

陈向东就扮演了沙克尔顿船长的角色。

三个馒头：私域流量运营能力、寻找好老师的能力、打造组织的能力

高途的再次崛起之路甚至比小米更难，因为它要完成自己底层逻辑的切换，从“连接老师、机构和学生”的平台逻辑，到“抓教学质量，以成就客户为中心”的自营逻辑。

平台逻辑认为，如果囊括了足够多的老师和机构，学生就会来，流量难题也就自然破解了。但如前所述，在平台逻辑下，学生的体验往往是糟糕的，学生不确定这么多老师和机构哪个好，好不容易挑到一个好老师，又难以得到优质的服务。同时，平台逻辑产品在功能上为老师和机构提供了诸多支撑，也给了老师一些流量，但由于没有系统培训和认知，老师和机构根本不会使用。运营效率低，产品团队的挫败感也很强，不知道怎样的行为是有效的。

自营逻辑则是挑选优秀的主讲老师与辅导老师服务学生和家长，同时把整体服务闭环都放在自己的掌控之中，知道哪里最薄弱，就能尽快改善。

假设高途在 2014 年创业之初，一出手就是自营模式，是否就会绕过这段弯路？在 2017 年，有一部小众电影在创业圈中特别火，就是《冈仁波齐》。这部电影枯燥无比，从头到尾就是磕头、念经、磕头、念经的重复，它打动创业者的是其所隐喻的精神：人生没有白走的路，每一步都算数。只要目标坚定，你走过的所有路，哪怕是错路，都将通往神山。

有一个广为人知的“四个馒头”理论，吃了前三个馒头之后，吃第四个馒头才觉得饱了。如果对一个公司之前所经历的苦难和由此锻炼出来的能力，没有一个连续性的全局认知，那么当它一飞冲天的时候，你只有两种判断：要么把它神化，要么把它妖魔化。

高途在这个过程中，也吃下了前3个馒头，即私域流量运营、寻找好老师、打造组织。

第一个“馒头”是私域流量运营。高途在2016年运营C端的压力非常大，因为B端当时卖出去好多会员服务，老师自己又不懂流量转化，可人家既然交了钱，就需要交付，因此团队开始尝试帮老师卖课。在这个过程中摸索出来的方法，为之后的伴节课和高途课堂打下了基础。

当时高途找到了一个独特的工具，即通过微信来裂变，打造自己的私域流量。陈向东对微信的力量很敏感，认为它能够连接每个人的有效关系，2015年4月公司还曾收购过一个微信公众号。2016年进入探索变现阶段后，高途开始研究社群流量，彼时微信还没有封杀用户裂变的一些外链和群控工具，社群红利期仍然在。

高途所采用的裂变模型，可以拆解为“载体+工具+创意+技术+运营”。载体即微信生态中的公众号、微信群、H5、个人号、2016年4月出现的企业微信，以及2017年年初正式推出的小程序。工具则包括拼团、邀请、砍价、转群等，它最常用的是“邀请”，即用户分享海报—几位好友扫码—达成任务要求—获得目标产品。创意是吸引用户参与的核心。没有创意，就不能击中用户的痛点，就谈不上传播。一张海报的文案如何更吸睛，往往需要绞尽脑汁。技术是裂变的支撑，也是高途的强项，高途具备开发能力，也有成熟的技术平台可以使用。

这个链条并不复杂，最大的痛点在于运营环节是个苦活累活。用户会源源不断地过来，运营人员要第一时间给用户发提醒，告诉用户要做什么，如何分享。用户完成任务之后会截图发到群里确认，运营需要告诉对方你的任务完成了，这意味着运营人员需要时刻盯着微信群。如果没有及时反馈，就等于前期的所有动作都浪费了，因此运营人员往往从早上6点到凌晨1点都在线。在规模化的过程中，这种效率是很低的。

这种打法要运营团队跟得上，有的运营小伙伴每天带着 20 部手机上下班，过地铁安检时，差点被报警。但跑通了流程，再辅助技术支撑之后，能快速建立起私域流量池。

特别在冷启动期间，这种打法可以缓解转化效率还不够高背景下的成本压力。罗斌对此有个判断："如果我们的流量都是买来的，花 100 万元买过来的流量，即使能转化 50 万元，那也等于亏了 50 万元，出现这种情况大家内心会很焦虑，动作也容易变形。但因为我们可以源源不断地获得免费流量，所以哪怕效率低一点，也都是挣钱的，这样大家会更从容。"

之前教育培训行业的获客方式主要是打电话，高途创立了业内最强大的微信社群流量转化玩法。最初将这套运营方式分享给会员时，效果还不明显。2017 年 8 月高途自己用了之后，就发现效率提高了 10 倍不止。

高途可以做到从 2017 年 9 月开始盈利，与能够低成本获得私域流量有很大关系。从 2018 年开始，微信开始大规模查封裂变行为，但是高途已练就了对微信生态"吃干榨净"的本领。

高途课程顾问通过微信产出非常高，而且能够和用户做长期客情维护。2018 年高途投放方面的投资回报率（ROI）高达 1:4，到 2019 年上半年，依然维持在 1:3 左右。2019 年高途的成人英语有 3.8 亿元收入，贡献了一亿元的利润，秘密就在于其低成本获得流量的能力。

高途有一套闭环体系，如何邀请客户来听公开课，然后转化卖出去产品，剩下没转化的依然要维护好，维护 3 周之后，会转到裂变组，重新再去做分流沉淀。假设本来是英语群，可以再筛出来到唐诗宋词的语文群，进入二次循环，或者沉淀到服务号与公众号，这样方便客户领资料，或者查看与教育有关的信息。

祁秀平评价，陈向东关于微信的判断，令他"非常非常佩服"。陈向东并不是一个互联网出身的人，但他会敏锐地捕捉到今天的人都生活在微信场景中。"不管别人怎么说，微信红利是否过期了，我们依然要通过微信去触达用户，这反而是效率最高的。”别人照着高途的模型去玩，多数只看到皮毛，表面上这只是社群活动裂变，其实从后期转化、服务，到整体路径都是基于对微信生态的深刻洞察而搭建。

第二个“馒头”是找到好老师。老师是商业模式中的核心护城河，特别是2017年8月转向to C之后，老师就从高途的客户变成了产品提供者，与老师的合作模式，变成了全职或者独家的专职。

各大在线教育平台都不惜重金抢老师，因为最初，谁都不具备自己培养的能力。高途的优势在哪里？它转向to C时已经在O2O阶段积累了60多万名老师的数据库，而且有流量数据支撑，可以判断哪些是适合线上教学的名师。

高途聚焦to C之初的第一批名师就来自“城市英雄”，或购买过其他会员服务的老师。

高途课堂的物理名师郭志强，原来在山西太原办培训机构，现金流很好。2016年高途太原分公司负责人高福厚找到他，天天和他联系。郭志强不胜其烦，假装自己要去大同出差一个星期。可没想到一个星期之后，他又准时接到了高福厚的电话，说正在火车站等他。郭志强很不好意思，因为自己根本就没去太原。郭志强觉得高福厚太有诚意了，从没见过这样做教育的，连自己在线下对家长都没有做到这种程度，于是就答应去高途太原分公司看看。一进公司，郭志强就感觉到这群人有股热血沸腾的冲劲，简直是群“疯子”。

接下来，郭志强按照要求，每周都在线上讲两次课。最初可谓非常惨淡，进入直播间免费听课的只有十几个人，和他在线下的收益没法比。慢慢地，和他同期加入的老师都不上课了，只有他一直在坚持。

郭志强的想法不是为了赚钱，而是要把课程成体系地录出来。有意思的是，他本来在北城，由于线下培训有很强的地域属性，学生也主要来自北城，但坚持线上讲课几个月后，他发现很多南城的家长开着车带着孩子主动找过来。

后来郭志强在泰国旅游期间，每天也会收到到账信息，就觉得匪夷所思，自己居然可以不用在学校里操心，就只管收钱。他投入的7800元，只要线下成一单就赚回来了，这激励他把初中和高中的课程全部录完了。因为这种坚持，又产生了另外一个结果。公司全面 to C 之后，四处寻找名师，而郭志强的排名当时已经成了整个华北区的第一，课程最有体系，经过长期打磨也形成了适合网课的风格，于是以劳务合作的形式，2019 年正式加入公司。

第三个“馒头”是打造组织。高途创立初期，人才密度可谓超配，而且高度互补。在没有搜索出有效增长路径之前，产品、技术、运营等各个方向的不同岗位都聚集了大量的人才。

陈向东对此颇为自豪，在团队搭建上，“我们异于常人，非常多元”。

很多在线教育公司的创始人都只出自同一家公司，而高途核心团队在 2018 年之前只有陈向东一人来自新东方，其他人有的来自阿里，销售很厉害；有的来自百度，技术很厉害；有的来自咨询公司，战略分析能力非常厉害。“正因为是非常多元的团队，所以我们才会形成不同的认知判断，而在某个时点之后它们就会演变成新的 DNA。”

在线教育特点是，链条比线下教育要长得多，需要流量生产团队、流量采购团队、销售团队、主讲老师团队、辅导老师团队、题库团队、内容研发团队、视频直播技术团队、数据 AI 团队以及职能支撑团队。其作为一个全新物种，自然需要全新的 DNA 来适应。陈向东坚信，多元化团队会构建出新的 DNA，如果能够在每一个链条关键点上都能找到行业里最优秀的人，每一个节点都比别人效率高 3%，最终的结果可能就是你能够盈利，而别人无法盈利。

但是，超配置的人才在方向不明确阶段也最容易发生撕扯和纷争。若没有强大的组织凝聚力，大家容易站在各自的位置认知、思考和行动，以至于内耗。

特别是高途，经历过组织增肥又减肥的过程，这种挑战更加不可避免。历史总是惊人的相似，从 2018 年年底到 2019 年年初，多家在线教育机构因为巨额亏损不得不裁员，它们没有找到有效增长路径，但人员已膨胀到了无法承载的地步。

高途能够穿越组织陷阱，得益于陈向东对组织从骨子里的重视，阿里巴巴是晴天修屋顶，而高途不管是晴天、阴天都在修屋顶。

2017 年 11 月，陈向东在天津盘山组织了连续 3 天的封闭核心干部会，专门讨论价值观。

大家分组讨论，每个人都说了很多词，最后共列了七八十个词，陈向东就让伙伴们停下来，先回去思考，再进行团队讨论。

大概两个月后，陈向东再次把所有核心干部聚集起来开了两天的会，让大家充分讨论。在会议最后一天上午，他把伙伴们所提的几十个词全部列到黑板上，然后让大家投票，最后从几十个词当中选出了5个词，即“成就客户、诚信、务实、进取、合作”。

之后再分工，对每一个词进行解释，并对应到具体的案例，再参考华为、阿里等公司对类似价值观的描述。

其实，在讨论之前，陈向东提前在一张纸上写下了5个词，但没有和任何人说。后来经过两轮表决通过的果真是这几个词。

陈向东没有提前告诉大家自己的想法，是觉得“一家好公司的价值观，一定要来自伙伴内心深处相信的价值观；一家好公司的信心，一定是大家的信心；一家好公司的信心和相信，一定不仅仅是创始人的信心和相信；我们应该遵守的行为规范，一定是我们经过讨论、争辩、思辨、反省、批判、顿悟、升华后的共同认知、共同相信和共同信仰”。

优秀公司价值观的形成，往往都需要集体参与。阿里在2019年9月10日宣布价值观升级，就历时420天，经历5轮合伙人专题会议，467名组织部成员参与了海内外9场讨论，全球员工发起调研，共获得近2000条反馈，先后易稿超过15次。

为了淬炼“新六脉神剑”，阿里组织合伙人先讨论，然后由项目组对员工进行访谈，搜集大家的意见形成初稿，高层再重新讨论、反馈，每一场讨论最少历时五六个小时，有时甚至整整一天。对每一句话、每一个行为的描述以及背后映射的问题都要进行反复打磨。

最终比较满意的版本在2019年8月9日的核心团队会议上讨论。马云也受邀参加，大家对着一台显示器，再一条一条地过，改了十几个小时。马云对每一条价值观介绍了他的认知、他的想法和他的故事。8月12日阿里再次召开组织部大会，进行深度实战研习。彭蕾、井贤栋等展示了如何正式给下属打分、考核，最终才定稿。

千锤百炼出的价值观，其实只有几行文字，要想把它从墙上拿下来，变成指导工具，则要求 CEO 必须能够身体力行、以身作则、将心注入、全力以赴，才能打赢一场又一场胜仗。陈向东极为重视团队中的集体意识，也就是“我们”，而不是“我”，只有这样才能让公司所有伙伴的心理世界、精神世界和物质世界同轴共转、同频共振、上下同欲。

价值观出炉后，陈向东又用了一年多时间，在 5 次全体伙伴会议上，分别详细阐释了核心价值观中的每一个词。

科学、有效、合理地使用技术和人才才是核心竞争力

2018 年 1 月，跟谁学好课仿佛找到了一些窍门，出现了量级的变化，月收入大概冲到了 400 万元。即使在 2018 年 2 月春节期间，依然保持着 40 多万元的增长。3 月，团队决定加快速度，尝试做一点外部投放，花钱采购一些流量，因为看起来，有几位老师的课已经有了初步的影响力，可以增加付费的流量预算。

寻找好老师是个艰难的过程。成人英语刚起步时，用了一年时间，试了 496 个老师的课，最后才选出 2 位。最初老师的分成比例比较高，达到 50%，随着学生端人数的增加，老师的分成比例虽然下调了，可收入依然呈递增状态。

调整后的跟谁学好课团队，业务属性比较强，很多人都是销售出身，具备把课卖出去的能力，接下来就是静下心来打磨产品、做试点、研究公开课的效果。团队最后决定办 5 天的训练营。

在这个过程中他们也走过弯路，刚开始祁秀平对卖高价课没有信心，因此从 299 元的课程开始，10 天之后再卖 3000 元的课程，后来发现，学员在上了一段时间 299 元的课之后，3000 元的课程就卖不动了。因此他们就想到能否直接卖 3000 元的课，团队中有人担心，价格是否定得太高了。陈向东觉得没问题，关键是能否给学生提供相应的价值，后来发现高价课果然卖得出去。如果分析

高途的定价轨迹，我们不难发现它的课程价格一直处于稳中有升的状态。

来自互联网背景的团队，整体对教育本质的理解也越来越深刻。这家最初为了表示自己颠覆式的创新决心，更强调技术属性的公司，逐渐回归了教育本位。到 2018 年年初，高途看起来依然像一个知识付费公司，但向高客单价转变倒逼着他们去思考：知识付费通常定价都在两三百元左右，而一个三四千元的课程，如何保证产品的质量，让它对学生物有所值呢？

高客单价，意味着重服务，一套完整的在线教育产品，与知识付费不同，不只是课程的交付，还包括与客户的互动、后续服务等。为了提高服务质量，除了授课老师之外，还要配辅导老师，这就是“双师制”的由来。如成人英语课程的辅导老师，通常要通过英语专业四级考试或者达到雅思 7 分的水平。主讲老师上完课之后，可以把后续服务交付给辅导老师来答疑。

2018 年 5 月，跟谁学好课的一个业务线的产品就完成了 700 多万元现金收入，不包括来自高途课堂的收入，单独核算公司也能盈利了。陈向东特别开心，没想到这么快就能产生正向现金流。

这再次验证高途终于找到了一条可以奔跑的路，从 2017 年 8 月一直到 2018 年年底，高途业务都处于持续增长状态，能看到清晰的递增轨迹。

饥荒会在一个人的基因中留下印记，对于组织也是如此。跟谁学好课业务在团队规模上一直保持克制，控制在较小规模，在 2019 年年初达到月收入四五千万元的水平时，整个业务团队才 300 多人。

经过了至暗时刻的考验，高途的扩张模式和当年相比已是两个逻辑，它的组织能力再次面临考验。团队成员需要计算一个辅导老师最佳的服务学生数；几个辅导老师需要安排一个主管；在当前的营收规模下，产品、技术和设计需要投入多少才能最大限度撬动业务发展。如此才能保证人均产出不会随着营收规模增加而下降，不会因为盲目扩张而导致裁员和挫败。

能撑过这段黑暗时期的伙伴，会体验到个人的飞速成长。一个叫高浩然的小伙伴，2015 年入职，做过部门助理，也做过渠道合作、B 端销售、C 端销售、流量挖掘和 3 个科目的学科运营，更换了多个岗位。每一次更换岗位都胆颤心惊，因为这既意味着成长，也意味着可能被淘汰，更意味着需要快速学习、适应和接受。

2018 年 9 月，预定的目标是单月实现 1000 万元收入，但在 8 月才做到 600 万元，而这在高浩然看来已是个难以完成的目标。在天气转凉的 9 月，高浩然第一次体会到了什么才是“全力以赴”。他和伙伴经常见到凌晨 2 点的西二旗，终于在 9 月 22 日提前完成了目标，并最终超越了目标，完成了 1200 万元，之后大家一起去普吉岛进行了庆祝和团建。有了这碗酒垫底，陈向东开始对目标有了更高的期待。

2018 年 7 月 31 日，陈向东怀着愉悦的心情，给公司发了一封全员邮件，这是高途业务聚焦 C 端之后经历的第一个暑假。7 月现金收入再创新高，是去年同期收入的近 9 倍。

从 2018 年春天开始，高途就在根据数据逐渐砍掉不盈利的项目。祁秀平后来反思，下手应该更狠一点，像瑜伽这样的业务，虽然一个月很快也跑到 100 多万元，但一年之后看，还是一两百万的水平，无法变成一个大的赛道，其实应该更早舍弃。

到 2018 年年中，跟谁学好课除了保留英语培训之外，逐渐聚焦到学前、小学、初中、高中的 K12 教育，这与高途课堂的业务存在一部分重合。2020 年 10 月，K12 业务并入高途课堂，跟谁学好课则集中于成人考研辅导、语言培训、职业资格培训等。

陈向东对于业务聚焦越来越笃定。2018 年 3 月，他在新伙伴沟通会上，谈到一个优秀的伙伴应该具备七大能力，第一大能力就是专注。高途在发展过程中踩了很多坑，曾经同时做 5 件事，那个时候陈向东还特别陶醉于开设五大事业部，后来发现那真的是个灾难。最后他把所有的资源全部聚焦到一件事——直播大班课。如果用更精确的语言来描述，就是在线直播双师大班课。

正因为在不专注上吃过亏，所以陈向东极度强调专注：“有的伙伴跟我说，有些外教一对一做得非常好，市场需求也大，咱们高途做不做？我说不做，因为我们不会做。有的伙伴说，咱们要不要做小班课？我说不做，因为我们不会做。有的伙伴说，咱们要不要做线下？我说不做，因为我们不会做。然后那个小伙伴拿出公司的核心价值观，说我不诚信，说当年你做线下那么有经验，现在你居然说不会做，这不诚信。我回答说，以前我的确很擅长做线下，但是过去5年多我没有训练这个动作，现在已经不会做线下了，我现在只会做一件事，就是直播大班课。我相信如果高途所有的人都做直播大班课，每个人都在死磕直播大班课、研究直播大班课、摸索怎么做直播大班课，每一个流量的伙伴、销售的伙伴、辅导的伙伴、主讲的伙伴以及后台系统的伙伴都在思考这件事，那么力量将无穷大。”

对于科技与教育的融合，陈向东的思考向前推进了一步。高途曾一度想要做一家科技公司，在回归教育本质的过程中，他开始深度思考教育与科技的融合。

高途的使命是“科技让教育更美好”，从字面上就可以推导出3个关键词：一是科技，二是教育，三是美好。陈向东认为这3个词之间的逻辑关系是：

第一个关键词是科技。科技属于技术范畴，科技真正能够带来化学反应的话，一定要通过教育这个载体。

第二个关键词是教育。高途是做教育的，它的存在就是想通过教育本身，让生命更加丰富。

第三个关键词是美好。美好是一个结果，通过科技和教育的结合，最终达到一个美好的状态。

高途发展史上也发生过几次典型的技术伙伴与业务伙伴的冲突。对此，曾负责技术的伍新春深有感触。他毕业于哈尔滨工业大学，在金山工作过10年，2015年9月加入高途，对高途技术团队的情况十分了解。

第一个冲突是在讨论工作目标时，技术伙伴经常说有几项技术要达到业内先进水平，业务伙伴却认为，先别提伟大目标了，能不能先保证稳定性。后来有技术伙伴流着眼泪找到陈向东说：“Larry，咱们公司没有人尊重技术，咱们公司没有技术文化。”

陈向东就反问他：“为什么这么说呢？”对方说：“我来自百度，我们要追求技术的先进性，结果业务伙伴却说，现在要求我们在技术上首先做到稳定，能不能喊出口号叫稳定、稳定、稳定。”

陈向东一笑：“你做的技术再先进，如果不能满足业务的需求，不能跟上业务发展的速度，业务需要你的时候你突然死机了，突然进不去了，教室里的连线掉了，你觉得做其他所谓的先进技术有什么用呢？”

第二个冲突是 2018 年前后，新一代技术红利隐约出现，技术伙伴找到陈向东说，公司应该做大数据，应该做人工智能，要大力引进人才。陈向东一度还真是蛮紧张的——他刚从坑里爬出来，担心又被时代甩下。公司的梦想，是希望科技能对教育产生伟大改变。对于人工智能、大数据这件事，到底会对教育场景产生怎样的冲击？到底应该怎样运用这些技术？

陈向东不懂，所以感到“特别恐惧”。2018 年，他参加了几个全球性的技术考察团，去美国参观了麻省理工学院以及几个重要实验室，去英国拜访了几位脑科学专家、诺贝尔奖获得者以及 AI 专家，还去以色列与全世界最先进的创新公司进行了交流。这一圈走下来之后，他心里突然就“非常坦然”了。

回来之后，陈向东就非常坚定地和核心团队说，当下应该先用技术解决客户需求和业务需求，通过技术与业务紧密融合来提升整体效率，最终推动公司的发展。

同时，公司也要一边发展，一边引进 AI、大数据、算法方面的人才。公司核心团队已经达成共识，在产品、技术、研发、内容上的投入不设上限。但是，这不能着急，要先活下来，然后再一步一步往前走。陈向东在内部强调：“你们不要看到别人做什么，咱们就也要做什么，因为别的公司可能已经成立 20 年了，他就像是个 20 岁的小伙子，他喝茅台可以随便喝，但咱们才成立四五年，相当于一个四五岁的孩子，不能学 20 岁的小伙子喝茅台，只能先从喝小米粥开始，然后慢慢地能够吃点儿肉、喝点儿酒。从喝小米粥到能够吃肉，再到最终能够喝酒，这需要时间。”

关于技术和人才陈向东有 3 个最基本的判断，这 3 个判断对创业者具有普适性。

第一，技术永远不是一家公司领先的核心竞争力，只有科学地、有效地、合理地使用技术，才是一家公司领先的核心竞争力。

第二，技术从来不能保证一家公司长久地胜出，只有对技术的有效利用，才能够让一家公司长久胜出。

第三，人才不是一家公司的核心竞争力，对于人才的有效激励，才是一家公司的核心竞争力。

陈向东感叹，很多公司有很多天才，但是这些公司最后都陨落了。陨落的核心原因不是因为这家公司没有人才，而是没有对人才进行有效管理。

全力以赴

便利贴

- 客户体验提升 + 服务效能提升 + 客户价值提升 + 回归创业初心。
- 如果你要清晰地看到现状，就要走上阳台，哪怕只有一小会儿，也能远离争辩，获得全局的概念。如果你要对正在发生的事情施加影响，就必须回到舞池中，在阳台上扮演安全的观察员角色不会产生任何效果。
- 人才不是一家公司的核心竞争力，对于人才的有效管理，才是一家公司的核心竞争力。

第五章
在战斗中磨练组织

2018 年暑期有连续 5 期训练营课程，比之前还多。伙伴们几乎全是应届毕业生，他们在郑州中心建业智慧港办公。办公楼每到周六、周日就没有空调，工作日晚上 7 点之后也没有空调，郑州的夏天又特别热，他们就买了冰块，用电风扇对着冰块吹来降温。冰箱里装满了西瓜、冰棍，每天大家下班走出楼时全身都是湿透的，甚至有人热得中暑、晕倒。

置之死地而后生的觉悟

当团队在最迷茫的阶段四处出击时，突然发现有一束光可以穿透迷雾，这就是高途课堂。

高途课堂源于陈向东个人出资在公司外的孵化，后与公司几个项目合并组成了新的高途课堂。

将时间调回到 2017 年年初，刘威原本负责 C 端用户运营，团队有二三十个伙伴，陈向东让他从中选一些“敢死队员”，成立创新九组，聚焦于小学课程在线直播。陈向东同时成立多个创新小组，许翔担任创新六组负责人，聚焦于高中课程在线直播；钱杨担任创新一组负责人，聚焦于初中课程在线直播。与此同时，跟谁学好课也有几个团队在同步探索小学、初中、高中、成人等方向的在线直播大班课。

接到任务后，刘威挑了 6 个人。7 人团队成立后，第一周只干了一件事——想名字。创新九组只是个代号，他们需要一个响亮的名字。为这个名字，他们先后开了 3 次会，每次开 4 个小时，直到深夜 12 点，黑板上密密麻麻写满了各种讨论。每个人都要回忆从小自己接受的小学教育是怎样的，自己所期盼的教育又应该是怎样的。

最后一次开会，突然跳出来一个让所有人都安静的名字——“伴节课”。

这个名字给人的画面感是，父母每天陪伴孩子一节课，陪伴孩子一起成长。“伴”有陪伴的概念，它还有一个谐音“半”，就是一半的课，意思是它的效果更好、效率更高。所有人都瞬间被这个名字击中，甚至有个错觉——虽然大家还什么都没干，只是起了个名字，就已经成功了。

团队总要活下去，所有人的工资加起来还不到10万元，起名字、做logo就已经用了一周时间，他们还有3周的时间去赚这10万元。当时他们的全部家底，是一个有20万粉丝的公众号。巧合的是，团队从2017年2月7日开始做新项目，到2月14日情人节，有人在朋友圈里看到了一张活动海报。当时中央电视台有一档节目特别火，叫“中国诗词大会”，这张海报就是用诗词来做导流。扫一下二维码，进群后就会发现群瞬间就满了，群名叫“带上唐诗去旅行”，分成了从第100群到第500群等，不知道分群数量是否真实，但看起来很震撼。

陈向东有个反复强调的理念：学习能力和把学习转变为行动的速度是最核心的力量，死盯标杆，立刻模仿。团队深得其精髓，马上做了个决定：高途也要做类似的活动，情人节当天务必上线。活动的内容就是：读唐诗、学历史、游名胜，每天诵读3分钟，打好语文基本功，带上孩子跟着唐诗去旅行。

海报发出之后，大家都盯着微信群，手机几乎离不开充电器，因为微信群一直有人进来，需要及时引导与回复。他们没想到，通过这个活动，第二天就涨粉10万人。

打开当时的海报，会发现其中精心设计了裂变的“钩子”。如某条文案是：“杜甫写了很多首诗赠李白，但李白基本就没写过赠杜甫的诗，却写了很多首诗赠汪伦，你知道背后这三人之间是什么关系吗？感兴趣扫码进群，晚上给你讲解。”进群之后，如果想保留在群内继续学习的资格，就必须把这张海报转发到朋友圈，并再转发一两个微信群。如此连续7天，他们在微信群里沉淀了30万用户。

高途的逻辑是先模仿，再超越；先僵化，再固化，再优化。第一张海报和流程从模仿开始，之后就是原创。他们总结了裂变的关键：满足客户需求，喜闻乐见有反差的好内容。后来“朗读者”节目大热，团队又在母亲节推出了“赞扬母亲的文章千百篇，最打动人心的是哪一篇”主题活动，花了大量的心思对比多篇文章，最后选出一篇，让声音好听的伙伴有感情地朗读出来，团队伙伴们自己听后都感动得稀里哗啦，再发给各自的家人听，也是一样。文章发出后，公众号后台几乎全是妈妈们发的流眼泪的表情。几次活动下来，每次都涨粉 30 万人以上。

有一段时间，伴节课海报在业内广为流传，也成了别人抄袭的对象。后来团队就在做海报时用了点心机——做了一个“伴节课”的图章放在海报上，里面还放了个二维码。别人根本没看懂这是什么意思，还以为是国学馆的标志，一时间全行业都是伴节课的海报。

当时微信营销刚刚起步，活动效果非常好，团队抓住了红利期，制造了第一次私域流量大爆发，伴节课的流量运营成为了行业标杆。

高标准下的狂暴增长

有了流量，伴节课开始想怎么挣钱，东撞一下，西撞一下，想了很多方法，还想过卖广告。当时有一家机构和他们签了合同，用2万元在公众号发个头条，谈了很长时间，结果交钱时却反悔了，第一次变现之路大为受挫。

那流量到底能干什么呢？眼看春天到了，他们想到了包车旅游业务。准备租几辆大巴车去杭州，到西湖、雷峰塔和灵隐寺等地分别讲讲相关的唐诗，有情有景，多精彩。一辆大巴车可坐50个人，租6辆车就是300个人，若每人收费1000元，就是30万元。

他们先在群里面发意向邀请，有意向的人还挺多，几千人都留了电话。可现实很骨感，到活动当天，发现只有20个人报名，一车人都没凑齐，一算账，还要赔钱。他们自然赔不起，只好把钱退了。

看来还是要回归教育，于是团队开始找老师。2017年3月，第一批老师加入伴节课。首位开课的老师杨红教语文，首位签合同的老师Tyger教英语，以及首位教数学的老师小何，凑齐了语文、数学、英语三大主科，主讲老师团队初步成型。

这3位老师都带来了自己的生源。最早选择加入伴节课的老师，之前都是跟谁学网站的重度用户。

有了老师就要开始卖课，最初伴节课沿用的是电话销售行业的通用做法，可 7 个人都是做运营出身的，根本没有做电话销售的经验，大家对于打电话给陌生人这件事都非常抵触。第一天只有一个人打出了电话，其他人虽然也有任务指标，但电话抓在手里就是打不出去。第二天开始陆续有一两个人打了，到第三天，最爱面子的人也开始打电话。

打了一周电话，团队他们发现这条路非常艰难，电话接通率特别低，转化率就更低了。因此伴节课团队把场景再次转向微信，并做了第一版微信营销流程。

在这套流程中，掌握节奏颇为关键。微信群中的节奏就是要抛问题引活跃，要有针对性地解答，还要穿插着回答个性化的问题；要有老师介绍，包括老师的特点、课程反馈评价；要有回放同步，还要有第二天内容分享。要推课，也要建立起下次的学习目标。把每天的动作标准确定下来后，团队又总结了几个规律：文字比语音好，物料要充分，一次性不要发太多。

这是一套经典的在线课程微信推广动作，通过课程打磨与群运营打磨，客户能够体会到课程价值，于是自动报名，不再需要打电话。2017 年 2 月他们卖了 6 万元，算是勉强活下来，3 月卖了 30 万元，4 月直接冲到了 50 万元。团队不但养活了自己，而且似乎找到了通向光明的道路。

这是一个将“全力以赴”演绎到极致的团队。查一下团队从 2 月 13 日项目成立到 2 月 19 日这第一周的工作时间就可以知道，伙伴每天都是早上 8 点多上班，晚上 9 点到 12 点下班，平均一周工作 90 个小时。

每当业绩冲破一个门槛，大家就要庆祝一番。公司旁边有一个 98 烤羊腿饭店，是他们的团建圣地，通常是深夜 12 点下班后去吃宵夜，凌晨 3 点回。

到了 2017 年 5 月，伴节课卖了 75 万元，6 月冲到 158 万元，7 月本来预期能卖 240 万元，最后实际卖了 300 多万元，从每个月几万元到几百万，只用了半年时间。

7 个人运营几十万人的群，虽然有群控工具，但早期主要还是靠“拼”个字，偶尔也会从凌晨 4 点一直忙到第二天凌晨 2 点。这是脏活、苦活、累活，但能取得突破的核心，不只在于奋斗，还在于抓住了客户痛点，提供了客户真正需要的产品，在正确的方向上奋斗。

陈向东注意到了数据变化。2017 年 6 月，陈向东写了一封邮件，宣布整合组建新的高途课堂项目部。由李建辉负责的老高途课堂团队、刘威负责的伴节课团队，以及钱杨负责的初中、许翔负责的高中、吴璇娟负责的学前团队，这 5 个团队整合成新的高途课堂项目部。

表面上打了个胜仗，但痛苦接踵而至。陈向东要求团队复盘时，大家才发现，春季到暑假续班率才 20%，这是个低于业内平均值的数据。再进一步分析，系列课续班率为 50%，但当时做的短线课续班率只有 17%。这让团队痛苦到“怀疑人生”。按照陈向东的说法，不成就客户的事就应该关门，续班率太低肯定是客户不满意。陈向东要求团队要敬畏教育，敬畏常识，并达成共识：在线教育是全职打败兼职（老师要全职化），培优打败补差，系统课打败专题课。

高途课堂做了 3 个重大调整。

第一是自 2020 年 5 月开始，把兼职老师全部转为全职老师。

第二是把专题课全部转化为系统班，设计出整套课程体系，包括从三年级到六年级暑秋寒春 4 个季度怎么做衔接，该讲什么课，针对不同课程做了相应调整。

第三个动作影响了在线教育行业，就是建立辅导老师团队（即所谓的双师制），也就是主讲老师与辅导老师配合授课。这并非高途首创，但高途将这套模式摸索迭代后，首次用于在线直播大班课，并且立刻见效，提高了大班课的课堂效果。辅导老师也成了高途课堂最大的团队。

何为辅导老师？线上授课与线下不同，成年人与孩子对线上课程的体验也不同。成年人在线上课，只要老师讲得好就没有问题，而对于孩子来说，决定其是否上课的是家长。家长会担心孩子自律能力不够，因此更愿意参加小班课。

辅导老师扮演的角色，就是在课前、课中和课后，增加跟学生沟通与辅导的频次，为家长和孩子提供更优质的教育服务，让孩子在大班课中有小班课的体验。在高途课堂，这是一个新岗位，没有明确这个岗位该干什么事，更没有岗位手册。团队逻辑很简单，认为只要是为客户好的就该做。最初辅导老师只有两个人，负责小何老师的数学课，做试卷分析、批改作业、答疑、每日一辩等各种工作，最终将小何老师暑期班的续班率提升到了 70%。

暑假结束后，两位辅导老师把这段时间的经验变成文字，于 2017 年 9 月形成了第一版辅导老师工作手册。这版手册有 10 多页，详细列出了每个动作的核心工作流，最重要的是确定了对辅导老师的能力要求：有责任心、热心、有良好的服务态度、有学科知识、有学习方法、懂家庭教育、有心理学知识以及有学习能力。

从 2017 年 2 月到 8 月，团队一直在打胜仗。在制定 9 月目标时，团队出现了懈怠情绪。因为 9 月进入秋季班，在传统教育行业属于招生淡季。当时团队制定了一个与 8 月持平的目标。这肯定不是陈向东想要的，后来又换成了更高的目标。最后，那次会议制定了一个看起来不可能完成的目标，即 2017 年打实基础，2018 年增长 5～10 倍，2019 年增长 3～5 倍，2020 年增长 2～3 倍，努力实现 3 年增长 100 倍。

敢于设置高目标，是陈向东欣赏的文化，他个人的成长之路，就是一部“徒手攀岩”史。陈向东毫不讳言地说自己“喜欢高标准，爱极了高标准”。他的逻辑是，只有对自己高标准，才能配得上周边伙伴的高标准；只有对自己高标准，才能配得上周边伙伴对你的信任。任何高标准都有通用的衡量，就是要有高目标，所谓“求其上者得其中，求其中者得其下”。

到 2019 年上半年，高途课堂 3 年增长 100 倍的目标提前实现了，又更新了一个更宏伟的目标，5 年再增长 100 倍。陈向东也清醒认识到，这是赶上了时代发展的大运气，才能雄赳赳气昂昂，一步一个脚印地往上跨越。他提醒团队，并不是自己比别人优秀多少，而是在大运气下要敢打敢拼，否则运气和自己也没关系。

一个辅导老师的炼成

辅导老师是提升教育质量和学生与家长体验的重要按钮，从小学辅导老师负责人张晓的经历可以看出高途辅导老师体系是如何搭建的。张晓在高途的个人成长经历就是一部“全力以赴”的教科书。

张晓是个山东姑娘，大高个、大嗓门，看起来大大咧咧。她本来在公立学校做小学老师，离职源自一个很冲动的想法——想多休几天婚假。

辞职后张晓在老家待了几个月，觉得也玩够了，准备回北京找工作。由于家在中科院附近，她哥哥就建议她找工作不要离家太远。张晓找工作的方式很简单，打开地图，由近向远搜索，高途就出现在列表中，距离合适、专业对口，于是投递简历，很快她就收到了伴节课的 offer，并于 2017 年 3 月 22 日入职。

张晓本来应聘的是主讲老师，但当时高途还没有全职的主讲老师，她就主要负责打磨课程体系，准备招生课。但第一次招生很失败，才招到 6 个学生，她回家大哭了一场，哭完心里就舒服了，然后继续战斗。2017 年 6 月，高途课堂合并完成后，张晓第一次作为辅导老师开始带课。她是山东师范大学硕士毕业，从小就想当老师。本来想做站在讲台上的老师，现在变为辅导老师，最初她不理解两者的区别，以为都带“老师”两个字应该差不多。高途课堂最初只有 6 个辅导老师，语文、数学、英语各两个，在暑假两个月期间，张晓和另一个辅导老师负责语文组，一共带了2500名左右的学生。那段日子她忙到失忆，现在回想起来也不知道是怎么过来的。

此刻张晓非常庆幸听了哥哥的话，选择了一家离家近的公司，当时从家到公司，骑自行车只需要8分钟，她几乎把全部时间都投入到了工作中。

招聘、培训、训练、带班都要自己来，最忙的时候是她带的班有半小时上课时间重合，那时候一台设备只能登一个账号，她就一左一右各一台电脑，同时挂着忙活。最初还没有教研，没有体系，连教材也还未成型，所有教材都是老师们做完后，由当时的小学部负责人周斌审校。周斌经验丰富，审校教材连一个半角格式的逗号都不会放过。

最初张晓的小组续班率并不高，周斌就找了几个人，把手里的活儿全部放下，将学生的信息做成一个表格，上面每个学生的情况都备注得很清楚，然后分发给每个辅导老师，并带着他们一个个打电话。

2017年7月结束后，团队在公司附近的一个烧烤店吃饭，领导对张晓和她的搭档说："续班这件事第一次做，表面上看还不错，比预定目标完成得好，但我不满意，因为你俩就没有把自己当成团队里的人。第一天数据出来不好时，你们两个就自己默默地坐着。什么是团队？就是你有困难时，没有一个人会嫌弃你、说你、批评你，大家只会想方设法地帮你。你俩是否想过寻求外部帮助，或者把问题说出来，问问别人怎么办？"

这番话对张晓触动非常大，之后她不管遇到什么样的问题，都没有想过放弃，她真正明白了"团队"这两个字的含义。

2017年9月，高途课堂开始招聘新的辅导老师。经历过暑期的忙碌之后，张晓发现自己好像很擅长做管理。新人来了之后，需要进行培训，以了解学生应该怎么管，微信群怎么建，如何建班规，如何打造虚拟的网络课堂秩序等。到2017年11月，辅导老师已有十几个，张晓也真正认识到了什么才叫带团队。这和当老师不一样，她带的团队伙伴平均年龄二十三岁，和自己年龄差不多，大家没有上下级的观念，就像学生时代一样，遇到什么事情，就聚在一起找书查资料，一起研究、争辩。一场战斗结束，大家再一起出去吃烧烤，她开始找到带团队的乐趣。

此时高途课堂进入快车道，学生越来越多。作为辅导老师的主管，张晓需要精确地对未来招生做预估，以便分配人员、招聘培训，这样才能把前端伙伴辛苦招来的学生顺利接过来，让他们好好上课，提高成绩。到 2017 年寒假，张晓还只是个小组长，但已经有 30 个左右的组员，一共辅导 7500 个学生。

当你乘坐高铁的时候，你可能根本觉不出速度。张晓本以为建立初步工作模型之后，工作量会稍微小一点，后来发现这完全是个错觉。2018 年培训更密集了，每个辅导老师主管都领了一个主题给大家讲课。张晓领到的主题是“在微信群场景中，班规怎么用、怎么玩，怎样做才能在虚拟环境中呈现出良好的教学效果”，这样在实战中，新人一上手就知道如何与家长沟通。

此刻张晓要处理的问题越来越多，对接端口也越来越多，需要和客服、品增、销售和主讲老师密集沟通。高途当时已经有了精细化运营的概念，每个阶段都有每个阶段的复杂度，永远都没有停下来的时候，就在张晓越战越勇时，发现自己怀孕了。

当时正是 2018 年年初寒假班，最成熟的辅导老师是秋季入职那一批，也才半年还不到。那时正是张晓最忙的时候，发现自己怀孕后，还出现了先兆性流产的症状，她也不知道应该怎么办才好。有一天张晓拿着住院单，站在妇幼保健院门口看见门口立着一座石像——一个母亲抱着一个婴儿。她在石像前把化验单撕了，决定接受这个孩子，但不能让公司里的人知道自己的情况，最起码要把寒假班撑完，不然小团队就散了。

每天早晨，公公开车送张晓到医院打保胎针，再把她送回公司，下午再去公司接她。连续两个月，公司没有人发现她怀孕了。等到怀孕 3 个月左右的时候张晓开始有孕吐反应，觉得难受时她就在走廊里走走，或者到窗户边站一站。有一次吐的时候让周斌碰见了，“直男”周斌不明所以，还拿了一包藕粉，放在她的工位上并留了个纸条，上面写着“胃不好，少吃米饭，多吃面食，冲点藕粉养养胃”。

这样一直坚持到 2018 年“十一”假期，张晓才正式休产假，生了个大胖小子，再回到公司已是 2019 年年初，小学部负责人已由周斌换成了纪建镖。公司考虑到张晓正在哺乳期，就把她的岗位调整为做运营，任务没那么繁重。上班后她才发现，这个运营，其实和所谓的策略运营、数据运营等还不一样，更像是行政，日常工作就是做会议纪要、人员盘点、入职接待等。伙伴告诉她：这其实是为了照顾你，没有让你做那些需要加班的工作。

可张晓已经忙惯了，闲下来真是“毋宁死”。2019 年 4 月又开始打春季续班战，数据出来后，语文组一塌糊涂。当天晚上，她回家安抚好小孩 10 点左右，越想越生气，就给纪建镖发了一条微信，说自己想和现在语文组的管理者说两句，纪建镖说你想整就整吧。于是张晓就建了个群，在群里发了一通语音，加起来有 20 多分钟。这事虽有点越俎代庖，但是张晓不管，她说：“我走之前交出去的不是这样一个团队，我的产假是 128 天，还没休完我就回来了，团队就变成了这个样子？在没有人带你们的情况之下都不可能变成这个样子，何况还有人带着你们。唯一的解释，就是你们根本就没有拼命干。我不知道你们这 4 个月干什么了，没有进步，起码不能退步。”

这么叨叨了半天，第二天一早纪建镖见面就问她：“你觉得在儿子还小的状态下，你能干辅导老师的管理业务吗？”

当时郑州中心刚成立，骨干都要去郑州出差，北京的辅导老师没人坐镇管理。张晓觉得自己能撑住，于是就调回去管辅导业务，带领语、数、外 3 科 120 多个辅导老师。她是教语文出身，不了解数学和英语，尤其数学非常差。小学时，张晓的妈妈常被叫到学校，不是因为她把男生打哭了，就是因为数学老师要训话。现在没办法，张晓要开始重新学习高途课堂的数学体系，了解数学辅导老师有多少人、每个人带几个年级、主讲老师的背景资料，等等。

每天依然很忙，忙到回顾写周报时，居然一时想不起这一周干了什么。张晓问旁边的伙伴，说：“这周我干什么了？”对方说：“我哪里知道，反正天天见不到你人，不是在开会，就是在去开会的路上。”

2020 年年底，张晓团队已经达到 320 人，在各种比赛中经常拿第一，辅导老师的体系也越来越完善，从七八个人三四条枪，搭建起了行政、质检、督检等岗位。

张晓在不知不觉中也成长了很多，只是依然“神经大条”，自己想不通的事，就追在主管屁股后面不厌其烦地问，可一旦想通之后，就成了执行力超人。

苦追名师

2017 年 10 月，高途课堂预测会有大规模增长，这意味着需要更庞大的管理团队，因此组织了战狼特训营，由高途副总裁级别的高管给刚工作一年的新人分享管理经验，陈向东亲自做导师。这个特训营确立了高途课堂管理的基本思路与逻辑——带领团队打胜仗。

一直到 2017 年年底，高途课堂都在野蛮生长，当时，公司技术主要是适配 O2O 服务，与 to C 双师大班课的差距比较大。

2017 年 12 月，陈向东启动了“幂计划”，成立了高途课堂的产品技术团队。命名为“幂”的原因，是高途希望将技术作为业务发展的倍增器。高途课堂的业务逻辑和工作流程也包含在这个计划中，后来的直播系统优化、Boss 系统、作业系统等都是“幂计划”的产物。

技术和名师，是高途的两条腿。

而招聘名师的难度在于，当时高途课堂没什么名气，筛选名师的标准却极高：①顶尖高校毕业（一度只接受北大清华毕业）；② 10 年以上教龄；③教学风格鲜明；④提分技巧极其有效；⑤有极强的公开课招生能力。这 5 条中的任意一条都能筛掉 90% 的人，5 条标准能同时满足的人才真的是万里挑一，属于全国教育培训行业中的顶尖人才，最终入职的人数只占初次面试人数的 2%。

常常是你看得上人家，人家看不上你，或者人家看得上你，你看不上人家，又或者好不容易彼此看得上，但是因为竞业禁止，老师不敢轻易跳槽。大多数情况下，对方一听说高途课堂，就直接挂电话了。

如果老师不加高途人的微信，他们就想尽办法找熟人帮忙介绍。老师们没时间见面，他们就亲自跑到老师所在的机构楼下，等老师晚上 10 点下课，有的话不投机，聊几句就散场，有的一见如故，一谈就谈到凌晨。有些老师虽然有意，但因为薪酬、工作职责、刚生小孩、领导挽留、竞业禁止等多种原因不能加入，他们也从不放弃机会，有些老师甚至他们跟了 3 年才入职。

高途课堂招聘一位名师大约需要半年时间，高途课堂的教师招聘团队一直和全国教育培训行业的人才保持联系。

从 2017 年 11 月到 2018 年 4 月，高途课堂的教师招聘团队开始去全国各地遍访名师。他们还跑到新疆，专门去一些专注于高考培训的机构听课，并吸取经验，推出一版公开课推课逻辑。

此时陈向东约正在做求职项目的许翔到北坞公园散步，动员他来负责高中项目。许翔同意了，带着两个实习生开始工作，第一个月销售额做了 16 万，第二个月做到 30 多万，第三个月 60 多万，第四个月 90 多万，第五个月破百万，第六个月 250 万，第七个月破 500 万。从 2017 年 12 月份开始，许翔的高中项目部就成为高途课堂营收最大的部门，他的秘密武器就是名师。

当时，跟谁学网号称有几百万名师入驻，许翔就去搜高中特级教师的标签，搜到了 17 个特级教师。他逐个打电话，只联系到一个数学老师。当时是 5 月，许翔准备开个高考点睛班。在他反复游说下，对方终于答应了。第一个班虽然只有 100 来人同时上课，但学生反馈收获感很强，这位老师才开始与高途长期合作。

哪里有名师，高途就往哪里跑。他们多次去过山西太原，因为太原有线下大班，有大班的地方就有名师。

当然，许翔也不能错过传奇的衡水中学。团队跑到衡水，才发现衡水中学管理严格，根本进不了大门。他们在门外徘徊了良久，想到一个办法，从学员信息里找到了一个在衡水中学读书的学生，巧合的是，该学生的家长都是衡水中学的老师，而且对高途特别认可。

学生家长接待了许翔的团队，带着他们在校园参观，请他们去学校食堂吃饭，还给他们引荐老师。团队从这位母亲身上，看到了一位教育从业者发自内心的价值感和自豪感，以及对同行的尊重。

这次衡水之行还让许翔的团队收获到了一位想来京发展的女教师。

每一位加入高途的全职名师，都有过类似这样被苦苦追求的经历，有的“恋爱”期就长达两年。高途从 2017 年暑假就一直在“蛊惑”一位叫王冰的老师，频频穿越大半个北京城去王冰家楼下请她喝咖啡。王冰之前曾在某知名培训学校工作了 10 多年，让她放弃稳定且受人尊敬的工作，来到一个没有名气的新公司，听起来简直是天方夜谭。持续沟通了一年，才终于说服她加入高途。

前文所述的郭志强老师，最初和伴节课的合作是劳务合同。第一个月他的收入只有 4000 多元，看到这笔钱他的心凉了一半，这与他的线下收入相差甚远，而投入度却高很多倍。要自己准备讲义、教研材料、PPT、动画等。负责初中部的钱杨用各种方法挽留他，半年之后，郭志强自己就坚定信心要做好这件事情，因为他发现一堂课的人数从几十个人变成了 100 多人、200 多人，后来很快到了 600 多人，收入也水涨船高。

高途邀请郭志强来北京正式加盟，他当时已在线下开了 4 家机构，舍不得放手，但也注意到高途课堂线上学生的数量增长速度很快。双方交流一年多后，郭志强在高途课堂开设了一门初中物理课程。实际上，在全日制教育中，初一是没有物理的，他的课程偏向于兴趣培养。在线下这种课招不到学生，但到了线上他却招到不少学生，可他依然没有打算全职加入。郭志强刚过而立之年，线下培训在当地做得风生水起，教育圈也都很熟悉，知名度颇高，觉得现在去做北漂没有必要。

后来高途课堂初中部负责人换成了纪建镖。纪建镖“拉拢”郭志强的方法与前任不一样。别人是给郭志强算账、算收入，这都没什么效果，纪建镖则每天像同步新闻一样，告诉郭志强全国哪个名师又加入了，“王者之师”将要搭建完成。北京的天有多蓝，中关村的气氛有多好，处处都是朝气蓬勃的样子。最后结尾总是：郭老师，你再不来这个机会就真的没有了。郭志强天天被他信息轰炸，感觉自己仿佛即将错过什么重大历史时刻，于是在 2018 年 10 月来到北京。

之前他来北京，都是在国贸一带活动，这次直接到了后厂村，才发现原来北京也有比老家太原更荒凉的地方。可他一走进高途的办公室，瞬间就被感染。在博彦科技大厦四层，纪建镖一挥手说“这片儿都是咱们初中部的”，有一种给他买下了全世界鱼塘的豪气。后来郭志强才知道，所谓的“这片儿”，其实就是一小块儿。

郭志强曾和小伙伴们线上聊天，现在网友见面了，他感受到的尊重，如同明星见面会，让他觉得这群人太有激情了。在老家做教育，节奏很温和、缓慢。在北京待了几天，他回去后突然感觉不适应了，觉得再沿着过去的轨道发展，像在养老一样。

郭志强回到老家，把原来的培训生意转给了合伙人，并说服老婆和老妈。他先是虚晃一枪说自己就是去北京学习，未来会做得更大、更强等。可这话不但他自己没底气，老婆也不太相信，因为看起来他对网课的痴迷程度已太深。

2019 年 1 月 10 日，郭志强正式加入高途，成为初中物理学科负责人。令他感动的是，在他来之前，物理学科已经有一位负责人，而且是某知名教育机构的 S 级名师。但是这位负责人在知道他要来时，专门给他打电话，说欢迎他过来，只要他肯过来，自己给他做下属都没问题。这让郭志强觉得，大家真的都是为了做好事情，能够坦诚相待。

郭志强加入之初，一堂课的学生量是 800 人，纪建镖说半年后会达到 5000 人，一年后是 10000 人。郭志强觉得这个数字太夸张了，他将信将疑，既然自己已经选择了，半年后不用到 5000 人，3000 人也行。结果没用半年，郭志强的课堂人数就突破了 5000 人，之后很快超过 10000 人。再过了半年，郭志强觉得自己肯定回不到过去的生活状态了，每天都像在打仗一样，总有目标等着自己去完成，去应对裂变式增长。他的眼袋比在太原时大了不少，每天晚上基本上都要和小伙伴们战斗到深夜。有时也没有什么事，只是“不忍心走出那个工作环境”。

2017 年，高途课堂还是以兼职老师为主；2018 年 3—6 月，高途课堂才进入高途自营老师的 1.0 阶段。

务实是体验，是当下，是具体，是小目标，是小人物，是赚小钱

2018年春节之后，又迎来了一个重要时刻，春季班要开始了，辅导老师标准化工作手册中有一条叫打开班电话，也就是开班前要联系家长。但因为春节假期刚结束就要上课，刘威一问大家，发现一个开班电话都没打，等于没有和学员提前沟通。于是他连续开了11次“狂暴开班电话会”，从小学部到初中部，再到高中部，轮流开。

“狂暴”这个词，经常出现在刘威的工作中，所谓狂暴，是指他一激动就会拍着桌子吼一通。

到了2018年5月，高途课堂发展已近一年，业务量翻了10倍。此时新问题暴露出来了，组织成长越来越快，管理干部能否跟得上，能否带领团队持续打胜仗就成为挑战。刘威、小学部负责人周斌、初中部负责人钱杨、高中部负责人许翔，在博彦科技大厦被称为“大礼堂”的会议室开了一次“裸心会”——高途很多次涉及人员调整的谈话都发生在这里。这几个人都是高途课堂的创业元老，也都遇到了各自的不同瓶颈。每个人自我剖析“我最擅长做哪3件事”，然后再说出未来要做的各种事，还要讲如果自己不再适合做学部负责人了，那么担任什么职位比较好。

在此之后，钱杨换到了一个新成立的产品设计教务部，周斌改任高途课堂

总经理助理。他们给组织做了一个榜样，就是拥抱变化、能上能下。不难发现，高途很清楚自己“跟谁学”，也吸收了很多在成功公司中已获得验证的组织与文化经验。拥抱变化，并建立人才梯队，也是阿里最重要的文化之一。阿里针对四大核心人群，即新人、领导、全球化人才和专业人士，梳理形成了13类、600多门课程，有一套成熟的人才培训体系与制度，在此基础上，有潜质的人通常3年即换岗。很多人甚至3年内换过七八个部门、五六个领导。过程自然极其痛苦，却也是成长中难以绕开的一道坎，跨过去了，个人就能走出舒适区，组织的效率水平也能保持在最佳状态。

陈向东为高途打下了类似这样扎实的文化基础，再加上管理者不断地用行动打样，建立了一个基本逻辑：如果赶不上业务的发展，我们就应该让位给更优秀的人；让位给更优秀的人，不代表我们不重要或不优秀，我们可以开辟新的战场。

2018年5月31日，高途准备打一场硬仗，在北京之外建立第一个中心，地点选在了郑州。第一批有11个人奔赴郑州，6月1日郑州中心成立，这11个人连续作战100天，中间几乎没有回过北京。6月14日，又有80多人到郑州支援。钱杨与周斌一组，许翔和刘威一组，每两个人过去待一周再轮换。

郑州中心被称为“精益打样”，陈向东自己也到郑州给大家培训与鼓劲，管理干部两人一组在郑州轮岗，目标就是未来拓展新城市时有一个样板中心。

时逢暑期，这是教育培训行业每年最重要的节点。2018年暑期有连续5期训练营课程，伙伴们几乎全是应届毕业生，他们在郑州中心建业智慧港办公。办公楼每到周六、周日就没有空调，工作日晚上7点之后也没有空调，郑州的夏天又特别热，他们就买了冰块，用电风扇对着冰块吹。冰箱里装满了西瓜、冰棍，每天大家下班走出楼时全身都是湿透的，甚至有人热得中暑、晕倒。

那个夏天真是水深火热，但团队强悍的战斗力就此养成，参加过郑州战役的小伙伴，拼搏精神都特别强。在北京时，钱杨和周斌两人都是“卷王”，而且互卷，基本上每天都是加班到凌晨1点左右。到了郑州，他两人却被反卷了。常常到了凌晨3点，还有一半的年轻人在办公室待着，任谁劝也不回家，他们说还没给学生改完作业，已经答应家长了。

2018 年年会，公司第一次颁发“暑期英雄奖”，此奖项给了最先开疆拓土的 11 位勇士，他们也都成为骨干。公司还形成“支援文化”，后来西安中心、武汉中心成立时，北京和郑州都派人过去支持。

2019 年 1 月 8 日，高途郑州中心搬迁到了星联创科中心。过去在建业智慧港只能坐 200 多人，到了星联创科中心能坐 2000 多人。刚搬进去的时候只有 150 人左右，大家畅想大概两年就能把工位坐满，但到 2019 年 10 月，郑州中心就已有 1500 人。

2018 年 10 月，高途课堂开始推进教学质量迭代与改善，完成了直播规范，对直播间进行改造升级。在高途课堂可以看到一个个独立的 5 平方米左右的小直播间，都做了隔音处理。桌面上放着适合直播的弧形显示器。经过讨论，还形成了高途课堂特有的 7+6 高效学习法，推进了模拟课堂要求和教材评审会，对课程详情页也进行了迭代升级。

2018 年 8—12 月，高途课堂成立了若干新部门，如单独的客服部，倾听客户声音和内部伙伴的声音。这些部门都不是一线部门，更偏职能，此时高途已不再处于创业狂奔状态，已能较为从容地完善核心部门架构。

一项极为重要的工作是成立了辅导老师标准化工作委员会，编写完成了《辅导老师工作流程标准化手册》。手册编写工作邀请了十几位卓越的辅导老师参与了讨论和编辑，最终沉淀了 33 项流程环节。这是对 2017 年 9 月版本辅导老师手册的升级，从之前 10 多页变成了 300 多页。这本手册是高途课堂提高教学质量的秘密武器，从开课前到行课中、续班期到结课期，对流程和标准都有清晰的解释。仅行课中，就分成了开课提醒、到课提醒、课前直播、作业布置、批改反馈、学情反馈、试卷分析等 20 多个环节。

早期高途课堂采用公开课模式来获客，只讲一次课，后来跟谁学好课团队发现，采用连续讲三四天的训练营模式获客效果更好，于是高途课堂也于 2018 年 11 月全面转向训练营模式。

从 2018 年 10 月到 2019 年 6 月，高途课堂每两周进行一次管理培训，这是战狼特训营升级版。当时在线教育热潮初现，战略容易被模仿，可核心竞争力还是组织能力与管理能力。狭路相逢，拼的是同样一件事谁能够给学生提供真正的价值，这背后需要组织能力和管理能力的支撑。

陈向东一向重视培训，创业以来他自己主讲的培训多达几百场。高途将总公司层面的培训和陈向东带着大家读过的书，结合特定场景建立了一套偏向务实的培训体系。如新伙伴入职之后，第一天主管应该带着他们做哪 10 件事，怎样介绍行业、组织、岗位以及打赢胜仗的七步法等。

高途的文化就是务实，不玩虚的。陈向东将务实提到了价值观层面，他认为这是管理者必备素质之一。特别是在线教育公司，若不能做到务实，就远离了教育的核心。

这种看法也来自陈向东自己的体验，之前他看不起务实这个词，觉得太土了，随便一个地方都能看到。同时陈向东也认为务实不难做到，他自己就是一个非常务实的人。但创办高途后，他体会到务实最难。

公司的介绍文字说创始团队都是来自百度、腾讯、阿里、新东方等知名大公司的优秀人才时，说到了大公司，就容易飘，就容易不务实。再说到公司创下了中国最高的 A 轮融资纪录——5000 万美元，就更容易飘，容易妄谈，容易犯错误。“很多人的失败就是因为一旦成功就容易忘本，就不务实了，就忘掉了艰难岁月，也就容易出问题。所以，我们才把务实放到一个非常重要的位置。”陈向东感叹。

很多企业家喜欢讲终点思维、未来格局、宏大理想、大目标、大人物、赚大钱，陈向东觉得这些都是虚的，即使是虚的也是有必要的，但虚实要结合。虚的是你想象的，你想完之后，马上要开始务实。务实是体验，是当下，是具体，是小目标，是小人物，是赚小钱。陈向东认为务实是把体验做好，把当下做好，把具体做好，把小目标给搞定，把小人物的角色扮演得真正有情感、有温度、有爱、有力量、有成长：“我们能够把别人看不起的小钱都赚到，叠加起来不就是大钱了吗？”

批量制造 A+ 人才

高途课堂呈现出明显的增长曲线之后，特别注意提高人才素质，这是源于陈向东对核心价值观的坚持。核心价值观听起来高大上，但执行中往往会流于形式，其实它落地没这么复杂，就是面临抉择的时候，坚持鼓励什么，反对什么。陈向东提出了几个灵魂追问：如果我们有能力招更多的学生，但主讲老师和辅导老师并没有招聘到或培训到位，是应该继续招生还是应该停止招生？如果由于我们的技术故障或者服务质量不佳而导致学生不满，我们是通过优化话术留住客户，还是第一时间向客户道歉并退费？

陈向东认为在第一个问题上，应该停止招生；在第二个问题上，应该对不满意的学生进行安抚，同时看家长有什么想法，如果家长说需要退费，就应该迅速把钱退回。“我们质量好了，产品好了，人家会回来的。我们不能坑钱，不能抢钱，不能骗钱。”

高途的核心理念是以成就客户和教学质量为中心。要做到这一点，就一定要让学习有效果。看着各种数据每天都在增长，陈向东却越来越提心吊胆，生怕客户服务做不好。

2019 年 2—6 月，全公司都在密集地组织各种招聘和培训。招聘和培训的核心是产生更多的 A+ 人才。陈向东对 A+ 人才的定义是“善良、阳光、自驱、自燃，打赢过若干场胜仗，自信的人才”。

高途课堂组织了第一期海王星集训营，这是面向辅导老师管理者的培训，还有星火营、北斗星、α狼等集训营，而且在培训中形成了一个新要求，即“凡培训必考核、凡考核必淘汰”，分数都会记录下来。

对改善的无止境追求，直接体现到了效果上。续班率是所有工作中最重要的一项，直接反映了家长的满意度。2019年春季，高中部续班率达到了77.8%，这已经超过了线下培训的续班率。小学部经历了换老师、换时间、换课程体系等种种挑战，依然打了一个大胜仗。

从2014年6月创立以来，历经近5年的摸索，高途经历“在线”和“教育”之间的磨合后终于到达了一个新高度。2019年4月，为了暑期课，高途筹备了两个重要产品项目，一个叫Z计划，另一个叫互动课件。对用户而言，最重要的产品技术体验，就是直播回放，因为学生大部分时间都会花在直播回放上，这两个项目的目的就是优化直播回放体验。

互动课件需要有场景、有人物、有IP、有游戏，还要有各个环节设置。当然，核心还必须是教育。

打开高途互动课件，能看到像玩水果忍者一样的连线考题，像玩疯狂的小鸟一样的选择题。还有故事线：一个人物IP叫途途，途途来到冰雪王国，见到了冰雪王国的国王，国王正在发愁，因为公主让恶龙抢走了，学生的假期作业任务就是拯救公主。每道障碍都是一道题目，如到了一个城堡，开门的方法就是做一道竖式计算题，题答对城门就打开了。这样的故事线把知识点串了起来，其中有动画，有视频，还有互动式教学，整体又是一个完整的故事，孩子们非常喜欢。

2019年5月，高途开始尝试投放信息流广告。之前他们运营的核心是基于微信的私域流量池，堪称“一直被模仿，从未被超越”的行业标杆，可随着业务发展，他们也需要进入更大的公域流量池。

对在线教育而言，每个暑假都惊心动魄，2019年也不例外。郭志强在郑州留下了职业生涯中难忘的片段。2019年夏季，郭志强已是初中物理学科的负责人，他在郑州奋战了一个暑假做物理课入口班（初一没有物理课，因此初一物理班具备科普性质）。

从6月到9月，郭志强在郑州待了3个月，连续办了4期训练营，每天晚上只睡4个小时。他每天早上7点上课，6点多就要提前进直播间准备，把设备调试好。一天要上两节课，一节课2个小时，一天要讲10个小时。

10个小时已够多了，而这10个小时比线下10节课都要累，因为线下还可以歇一歇、喘口气，但直播课需要全程对着镜头，不许有任何松懈，每次上课前他都要先喝两罐红牛才能顶得住。大班课由郭志强上，其他辅导老师带小班，这些辅导老师都是刚毕业的年轻人，来了3个月以上的都可以称为老伙伴了，多数人还什么都不会，对如潮水般涌来的各种问题往往茫然无措。

郭志强被一团乱麻的现状完全点燃了。在上课间隙，他一有空就给小伙伴们补物理课，还设计了一整套课程，这套课程当时在全行业中都没有参照系，郭志强还在其中加入了各种实验和游戏。

上完10个小时课程后，郭志强还给自己加了个答疑的任务，就是坐到辅导老师身边，一旦辅导老师解释不清，他就马上出面。

即使如此，第一期课程结束时，郭志强带的班续班率依然垫底，郭志强特别郁闷，他把小伙伴们叫到会议室，看着他们一张张年轻却疲惫的脸，鼓励大家一定要打起精神。郭志强告诉这些年轻人，你们从这里走出去，就是行业最顶尖的辅导人才。别人做好了叫优秀，你们把物理做好了叫伟大，因为你们开创了一条全新产品线，创造了历史。之前没有人做过这件事情，未来全行业都会向你们学习。

郭志强还做出承诺，“你们所有问题，我全部帮你们解答，包括所有可能被问到的问题”。于是辅导老师们抛出各种问题，他逐条回答了整整3个小时，然后整理成逐字稿，再作为培训素材。

郭志强时常讲自己的故事，刚做老师时，他骑一辆电动车，绕着太原市东城、南城、西城、北城跑。为什么他两年就做到了教学总监？因为他的课比谁都多，他拼命地上课，拼命地思考业务。

郭志强深刻体会到，人可以感染人，也可以点燃人，当时女生听得眼泪汪汪，男生则憋了一股气站在凳子上。他接下来的战术也很简单，就是全程都在辅导老师旁边坐着，每天陪着他们。到了第二期，大家在郭志强的工位旁边摆了一张钢丝床，他上完课累得不行瘫倒在床时，小伙伴们拿电话凑到他耳边，说郭老师你再回答一下这个问题，他几乎每个问题都会听，每天还给辅导老师们买好吃的。小伙伴和郭志强的关系都很铁，铁了就能交心，交心就能实干。到第二期、第三期时，他们的续班率直接冲到了第一名，甚至超过了传统大科数学。数学组几位老师为此晚上还出去喝了场闷酒。

拿到第一后，郭志强被伙伴们抛到空中，欢呼声整个初中部都能听到。但他的身体也实在扛不住了，上课时看屏幕都是黑白的，完全靠肌肉记忆去讲课，只能回北京短暂休息。回到家之后，母亲看到他，差点认不出来，说："你不是去追逐梦想了吗？怎么像去工地搬砖了？"

郭志强的投入并非个案，高途多位名师都是这样产、研、教、管全抓，手把手带辅导老师。

人才就是这样在硬仗中磨炼出来的。2019 年 9 月，高途课堂在北京和郑州连续开了 8 天的管理者述职与竞聘会议，每天三四十个伙伴述职，听得人脑袋都要炸了，兴奋之处是看到一个个懵懵懂懂的小伙子小姑娘变成了有见识、有能力、优秀的 A+ 人才。8 天时间里，小学部成功竞聘了 42 位代理小组长，初中部竞聘了 33 位代理小组长，高中部竞聘了 66 位代理小组长。

2019 年 9 月，在公司教学质量部牵头推进下，高途课堂举办了一个清北主讲集训营，目的是为了培养教师队伍。老师永远是教育产品交付的核心，从早期兼职名师到自营名师，再到培养高潜质名师，这是一个不断迭代的过程。高途课堂在第一批主讲集训营中发出了 15 个 offer，全部都是给清华、北大的毕业生。

在招聘名校毕业生的同时，高途也专注于全行业优秀的顶级名师培训。2019 年 9—10 月，高途一直在做武汉中心和西安中心的筹备工作，其中特别重要的就是人才招聘、训练、文化价值观与组织建设。

教育属于典型长链条服务业，在线教育更是如此。最前端的客户来自社群运营和流量投放、客户体验课程、辅导老师与课程顾问提供的服务，客户看了师资、服务、产品之后，报名正价班，然后会接触到客服和主讲老师，链条上下游还涉及教务、直播、教材、物流等端口。

在这个链条中，客户既在外部也在内部，因为内部也是互相服务的，如流量服务于学习顾问，学习顾问则服务于辅导老师和主讲老师，产品技术服务于教学系统。但是对上课的学生和家长而言，他们不关心链条，只关心机构与这一群人背后为自己付出了什么，以及自己所感受到了什么。

任何一个环节不到位，都会造成整个链条的坍塌。假设前端获客不够精细，不仅会给家长带来不好的体验，而且会给后端带来麻烦。例如全国各地同年级使用的教材不一样，大纲也略有差别，连学制也可能不一样。小学课程投放的时候一般会写从一年级到六年级，但有些地方小学只有五年，而有的地方初中是四年。如果没有关注到这些细节，不进行明确标注或者解释，客户就会感到很迷惑。假设一个五年制五年级学生家长，报了一个五年级的课程，可其实自己的孩子相当于六年制的毕业班，要面临小升初，这就会产生错配。从上课那天起，孩子就会觉得不对，为什么这些课全都听过，但明明就是五年级，等家长发现了问题，不仅机构面临退费，更重要的是耽误了学生的时间。

这其实就需要在报名前，除了常规问题外再多问一句："家长您好，咱们是五年制还是六年制？"

再如寒假班、春节班时间都很短，学生报名之后通常要求尽快安排辅导老师、尽快开训练营、尽力去满足学生的要求，很多辅导老师都是大学应届毕业生，如果遇到招聘没有到位的情况，学生报名后得不到及时服务，整个链条都会受到影响。

因此，"全力以赴"，不仅是高途文化，也是由在线教育的特殊性所催生的。它需要每一个环节的参与者都能够发自肺腑地去服务他人、理解他人、成就他人。这其实是一件很难的事情。

周斌分享过一个案例，有一位客服人员抱怨家长不仅在群里指责他，而且还发私信批评他，晚上 12 点在发，早上 6 点还发。这位客服人员很崩溃，觉得这么干下去没有成就感，自己感到非常失败。如果把他和这位家长的所有对话从头到尾看一遍就能发现，家长脾气有点急，缘于客服人员没有及时回答问题。家长前一天晚上 8 点半给他发信息，他第二天早上 10 点半才回。另外，家长问的很多问题他都不敢直接回答，都是用套话，如“我会努力的”“我会想办法的”。

“我们是一群通过每个环节来提供价值的人，客户才不管你的角色，很有可能会在英语班里问你物理班的事，这个时候你怎么处理？你说‘家长您好，这个事不归我管，我给你个电话’，能这么说吗？”周斌在培训中说，“当然不能，每个人必须做到闭环解决，家长在任何一个环节问任何一个问题，别管这个问题是否与自己有关，你都有责任把这个问题解决。如果你自己确实不清楚，那么你请家长等 10 分钟，你自己先把问题了解清楚，再给客户回电话。”

全力以赴的目标是成就客户。2018 年 6 月，高考成绩发榜。这是高途课堂第一次完整地经历高考，进步最大的学生从 40 多分提高到 148 分。

当时，有位叫任凯舟的一线伙伴在群里发了一句感慨：“如果奇迹有颜色，那一定是高途红。”这句话很快在内部刷屏，它代表了成就客户的价值和意义。

全力以赴

便利贴

- 先模仿，再超越；先僵化，再固化，再优化。

- 虚的是你的想象，你想完之后，马上要开始务实。务实是体验，是当下，是具体，是小目标，是小人物，是赚小钱。陈向东认为务实是把体验做好，把当下做好，把具体做好，把小目标给搞定，把小人物的角色扮演得真正有情感、有温度、有爱、有力量、有成长。

- 教育属于典型的长链条服务业，在线教育更是如此。任何一个环节不给力，都会造成整个链条的坍塌，而若是每一个环节都比平均值高出一点，整体效率就会一骑绝尘。

第六章
离开黑暗丛林

公司上市的那天晚上，陈向东只喝了几杯酒，以他的酒量，这点酒也只能算是给口腔消消毒，但他居然醉了。虽然他尽量在酒精和兴奋的双重夹击下保持清醒，但醉梦中，还是感慨万千。陈向东想到自己在 2015 年、2016 年白头发开始疯长，想到半夜惊醒后坐在床边发呆，想到和伙伴们历经考验的战斗友谊，特别是想到了母亲。

奔赴资本市场，
打破在线教育必须亏损的魔咒

正当在线教育公司为2019年暑期班摩拳擦掌时，2019年5月8日晚，高途向美国证券交易委员会公开递交招股说明书。2019年6月6日，高途在纽交所上市了。

业界为之震惊。这家公司在辉煌的起点之后，很快便遁入黑暗，外界既听不到陈向东的演讲和访谈，也看不到他出席活动；既看不到公司的广告和推广，也不了解它经历了哪些痛苦和挣扎。在一个不发声即死亡的时代，它似乎已经消失了。如今它突然从丛林中跳出来，蹦到你眼前，你才发现，高途已经如此强壮。

2018年12月末，曾就职于普华永道的沈楠来到高途担任首席财务官（CFO），这实际是公司准备上市的一个信号。

沈楠之前服务于传统的行业，偏重资产型。她觉得互联网是中国未来，如果不参与到互联网的浪潮中，职业生涯是不完整的。在见陈向东之前她做了大量功课，把市面上能找到的在线直播大班课都听了一遍。陈向东说高途还没有明确的上市计划，他安排沈楠先熟悉业务环境，第一个月去做初中数学二讲老师，后来又去成人语言学部做学习顾问，做前端课程顾问，把所有基础岗位做了一遍。

自2018年开始，高途每年元旦都会带着团队去革命圣地团建，内容是参观、讨论、开读书会。2018 年 12 月 29 日，近 70 人组成的核心学习组去了延安。

延安会议并没有谈到上市，而是主要谈论持续生长。陈向东解释，持续生长不应该单纯理解为公司营业收入持续升高，也不应该单纯是伙伴人数持续上升，或者公司服务客户数量的急剧增加。他所理解的持续生长，就是“将心注入，全力以赴”，享受生活，享受工作，并且享受通过工作服务客户、成就客户和创造价值带来的幸福感；能够真正地和客户交朋友，能够在与客户的情感互动中给客户提供最好的解决方案和学习效果，能够不断高效地、源源不断地、持续地积累企业信誉与口碑。

会上陈向东宣布了一条振奋人心的消息：2018 年 12 月又打了一场大胜仗，现金收入达到 2017 年 12 月的 5.5 倍，2018 年全年现金收入达到 2017 年的 5.7 倍，超越期待地完成了预算目标。

陈向东还确定了 2019 年公司的战略，“以成就客户和教学质量为中心，以人才招聘和人才训练为杠杆，全面打造技术能力和服务能力，全力实现伙伴成长和有效增长”。相较于 2018 年的战略，2019 年的战略加入了“人才招聘”与“人才训练”两个要素，调整了“伙伴成长”和“有效增长”的顺序。

实际上，2019 年 1 月 8 日陈向东才最终做出赴美上市的决定。1 月 10 日，高途召开了临时董事会，1 月 16 日正式启动上市工作。从决定到启动，只用了 8 天的时间，周期看起来极短，但陈向东有一个重要的经验：重要的事情不能着急。如果发现自己在重要的事情上着急了，大概率会做不好；如果在重要的事情上能够给予足够多的时间，大概率会做得比较好。

其实 2018 年 4 月，陈向东已经开始和投行、律师、分析师、审计师等相关专业人员接触，并开始遴选公司未来的合作对象。换而言之，陈向东用了 8 个月的时间做准备。他称没有准确的时间表，但知道总有一天会上市的，所以不妨早做功课。

提前布局，应该是 CEO 应该做的事。当陈向东想清楚后，就去和已经打了 8 个多月交道的中介机构沟通，最后，从正式启动上市开始计算，只用了 88 个工作日。

刚缓过一口气来，看到利润，高途就准备上市，可能出于3个原因。

第一，之前还没有纯线上教育公司上市的例子，最受资本青睐的模式依然是外教一对一、小班课，虽然这些模式都处在亏损状态，可看起来依然是行业未来。高途证明了在线直播双师大班课能够规模化盈利，在线教育巨额亏损的魔咒能够被打破。在线教育最大的魔力就是把最优质的教育资源杠杆化，能够帮助并影响更多的人。比如，能够把优秀老师的产能放大200倍、300倍，线下3万个主讲老师的工作，线上200～300个老师就可以解决。再通过优秀的辅导老师，把和学生的情感连接做到极致，并在资本市场获得认可。这等于重新定义了在线教育，意义重大。

第二，上市后就打通了资本市场通道。当对手还在一级市场以股权换融资时，高途已经进入了二级市场，能够给早期投资人与团队回馈。当时中美贸易摩擦已经发生，虽然在2018年12月初二十国集团（G20）第十三次峰会期间中美双方已达成为期90天的“休战协议”，但各种担忧看起来正变为现实，抓住窗口期尽快上市是明智选择。

第三，教育极为注重品牌。高途隐藏在黑暗森林中，最大的好处是别人不知道它在干什么，但劣势在于品牌影响力难以放大。沈楠回忆，卖课的时候经常要举着手机转一圈和家长说，你看，我们不是骗子公司，这是我的工位，我们这么多人，这么大的办公区。那时高途连广告都没有打过，为了省钱，它之前在百度上连品牌专区都没有，且到上市前才刚刚建立，家长对于高途这一品牌没有认知。能成为美股上市公司，意味着要经历多家律师事务所、投行、审计师和全球投资人的严格审核，这有助于建立一定的市场声誉。

招股说明书显示，自2017年起，高途聚焦在线直播双师大班课业务以来，营业收入持续保持高增长，2018年实现净收入3.97亿元，同比增长近3倍；2019年第一季度实现净收入2.69亿元，同比增长近5倍。营业收入快速增长带来了巨大的规模效益，高途在业务聚焦后的第一年，即2018年就实现了1965万元的净利润，扣除期权成本后运营利润达到2565万元。

这个增长速度，当时还没有在教育公司出现过，而且聚焦带来了良性增长，

K12 业务覆盖了全品类、全学段、全学科课后辅导服务，营收占比在 2018 年以及 2019 年第一季度分别为 73% 和 75%，业务毛利率从 2018 年的 63% 提升至 2019 年第一季度的 70%，且季度环比和同比持续提升。

陈向东一直在寻找高杠杆业务，看起来，在线直播双师大班课的杠杆率就足够高，为高途带来了强大规模效益。

能够实现营收快速增长，也得益于获客、转化、续班、扩科能力持续提升，正价课报名人次大幅增加。在线教育的获客模型通常是在前端通过低价课引流，然后转化为正价课。2019 年，高途主要通过 4 种课程获客：免费课、定价在 9 元的促销课、定价在 49 元的入口班和定价在 99 元的正价课。

低价课优势在于，可以打开微信社群营销获取免费流量以外的渠道，用户在视频、搜索、电梯广告等任何触点看到之后都可以买，而且通过付费功能可完成用户筛选。另外，有需求的客户也能够以很低成本来尝试，看看是否与自己的真实需求相匹配。对用户与公司而言，低价课是双赢的尝试。

高途正价课报名人次从 2017 年的 65092 人次增至 2018 年的 552294 人次，同比增长约 748%。2019 年第一季度正价课报名 190197 人次，同比增长 226%。引流课到正价课的转化效率高，主要依赖于坚持在内容研发、优质师资等方面加大投入，提升课程体系与教学质量。以此为底气，K12 与成人类课程的平均价格才能从 2017 年开始有不同幅度的提升，由此带动毛利率持续提升。

沈楠在 2019 年第四季度及全年业绩电话会议上曾透露，2019 年前 3 个季度，高途正价课付费人次加权平均获客成本约为 545 元；上市后的四季度，正价课付费人次加权平均获客成本约为 400 元；2019 年全年加权平均获客成本降至 470 元左右。这意味着留存率越高，获客成本越低。

在那次会议上，沈楠提出："高途非常特殊，如果其他行业的公司也像我们这样快地成长的话，它们将处于亏损状态。我们之所以能够获利，是因为我们很幸运地从事教育行业。"她称："只要我们能为学生和父母提供满意的服务，这就能形成一个完美的复购商业模式。这也就是为什么在未来的发展中，我们会继续致力于提升课程质量和学生服务。"

运气好到不能贪天之功

陈向东自从进入新东方参加工作以来，一直保持着早晨 6 点半起床、7 点半到公司的习惯。创业以来压力最大时，他经常工作到凌晨 2 点左右，从公司筹备上市开始，他每天的休息时间更是少得可怜。他觉得自己的英文还不足以面对老外，不能流利到像说中文一样富有感染力，与此同时，国内业务还在迅速发展，每天都面临着新挑战。

凭陈向东的耐受力，他都感觉冲刺上市这 88 天“非常不容易”，但他感觉不到累，每天都特别兴奋。去美国路演时，没时间倒时差，回到北京后眼睛都困得睁不开，但他坐在投资者面前还是努力直视对方，给对方讲自己创业的故事，描述未来。

2019 年上半年，财务团队放弃了所有的节假日，和中介团队一起去冲刺 IPO。整个过程管理非常清晰，因为公司自己想得很清楚：我的优势是什么，时间点是什么，什么东西是能放弃的，什么东西是非常在意，不能够放弃的。中介公司反馈每次与高途开会都会出一身汗，但项目做完所有人都非常开心，对他们来说项目执行越高效利润率就越高。同样都是这么多钱，项目做一年和做 4 个月，收益自然不一样的。

公司在路演时非常火爆，因为看起来增速快，利润好，又赚钱又有现金流，不过定价时受国际环境的影响，恰逢所有中概股一路狂跌，甚至还面临是不是要在此时上市的抉择。但陈向东想的很清楚，这就像十月怀胎一样，别管出生的时候家庭是贫穷还是富有，孩子总归会长大，但如果生不出来，自然也就没有了成长的可能。

高途特别想选 6 月 6 日敲钟，图个吉利，本来有两家中概股公司和他们抢这一天，后来都决定暂缓上市。

2019 年 6 月 6 日高途正式上市，股票代码为“GSX”，发行价为 10.5 美元，以发行价计算，市值达 27 亿美元。

上市后，陈向东持股 46.8%，团队和员工持股近 30%；在线教育公司往往频繁融资，如此高的团队和员工持股比例非常罕见。高途没有像很多公司一样，上市后把 10 股合成 1 股，而是把 1 股普通股票拆分成 1.5 股 ADS（美国存托股票）。拿到了普通股的员工，按照发行价为每股 16 美元左右，如果是优先股则大概每股 20 美元左右。

2019 年 6 月 6 日在纽交所早餐会上，陈向东强调，只要继续把成就客户做到极致，就能获得更大的成功，他列出了 10 个“永远”。

1. 永远第一天。

2. 永远专注于客户。

3. 永远求知若饥、虚心若愚。

4. 永远坚持最高标准。

5. 永远激励团队。

6. 永远深挖业务、建立信任。

7. 永远自我批判。

8. 永远给出结果。

9. 永远诚信、务实、进取、合作。

10. 永远保持美好、希望、乐观、勇气和力量。

晚上大家一起庆祝时，有朋友问他：“Larry，你们是在美国融资规模最大的教育公司之一，也是市值最高的教育公司之一，并且迅速成为中国在美国市值第三的教育公司，为什么能做到这一点？”

陈向东回答：“运气。”运气太好了，简直好爆了，好到他不能“贪天之功”。他有些不合时宜地告诫团队：“我们要更加努力，配得上这份千载难逢的大运气。”运气之外，陈向东认为高途和很多公司的底层逻辑不一样，接受的训练不一样，招聘伙伴的模型不一样，最后出来的绩效结果自然不一样。一个尤为不一样之处就在于：高途是全世界唯一一家上市时作为科技公司且创始团队持股比例超过83%的公司。原因是只进行过一轮融资，同时，内部股东、老股东退出后，都是陈向东个人花钱买回了，这才是真正的全力以赴。

上市当日股价破发，各种负面压力扑面而来，在此之前，核心团队已经一周几乎没怎么睡过觉，人在美国，还要和全世界的投资人24小时连轴转的沟通，已经非常疲惫。

晚宴上，陈向东只喝了几杯酒，以他的酒量，这点酒也只能算是给口腔消消毒，但他居然醉了。醉梦中，他感慨万千。陈向东想到自己在2015年、2016年白头发开始疯长，想到半夜惊醒后坐在床边发呆，想到和伙伴们历经考验的战斗友谊，特别是想到了母亲。

陈向东的母亲坚毅、乐观，把一生都奉献给了子女。虽然母亲与陈向东同住在北京，但家里发生什么大事小事儿都不让他操心，母亲经常对他的姐姐和弟弟说，向东时间可宝贵了，一分钟都不能耽误。偶尔陈向东旁敲侧击知道母亲身体不舒服，母亲就会发脾气：“你们又告诉他，给他添麻烦。”

在陈向东最艰难的2015年，母亲生了重病，动了3次大手术，当时陈向东想去医院陪母亲，却被母亲赶了回来，她说：“你自己工作做不好怎么办？”母亲第一次做手术那天，还让陈向东正常去开早会，等他开完早会，看到母亲从手术室推出来，依然在昏迷中还不能说话时，瞬间泪流满面。母亲的第二次、第三次手术都是在郑州做的，因为母亲怕影响到他，陈向东如何挽留都没有用。这样的痛苦时刻，陈向东无法对人言说，更不能告诉公司任何人，怕动摇军心。

2019年6月16日下午，高途在中国人民大学世纪馆召开创建5周年庆典，晚上在国贸大酒店举办答谢晚宴，投行、媒体还有很多亲朋好友都参加了。很多人给他敬酒，陈向东再次不胜酒力，回到家已12点多，倒头就睡，但凌晨5点多就醒来收拾行李准备去郑州出差，和伙伴们座谈。

就在准备起床的一刹那陈向东开始咳嗽、发烧，坚持到郑州后，一直咳嗽了一个月，算是倒下了。那个瞬间他才发现，原来过去两年再忙再累，压力再大，自己都没怎么生过病，身体终于扛到公司成功上市。

后来陈向东看到一本书，是索尼创始人盛田昭夫写的《日本制造》。他读到书中的一段话后瞬间热泪盈眶，唏嘘不已。盛田昭夫说，索尼在美国上市的时候大获成功，但他本人回到日本之后就病倒了，一直在床上待了半个月。陈向东心有戚戚焉，觉得自己居然还能坚持到郑州给伙伴们加油，真的是太受命运眷顾了。

敲钟时刻活出复盘的状态

“理性而平淡地去看待上市”，是陈向东对自己与团队的警醒。他永远难以忘记，在北京国家会议中心举办完盛大的 A 轮融资发布会之后接下来陷入的危机。

一个真正的聪明人，不是因为避免了风险，而是因为可以掌控风险，而最大的愚蠢就是被绊倒过自己的石头反复绊倒。

陈向东不但善于从课本上学、向别人学，也善于从走过的弯路中复盘。上市之后，2019 年 10 月 15 日他在高途旗下成蹊商学院举办的“第二届教育升级峰会”上演讲时，曾深刻复盘过最易犯的 3 个错误。

第一个错误是把自己的年龄当作组织的年龄。陈向东创业时已经人过中年，教育领域最年轻的创业者，通常是在 30 岁以上，可一家公司的年龄，可能只有两三岁，“我们往往把自己的年龄看成组织的年龄，你最后做的决策、冒的险、花的钱很有可能全部被浪费掉”。

在陈向东最痛苦的时刻，一度深刻反省，自己在教育领域经验如此丰富，如此具有号召力，好像无所不能，但为什么开局之后如此艰难。后来有一天他真正想明白了，发现是自己把个人的年龄和组织的年龄搞混了，这样就会控制不住欲望，总是会去学大人。大人碰到一个坑，跳一跳就过去了，小孩不行，小孩跳一跳可能就跳到坑里面去了。

搞混两种年龄的一个衍生错误，就是把 BAT（指百度、阿里和腾讯）当作模板。高途早期的核心创始团队成员都来自大公司，因此大家也常讨论新东方的打法、百度的打法。但对创业公司而言，复制这些打法，可能连自己怎么死的都不知道。

“我们以前谈论 BAT 的时候总是见不到亮光，后来痛定思痛，把这些话题放下了，就发现光亮照进来了。当我们不谈 BAT，开始踏踏实实地研究自己的内在、研究客户、研究伙伴、研究真正的激励机制、研究团队、研究组织能力、研究领导能力的时候，奇迹就真正地出现了。”

陈向东甚至曾因此要求公司里不能分享任何关于 BAT 的文章，不能做任何关于 BAT 文章的解读，不能有任何“BAT 对类似问题怎么看”等说法，为的就是更加务实、更加脚踏实地。如此才能更加清晰地知道自己的组织智商。

第二个错误是把融资当作 CEO 的第一任务。其实这个错误并没有真正发生在陈向东身上，但他一直在给自己敲警钟。

当一家公司总处于频繁地融资或者召开融资发布会的状态，大概率是这家公司还没有找到真正的商业场景，还没有真正走向健康，还不能真正靠自己活下来。

但是，身边的投资人会告诉你要融资，融资就是 CEO 第一任务。可 CEO 是组织的大脑，大脑如果天天都去融资了，会带着组织的心脏、血液、毛细血管都外化，最后就会使得组织本身变得完全不正常。

每当陈向东回顾过去，他就越发坚定地认为，如果时间能倒流，公司的行为应该会有很多不同。他一度反复想，融资重要吗？当然重要，因为没有融资公司可能就活不下去了。但如果反过来问，活不下去的原因真是因为没有融资吗？

到上市时，高途在行业内的 A 轮融资纪录早已被打破，大家囤积了数亿美元准备打消耗战。那么，高途只融了 5000 万美元是怎么活下来的呢？在陈向东发现很难融到钱的时候，有一天他告诉团队所有人说：“各位，从今天起忘掉融资。一个教育组织真正的使命是服务学生、服务家长，把学生、家长服务好了，把他们放在心上，他们不就持续交钱了吗？他们持续交钱，你不就有更多的现金吗？这不就相当于融资，而且还是免费的融资吗？”

当你不以融资为头等大事时，就不会把竞争对手当作决策的依归。正因为兜里钱少，没有跟随别人的节奏，上市之前高途才能把每一分钱都花在研究客户和服务客户上，花在选拔与培训伙伴上，花在打磨每道流程和提升效率上。

最困难的时候，公司里杂音最多。陈向东当时听到最多的是：Larry，某竞争对手做出了这样的决策；Larry，某竞争对手在做补贴活动，补贴达到20%；Larry，据说他们在后台修改数据，要不咱们也改一下？

上市之前，高途已经没人再盯着对手了，大家形成了相对统一的思考逻辑，谈的都是：学生怎么样？家长怎么样？老师怎么样？小伙伴成长速度够快吗？小伙伴们拿的工资水平高吗？老师的工资能超越市场水平吗？

陈向东认为行业内，有人做教育做到最后跑偏了，教育应该以学生和家长为中心，而不是以竞争为中心。但总有很多人去看竞争对手怎么做，怎么模仿。以高途的融资情况，如果他天天去琢磨竞争对手，估计公司早就倒闭了。

第三个错误是把参加活动当作品牌的头等大事。

当一家公司的创始人把百分之六七十的精力都放在参加活动、去外面走秀、讲述自己的伟大时，大概率是公司运营非常糟糕的时候。从2016年年底开始，陈向东谢绝外部所有活动邀请，包括论坛、电视节目等，并且要求公司不再开发布会。

陈向东亲自深入一线带队做业务，当真正静下心来开始聚焦于做产品、做服务、做体验、招聘伙伴、训练伙伴、提升组织能力的时候，公司就发生了巨大的变化。

这并非陈向东自己的体验，雷军在创业之初也曾频频接受采访，参加活动，为了接地气，还学会了大量90后爱用的词汇。但随着小米公司锐气受挫，在2015年11月底的小米年度发布会上，雷军在公众面前哽咽，然后灯光暗淡，他转身离场。自此，雷军进入了闭关状态，躲在公司里恶补供应链，进军线下渠道，重新排兵布阵，最终迎来绝地反弹。

2020年，多家教育培训机构暴雷，其中优胜教育资金链断裂尤为引人关注。其创始人陈昊，曾在求职节目《非你莫属》中走红，以言辞犀利著称，但公司的危机就随着他的知名度逐渐积累。实际上，自2019年下半年以来，优胜教育在全国各地就状况频出，主要涉及培训退费难、办学不规范、拖欠员工工资等。

2019年6月16日，在高途成立五周年庆典上，陈向东宣布上市后将继续谢绝所有外部活动。陈向东后来统计了一下，高途上市后不到半年，他收到的电视节目、论坛、活动邀请有近400份。他都拒绝了。“一个CEO说‘不’的分量，恰恰是一家公司能够向什么方向走的分量，而一家公司的老大总是把更多时间放在活动上，才是灾难的开始。”

陈向东有个一以贯之、反复强调的看法：教育是一个伟大的行业，教育做得好，自然就赚钱，因此不需要融太多钱。IPO过程中高途只增发了不到8%股票，募集的2亿美元还被放到了银行。

上市之后，陈向东更加强调回归教育本质。在五周年庆典上他告诉伙伴：在教育行业，如果要想取得成功，秘诀只有一个，即永远第一时间去满足学生和家长的需求。“实际上，如果你能够从学生和家长的视角出发，你会发现有很多需求。比如，你需要主讲老师经验更加丰富，辅导老师更耐心、高效，服务更贴心、温暖，直播互动流畅，收费相对更低，学习时间更加灵活，学习体验友好、亲密，学习效果突出明显”。

不管线上线下，陈向东理解最好的教育有五个定义，即能够减少学生学习时间，能够降低学生的学习成本，能够提高学生的学习效率，能够提升学生的学习效果，能够美好学生的学习体验。

陈向东对技术和教育本质的思考在上市后也更递进一层，如果说今天高途做得不错，那是因为与“科技”有关，与他在创业之初对科技的坚定向往有关；如果说高途在过去犯了很多错，撞了很多墙，掉了很多坑，那是因为与没有加上“教育”这两个字有关。

围绕教育，陈向东反复强调要聚焦，高途上市后，外界看到其旗下多个产品的名字：第一，跟谁学；第二，只专注于做K12的高途课堂；第三，为培训机构输入管理经验的成蹊商学院；第四，构建微信生态工具支持的微师；第五，专注于金融培训的金囿学堂。这些在陈向东眼中内核都是一样的，也就是在线直播大班课。

伟大都是熬出来的，高途走过很多弯路，最后能到IPO，主要得益于两个聚焦。第一，聚焦于K12市场。K12未来是一个万亿级市场，陈向东预测，在这个万亿级市场中，在线教育可能会占到50%，即5000亿元，而大班课会占到在线教育的60%，即3000亿元。他要在3000亿元水大鱼大市场中“all in”自己所有的资源、所有的人才、所有的精力和所有的智慧。正因为聚焦于做K12，在一个如此大的市场中，平均增长可能超过100%，而高途在上市前做到了增长474%。

第二，在K12市场中，高途没有做一对一，没有做小班课，没有做线下，就是做在线直播大班课，极度聚焦。

“大家都知道高途曾作为O2O找好老师学习服务平台，但如果大家认真去看2015年3月高途的发布会，你们会发现当时在发布会上我提到的O2O并不是指纯粹找老师，当时我定义的O2O就包括在线直播大班课。”他感叹，“可是高途最初太贪婪了，所以无数痛苦就来了，因为那个阶段我们确实做得太多了。”

幸好，高途从创业之初，就开始搭建和打磨自己的底层结构与系统了。这就像陈向东最喜欢举的例子一样：如果一个女孩两岁时开始压腿，到18岁时她将变得非常灵活，可如果这个女孩以前从来没有压过腿，突然被要求压腿就会很痛苦。陈向东认为这就是高途的护城河，中国在线教育行业所有主要参与者都已规模庞大，突然被要求“压腿”，而他们以前又没练习过，需要一段时间才能适应。

上市后财务透明，高途2019年交出了一份还算不错的财报，全年净收入为21.10亿元，较2018年的3.97亿元增长432%。现金收入为人民币33.60亿元，较2018年的6.65亿元增长413%。这意味着高途已经连续5个季度营收同比增长超过400%，连续5个季度K12业务现金收入同比增长超过400%，并且连续7个季度达成非美国通用会计准则下的盈利。

经营活动现金流通常是衡量在线教育公司暑期绩效的重要指标，同时，也是衡量全年绩效的关键指标。2019年全年，高途经营活动净现金流达到12.9亿元，超过2018年5倍。

也就是说，高途有钱了，并且能不断产生足够的现金流。2019年第四季度及全年业绩公布后，很多投资人建议陈向东在牛市增发，还有人建议“别的公司都在融资，融了10多亿元，你们现在也趁市场好，融点钱”。陈向东告诉对方暂无此计划，这违背自己的价值观。他还是基于自己的逻辑，认为教育公司不应当通过“烧”钱来扩大规模，而应当不遗余力地为每个学生和家长提供令他们满意的服务。

“我们融的每一分钱、拿投资人的每一分钱都是‘高利贷’，都是要高价还回去的，天上哪有馅饼掉？”

当然，也并非都是好消息，上市后高途将面对更复杂的资本生态——刚刚敲开纽交所的大门，它就进入了做空者的准星。

遭遇前所未见的做空者连续暴击

除了那些第一之外，高途还创造了一个资本市场纪录——上市以来（到2020年11月）连续遭遇16次做空，其中有9次在上市一周年（到2020年6月5日）内发生。

如果把高途上市看作一场盛宴，你会发现参与分享的除了投资机构、公司员工与高管，还硬挤进来一桌客人，就是浑水（Muddy Waters Research）、香橼（Citron Research）、天蝎（Scorpio VC）、灰熊（Grizzly Research）等国际知名的空头机构。只是这一桌迟迟没有上菜，它们急得不断拍桌子砸碗。

陈向东曾披露，从上市第一天起，公司就遭遇做空，面临刷单、假数据的指责。沈楠最直接的体感就是投资人开始问一些非常奇怪的问题，如公司的利息收入等。其实正常情况下投资人不会关注到这些边边角角的事，他们开始关心这些问题了，就说明市场上肯定有一些质疑的声音，公司内部也做过几轮应对做空的演练。

真正引起关注的是2020年2月26日灰熊发布的做空报告。

该报告总计59页，分为9小节，列出的主要问题包括为什么毛利率远高于同行等。灰熊认为高途是中国唯一一家持续盈利的上市在线教育公司，虽然高途的大多数竞争对手毛利率超过50%，而高途平均毛利率为70%，并且每季度都在提升，2019 年第四季度毛利率略低于 80%。

高途与竞争对手在收入成本统计方面，定义基本相似，主要包括教师工资、办公设备租金、教材费等。但高途老师的薪酬高于行业平均值 40% ～ 50%，销售人员的薪酬高于行业平均值 30% ～ 40%。当支出远高于同行时，毛利率却还有这么高，两者完全脱节。

这份报告的结论是，高途自 2019 年 6 月上市以来股价已经翻了 3 倍，2018 年盈利数据夸大 74%，它是“最差的上市教育公司”。

当日收盘，公司股价下跌 2.93% 至 44.09 美元。当时高途的态度还很轻松，认为这种主观臆断、逻辑混乱的报告不需要评价。但就在 2020 年 4 月，中概股引爆了一颗大雷。全球最快上市独角兽瑞幸咖啡在 4 月 2 日自爆财务造假，虚增营收高达 22 亿元，当天股价暴跌近 80%。这引发了自 2011 年东南融通等公司造假事件后中概股最严重的信任危机。

美国资本市场再次掀起一连串做空及猎杀中概股的狂潮。2020 年 4 月 7 日晚间，爱奇艺遭狼群（Wolfpack Research）做空。Wolfpack Research 在其网站发布的报告称，爱奇艺早在 IPO 之前便存在欺诈行为，且涉嫌财务造假。爱奇艺股价盘中一度下跌超 14%，不过随后持续反弹。

4 月 8 日美股收盘后，曾在 2018 年遭遇浑水做空的好未来，自曝在公司的例行内部审计中，发现“轻课”（Light Class）业务某位员工存在违反公司行为准则的不法行为，与外部供应商合谋通过伪造合同及其他文件的方式虚增轻课业务销售收入。公告发布后马上引发股价闪崩，市值一夜蒸发 60 亿美元。

从 2 月 25 日至 4 月 3 日，高途股价下跌幅度为 11.59%，总市值从 105.2 亿美元降至 78.6 亿美元，市值跌破了百亿美元的大关。

4 月 14 日晚间，香橼在社交媒体上也发布了针对高途的做空报告。报告中，香橼认为高途夸大财务数据、存在“虚假”学员、管理层涉嫌多种金融欺诈等，最终直指该高途虚报收入高达 70%，其股票应被立即停止交易，并启动内部调查。

4 月 30 日夜间，香橼发布第二份针对高途的做空报告，称高途 2019 年虚增了40%注册用户，并存在多个未披露的关联方。

5月6日，高途发布2020年一季报当天，天蝎发布做空报告，称高途财务和经营数据造假，且股价被严重高估。

5月7日晚，香橼又发布了针对高途的第三份做空报告，声称其客户获取成本比同业公司低一半。此外，香橼还表示发现了四个积极为高途获取客户的未披露关联方。

5月18日，浑水也参与进来，发布了一份长达20余页的做空报告，怀疑高途至少有80%的收入是造假的，甚至可能达到90%以上。它认为高途财务数据“too good to be true”（好到不像真的）。

对于被做空，陈向东并不陌生。

2012年7月17日，新东方宣布调整VIE结构的动作引来了美国证券交易委员会调查，公司股价下跌34%。第二天，浑水发布做空报告，给予新东方“强烈卖空”的评级，导致新东方股价再度下跌35%。

这份做空报告长达90多页，详细讲述了浑水的调查过程，质疑相当“有料”。从伪装成投资者与新东方工作人员对话希望加盟，到各种财务数据与对比报表，甚至与新东方CFO在美国的对话细节，包括一些花边和八卦新闻，都被收罗其中。

新东方随后反击，主动召开媒体见面会，澄清相关事宜，还宣布公司董事会已成立“特委会”独立调查浑水指控事项。针对新东方的澄清，柳传志、李开复、江南春等中国企业家纷纷公开表态：支持新东方据理澄清。

经过100余天拉锯战，2012年10月14日美国证券交易委员会宣布，认可新东方过往的财报数据及VIE结构，奥本海默基金分析师发表正面研究报告并将新东方目标价提升到25美元。受该报告影响，新东方股价开盘大涨。浑水对新东方的做空以失败告终。

截至2020年5月19日，也就是高途遭遇做空最猛烈的阶段，新东方股票上涨至123美元，几乎是被做空之前的6倍。这已经成为中概股遭遇做空之后，积极应对、度过危机的典型案例。

时任新东方执行总裁的陈向东经历了全部过程，那一年7月19日清晨，他还记得看到股价狂泻的一瞬间自己“懵了”，随后各种电话纷至沓来，其中一个电话来自妻子，他们的问题都一样，新东方是不是出事了？陈向东一遍遍地解释说没事，“只是一个专门做空的公司捣了个小乱”。

后来妻子说把房子抵押出去也要买新东方的股票，他说为什么，妻子说你把命都搭在这了，没日没夜地工作，公司不可能有事。后来他们借了朋友的钱买了新东方股票。

换言之，中概股遭遇做空早已不是新闻，而且所有在美上市的教育公司，都曾经遭遇过做空。

其实，做空并非洪水猛兽，而是成熟资本市场的常规工具。对于有问题的企业，做空是市场的“清道夫”；对于有价值支撑的企业，做空是“试金石”。成功的做空需要通过大量翔实的证据、数据分析手段等，对企业的财务、业务情况进行证伪；失败的做空，证据大多存在着不符合事实、信息来源不可靠、重点偏失等问题，数据质量和分析手段与前者也相距甚远，甚至还反向佐证了被做空对象的真实性。

像高途这样被多家做空机构盯得如此紧的情况，却前无来者。瑞幸咖啡在2019年的5月17日上市，与高途的IPO时间接近，是这一年最值得关注的两家中概股，如果高途一旦被贴上“瑞幸式”的标签，则再难翻身。

对此，陈向东也不敢掉以轻心。

更何况，他身上有着浓烈的理想主义色彩与道德感。若你还记得他在创业之初就曾坚决开除数据造假的老师，以及在最困难的时刻宁可融不到资，也绝不刷数据的故事，就能够理解他对自己羽毛的爱惜。

公司楼下开始出现身份不明的人，早上不到6点就等在门口，默默查早晨上班的员工人数，再查晚上下班时的公司人数。高途开放了一个会议室，称任何投资人可以随时预约，高途可以展示所有的税表，包括所有的银行流水。2018年年底，德勤入驻公司做上市前的财务调查。入驻半个月后，德勤合伙人突然找到陈向东，非常严肃地说要和他聊聊，有一个数据好像不对。陈向东说先等我 15 分钟，把相关人都叫过来开个会。15 分钟之后，德勤合伙人走进会议室就愣住了："陈老师，没问题吧？怎么来了 20 多个人？"陈向东说："高途没有秘密，我们倡导极度坦诚和极度透明，我们要第一时间让信息为所有人共享。所以，我把与这个数据相关的技术伙伴都找过来了，我们可以迅速归因和定位。"

德勤同样对高途的爆发式增长感到难以置信，担心有人背后刷单，后来对录音、录像等资料进行了各种检查，还安排美国方面合伙人到公司做访谈，又把所有相关数据全部拿走请专家分析，结果没有发现担心的问题。

风浪、危机和挫折敦促管理者思考组织的内在、本质与规律

上市之后，陈向东曾多次“恳求各位伙伴”，从今天开始要忘掉股票价格，既然过去 4 年高途都没有融过资，现在也没有必要关心资本市场。陈向东在新东方工作那么多年，晚上起床和早上醒来基本也不看股票。

2020 年 4 月一天早上陈向东起床后发现，很多关心他的朋友给他发了大量微信，内容全部是哪家公司又被做空了，哪只股票又爆仓了，他感到“这个事情方向有点不一样了”。

本来陈向东已表态不再接受采访，但还是在 2020 年 4 月 8 日和 5 月 7 日两次召开了媒体见面会，对做空报告中的关键质疑进行了回应。

针对这些做空报告，公司董事会审计委员会聘请了第三方专业顾问对做空报告中的指控进行了独立调查。2021 年 3 月 2 日，高途发布公告，称公司的内部独立调查已经基本结束，没有发现对公司历史财务报表有重大不利影响的证据。

陈向东回忆，2019 年年初，按照资本的通识，在线教育公司是不赚钱的，但在高途 2019 年 5 月 8 日公开递交招股说明书之后，投资人突然发现在线教育公司居然能赚钱。

当时陈向东在中国顶级的几个在线教育群里“潜水”，发现里面讨论最多

的是说高途的数据是假的。2019 年 8 月 22 日，高途发布第二季财报之后，这些群里仍然在质疑高途，说高途的数据是假的，肯定不成立。2019 年 11 月，高途发布了第三季度财报后，质疑的声音就少了。2020 年 2 月 18 日，高途发布了 2019 年第四季度财报后，群里就没有人再讨论其财报，也没有人转发其盈利数据，这时陈向东反而觉得要出问题了，认为“山雨欲来风满楼”。

陈向东的逻辑很简单：当很多人质疑你的时候，恰恰是你自己埋头苦干、奋起直追、超越他人的时候。就像小孩成长过程中，没有人会觉得这个小孩会怎么样，但一旦小孩长大了，那就不得了。可当周边人都认可、崇拜你，你也觉得自己拥有很大荣誉、很牛的时候，恰恰是你最危险的时候。

陈向东称自己曾反复推演过，如果被做空，别人会怎么攻击自己，因此当做空报告真正呈现在眼前时，他心中反而有一种石头终于落地的轻松。陈向东迅速地看了看做空报告攻击的几个点，看完之后就苦笑了一下，觉得这份做空报告水平也太低了，它在逻辑上是完全混乱的，对很多事都是主观臆测。

如做空报告中质疑之一是虚做利润，认为“高途通过关联公司来做高利润”。如前所述，多数所谓的“关联公司”，其实是在 2015—2016 年最艰难的时候，为了让公司活下来设立的五大事业部。后来这些 to B 业务事业部中有一家关掉了，两家拆分出去了。拆分出去的事业部都是以独立公司的形式自己去融资，并将原有股东平移过去，尽可能让拆分出去的领头人成为大股东。高途不但没有从被拆分公司那里收钱，没有转嫁利润，在早期还给了这些公司一定的支持。

陈向东的女儿在美国，高途遭遇做空那一段时间，女儿特别担心，每次打电话都会安慰他。有一天女儿给陈向东打电话说：“爸爸，我要告诉你一个好消息。我看到网上有人攻击你们，说他们做了一个调查发现，基本上没有中国学生使用高途课堂和跟谁学好课，我就把他们的调查表格全部复制过来，在百度贴吧上自己做了一个调查，结果有 380 多人反馈了，跟谁学好课和高途课堂的使用率分别排在第二和第三位”。女儿讲话时那种开心、喜悦、要跳起来的感觉，尽管只是在电话中，陈向东也感受到了。

不过，应对连续做空事件，依然耗费了高途大量精力。每份做空报告出来之后的回击倒是小事儿，最重要的是审计师、律师、董事会、内审委员会进行各种调查的过程中，需要调取很多资料，技术团队也要配合验证数据。陈向东把这比喻为，“关键长跑当中被人推了一下，或者被人打了一拳，踉跄了一下。如果能够调整好姿态的话，那你将来有一天即使是在爬山的时候也能够进行奔跑”。

陈向东努力从连续暴击中挖掘正面意义：第一，创新和变革往往来自组织外部，连续被做空可以触发公司的内生机制。再者，风浪、危机和挫折锻造组织生长，连续被做空敦促他们更好地把握一个繁荣生长的组织的内在、本质和规律。第三，大事情可以定义组织的价值观和文化，连续被做空让高途更加珍视自己的核心价值观，尤其是“诚信”。第四，能听到不同声音是一种幸运，连续被做空让大家更加敬畏，尤其是更加敬畏相信学生和家长。

陈向东开玩笑说，人家做空你，也说明你有很多东西别人看不懂。但是，世界上任何一家伟大的公司，刚开始不都是从别人看不上、看不懂、看不起到最后配不上的吗？信任总是通过关键事件定义与确立的，连续被做空从另一个角度来看，是做空机构为公司做的至少价值 5 亿元的营销。

启赋资本作为天使轮就参与的投资人，是高途上市后的大赢家，预估天使阶段的投资回报高达数百倍，自然也很关注做空消息。顾凯连续收到了一些电话、微信的“骚扰”，都是建议他们抓紧时间抛出高途的股票，他假装没看到消息，或者装睡不接电话。顾凯心里很清楚，只要当时卖股票，就成了做空者的助攻。

顾凯同时也和高途保持着密切沟通，去公司一看，发现高途内部气氛热情高涨，还有很多小伙伴义愤填膺。以顾凯的经验，公司好不好就是看面对变化、面对极端情况时伙伴的反应，这些年轻人的态度是装不出来的。

“通过这么多年对陈向东的近距离观察，我毫不怀疑对他人品的判断。”顾凯笑言，“如果说我判断错了，只能怨自己眼光差。”

全力以赴

便利贴

- 在重要的事情上不能着急。如果发现自己在重要的事情上着急了，大概率会做不好；如果在重要的事情上能够给予足够的时间，大概率会做得相对比较好。
- 我们往往把自己的年龄看成组织的年龄，这样就会控制不住欲望，组织总是会去学大人。大人碰到一个坑，跳一跳就过去了，小孩不行，小孩跳一跳可能就跳到坑里面去了。
- 大事件可以定义组织的价值观与文化。

第七章
蓝海变红海

平时大家讲课都在设备齐全的直播间内，如今只能在隔离小房子中就地改造。一位叫张立琛的化学老师，刚刚加入高途不久，还没有租到合适的房子，疫情期间也没有条件再去找房子，只租到了个特别小的房间。他拍了一张照片，看起来让人心酸。房间内只能放一张床和一张桌子，桌子上本来平时摆一些锅碗瓢盆，直播时就放到地上，脚边堆着菜，在床和桌子之间搭着背景布，依然激情满满地对着镜头在那讲课。

头部玩家共同推高了行业竞争壁垒

2020 年留下了色彩格外浓重的一笔。这一年新冠疫情爆发，在百年未有的公共卫生事件冲击下，国际政治经济形势发生变化，中国果断抗疫、精准复产复工，成为全球唯一实现经济正增长的主要经济体。各行各业都陷入了一场艰难而漫长的抗疫大战，数字化大转型成为标配。

这一年里，在线教育成了加速成长的特殊行业，用一年跑了 3 年的路。2020 年 2 月中旬，全国家庭网速突然下降，因为孩子们陆续在线上开学了。在线教育成了一条炙热的赛道，全年在线教育领域披露融资事件 91 起，融资总额约 512 亿元，而且约 80% 的资金都流向了猿辅导、作业帮等尚未上市的头部玩家。上述还仅是一级市场融资，字节跳动重仓在线教育，号称宁可 3 年“不考虑盈利”，网易则围绕有道精品课与网易公开课排兵布阵，新东方和好未来等传统教育机构继续向线上加码。根据艾媒咨询的数据，2020 年国内在线教育用户规模为 3.51 亿人，市场规模约为 4858 亿元，预计 2025 年国内在线教育市场规模将达到 8000 亿元，2020—2025 年复合增长率达 11.4%。在这个沸腾的“江湖”中，阿里与腾讯的身影隐约可见。

资本下注将会有千亿美元估值的公司在这里诞生，不过冰火两重天，缺乏流量和资本加持的腰部与尾部玩家，模式上的缺陷被迅速放大，优胜教育、学霸君等公司陷入倒闭、卖身的困境。2021年年初，对狂奔的反思出现，超前超标培训、收费高、退费难、过度营销、盲目扩张等行为受到官媒点名批评。

行业变化之剧烈程度，超过了陈向东创业的2014年。他庆幸的是，高途在探索期时，全行业还相对冷静，在业务起飞之后才遇到需求大爆发，这让高途得以在夯实的路上加速前行。

作为这一轮首先上市的在线教育公司，高途所有数据都置于聚光灯下，再想“高筑墙、广积粮、缓称王”，隐藏在黑暗森林里静默成长，已不可能。陈向东始终认为，教育不是靠资本和营销催肥的行业，服务好学生与家长之后，自然不会缺钱，但对手过于凶猛，头部玩家共同推高了行业竞争壁垒，他也做出了一定调整。

之前从不“烧”钱的高途也加入了2020年暑期档营销大战，以致2020年第三季度净亏损达9.33亿元，这是它连续盈利9个月后首度出现亏损。对此，高途表示亏损原因是其在销售与营销活动方面的投入大幅增加，用以扩大用户增长及加强品牌认知。

在发布2020年第三季度财报后不久，高途宣布拟增发1500万股ADS，随即受到资本市场热捧，并被超高倍认购，最终发行数量提高了20%，规模达到了1800万股，再加上承销商有权在30天内选择执行超额配售权，又从售股股东手中购买了270万股ADS，合计增发2070万股ADS。

2020年12月7日下午，高途宣布，几家价值投资者已约定购买总计约8.7亿美元的公司新发行股票，它又创造了一个“第一”：自2014年以来第一个实现在IPO锁定期到期前解锁成功并完成增发的公司。

通过这次融资，高途增加了公司现金储备。而在此之前，2020年9月28日，它还做了一次大的组织架构调整，宣布把K12业务全部整合到高途课堂。之前高途的K12的业务分散在高途课堂与跟谁学好课，调整后，业务分为三大板块——高途课堂（专注K12业务）、跟谁学好课（专注成人业务）、小早启蒙（专注3—8岁少儿教育），三大业务品牌分别聚焦不同细分人群与市场。

除了应对连续被做空外，陈向东还要面对翻天覆地的外部环境变化。“这一年时间过得很快，一下子就过去了。”岁末，陈向东对我感叹：“真是不同阶段有不同阶段的感受与认知。”

2020 年 1 月 25 日，春节，陈向东正在美国陪家人。但刚到美国，他就听到了关闭离汉离鄂通道的消息。2003 年“非典”疫情期间，他正在筹建武汉新东方学校。那时候武汉并非重灾区，最初大家都戴着口罩上班，后来就实在没办法了，只能停了两周的课。停课之后陈向东就带着核心团队出去开会，大概开了两个星期。当所有机构都放假时，他在搞团队建设，集中复盘与精进。2003年的经历让陈向东对重大公共卫生事件心怀警惕，隐隐觉得这次需要重视，他一边召集核心团队开会，决定向湖北赠送 2000 万元的课程方案，一边改签 1 月 26 日的机票飞回北京，担心自己被困在美国。刚到北京首都机场，陈向东就觉得气氛不对，机场人流稀疏，每个人都戴着口罩，都在谈论疫情。当天晚上陈向东联系了不少企业家朋友，发现不少人还比较乐观，但随着疫情的发展，复工日期不断往后推，先是 2 月 3 日，然后是 2 月 10 日。彼时疫情正处于非常微妙的时期，尽管同在西二旗的小米 2 月 10 日正式复工，但腾讯、阿里等公司又都宣布复工日期继续推迟到 2 月 17 日。经过和团队商量，考虑到大家的紧张情绪，高途决定推迟到 2 月 16 日复工，错峰开工。

从回到北京第一天起，陈向东就开始组织每天复盘，根据情况推演，如何承担起作为教育公司的社会责任，以及作为一家公司，如何活下去。

陈向东承认，作为 CEO 做出复工决定非常艰难，即使这个决定符合国家规定。

如果号召大家都不上班、在家休息，这是一件最容易的事情，但经过综合分析与判断，陈向东最终还是做出了复工的决定。

在疫情中审视自我，
磨炼组织能力

从2020年2月3日开始，高途动员核心干部要全天候保持战斗状态。武汉中心正式启动了线上办公，启动会开场背景音乐是《你的答案》：“黎明的那道光，会越过黑暗，打破一切恐惧。我能找到答案，哪怕要逆着光，就驱散黑暗。”

2020年2月10日，几百位骨干，上千位主讲老师、辅导老师、运营人员、技术人员等，都投入到了在线工作中。

早在1月28日一次内部分享中，陈向东已经预测到疫情会对当下教育培训和学习行为产生深刻影响。“远远超出我们所有的想象。如果说2003年‘非典’改变了整个中国电商行业，那么这次的疫情会真正改变整个中国的在线学习地位，以及人们对线上学习的态度，变革之大会超出我们所有人的想象。”陈向东提出的问题是：在这个巨大的机会面前，能否在大变革中不被落下，甚至成为引领者，并借此契机磨炼本领，磨炼性情，磨炼情怀，尤其是磨炼组织能力？

“人们总是在重大的事件当中，尤其是重大危机面前，才能显示出真正的高下。”陈向东恳请，“各位小伙伴都想一想，在这个巨大需求爆发的前夜，我们到底应该做什么，应该怎么提升自我，怎样去身体力行，以及如何站在未

来审视和洞察今天的决策。”

疫情之初，也有多家在线教育公司做免费直播课，陈向东提出的是给湖北学生赠送寒假正价课及配套的全套服务课程，这意味着他并不想将捐赠免费直播课作为获客手段。

为了保证课程质量，高途为直播课调了近 1000 个辅导老师。成蹊商学院配合湖北线下培训机构全面升级，转为线上。通过微师平台，有超过 134000 家培训机构和个体老师转为线上授课。

同时，高途还开启了全学科免费公益课，配以公司最优秀的 49 名主讲老师。为保证服务质量，高途还部署了 3 套独立直播服务系统，实现了服务器配置升级 3 倍、服务器扩容 3 倍、带宽加大 4 倍等一系列技术优化。

疫情是对一家公司组织能力的终极大考。2 月由于增加了大量免费直播公益活动，高途辅导老师的带班压力一时大增。有人每天晚上要工作到两三点，第二天早晨 6 点又要爬起来继续与家长沟通和互动。但他们在特殊时期从这份工作中体会到了神圣感。有辅导老师说：“虽然我不能够像医生那样冲在一线，不能够像护士一样冲到武汉，但可以在自己的岗位上，为学生、家长做得更多。”2020 年 2 月，春季班学生的到课率、作业提交率、和辅导老师的互动沟通率都达到了历史最高水平。

短期内新伙伴入职、招聘、培训等相关手续都是通过网签、线上方式进行的，连早复盘、晚分享也都是在线上完成。入职模式的改变与陡然增加的入职人数一时令人力资源部门手忙脚乱，深夜在群里发条消息，秒看到“已读”，才知道大家都没睡。

陈向东提出了具体建议，即每个学部、每个团队在线上培训时都要提出更加清晰与明确的要求，进行早启动、晚分享，每天复盘和总结；每个学部、每个团队、每个部门都要给新伙伴配备导师；让每一个新伙伴有团队、有群体、有熟悉的伙伴等。

高中部辅导老师负责人李明杰就是在此时入职。李明杰在某传统教育机构工作了 9 年，已做到了总经理职位。2019 年年中，她分别听了当时主流在线教育公司课程，第一反应是只有高途课堂是赚钱的。当时网上还没有高途课堂的任何信息，只能查到它是由陈向东创办的。虽然没有任何财务数据，但她根据经验，结合课程体系、师资力量对比，以及学生的反应和互动情况等，做出了此判断。

2020 年 1 月底，李明杰突然接到猎头的电话，当时她并没有想离开前公司，直到对方说自己代表高途，她才决定看一看。经过几次接触后，3 月 12 日她办理了线上入职。

高途课堂之前没有进行过干部外聘，因疫情期间急需人才，才放开了一个口子。李明杰从长春来到北京，需要在酒店隔离 14 天，但在隔离过程中就进入了战斗状态。2020 年 4 月 7 日有一次续班课，李明杰接到的任务是，要带领高三数学组打赢这场仗。

李明杰面临的挑战是，所带的团队之前数据并不好。公司分给了她 5 位组长，共 27 位伙伴，在此之前彼此都没见过面，只能通过电话指挥，幸好她经验丰富，每一步都能按照节奏展开。等她隔离结束时，已经到了 3 月 30 日，距离续班课已不到 10 天，数据看起来依然没有起色。

李明杰尝试从调动组长开始，激活团队。她来自线下，对线上每个节点如何走还不熟悉。不过李明杰在教师管理方面颇有心得，先给小伙伴们充分肯定与认可，流程节点听他们的建议，但核心环节由她来掌握。

又过了 4 天，李明杰发现伙伴们的状态都很疲惫，而且因为之前续班成绩不好，大家觉得怎么努力都没用，已经失去信心。李明杰意识到，此刻批评也没有用，结果只会更糟。强制让年轻人加班，不仅会带来反弹和抱怨，还会引发投诉。

李明杰拉着这 27 个伙伴出去，站着围成一个圈，开了个动员会。她先简单说明利害关系——这次续班率与大家的工资级别挂钩，又花了更多时间和他们讲为什么有逆袭的可能。她告诉大家：“很可能你们之前就接触过这些学生，但到了续班时才发现，过去对他们的服务和维护是不够的，以至于现在遇到续班障碍。今天没有后悔药，大家不妨回想一下，高考‘黑马’是怎么产生的，可能前两年学习成绩都一般，但最后一年就杀出来了。你们也刚走过学生时代，‘黑马’用了什么方法？虽然也会有一些技巧，但肯定付出要比别人多很多。这不是别人逼出来的，而是自己从本质上、内心里有所改变。想得到最佳结果，就需要付出相应的时间和精力。”

除了鼓励之外，李明杰还全程陪伴大家。辅导老师本来是下午 1 点上班，晚上 11 点下班，结果在剩下几天中，大家每天早晨 9 点多就到了，而且看着增长率每日提高，团队氛围也热情高涨。等到这一期续班结束，团队果然打了胜仗。当时第一名有 2000 元奖金，第二名有 1000 元奖金，第三名有 500 元奖金。27 个伙伴中有 15 人拿到了 2000 元大奖。全团队几乎人人有奖。

李明杰演绎了什么是唯有“将心注入”，才能实现相互信任、相互支持，“全力以赴”，而唯有全力以赴的团队才具备打胜仗的可能。一次次胜利，会激励团队不断攻下新的堡垒，形成正向循环。

2020 年 11 月 4 日，任正非在华为企业业务及云业务汇报会上有一个讲话。他谈到内部统一组织，要靠打胜仗来牵引，在打胜仗中不断组合队列。当年华为从小交换机开始，从传输开始，从 2G 无线网开始，从简单路由器开始，无不用胜利来牵引，通过胜利来言传身教。

若没有“将心注入”，而是盲目鼓吹奋斗文化，则只能形成组织内卷化，更不用奢谈以客户为中心，也就根本无胜利可言。

陈向东认为疫情是领导力的磨刀石。公司文化并非贴在墙上的标语口号，也不是创业团队或 CEO 讲述的故事，而是每一个人感受的、感知的、感触的、感动的、感激的发生在自己身上的故事。

李明杰的这场小胜仗，也验证了陈向东对沟通重视的必要性。在他的理念中，一个组织会面临各种各样的挑战，有好的时候，也有不好的时候；会面临顺境，也会面临逆境；会有面临工作方式完全改变的时候，也会面临一个可行方案不断被推进的时候。任何一个组织最终的成功一定是合作的成功，而合作的成功毫无疑问是沟通的成功。

高途主讲老师在疫情期间也做了大量的工作，他们需要根据政策调整，快速对课程做出调整。

郭志强的感受是，2019年是特别苦的一年，而2020年是特别累的一年。“苦”指的是暑期大战时郑州会战那一段，“累”指的则是2020年需要面对和拥抱的变化太多了。

寒假课刚上完，主讲老师很快接到停课不停学的通知。给武汉赠课后，他们要在半个月内量身打造出一系列课程。要和政策匹配，不能超纲，还要针对武汉的特殊情况量身设计，思考怎么能够真正传递价值。对讲义的分寸拿捏、课程的磨合、流程的设计是大家每天都反复讨论的话题。

当时教研的伙伴大部分不在北京，大家只能远程办公，远程出讲义、远程备课，每天都是各种在线会议，往往刚讨论好一个版本，两天之后可能又会有改变，因为开学时间不确定。需要对课时及时调整，防止出现与正课冲突等问题。同时为了在开课之前保证孩子们学习不中断，还要加入一些复习课程，这期间又打造了一批免费的高质量公益课，在学习强国等平台上线。

疫情最严重时，大家心情也紧张。主讲老师需要与辅导老师配合，而由于疫情的原因，又无法在一起集体办公，因此能否把学生服务好、把续班做好，每个人心中不免都有些打鼓。陈向东作为管理者，一回到北京，刚进家门就被告知居家隔离。大部分外地老师也都被隔离在住处。

平时老师讲课都是在设备齐全的直播间内，如今只能在自己的小房子里就地解决。一位叫张立琛的化学老师，刚刚加入高途不久，还没有租到合适的房子，疫情期间更没有条件再去找房子，只租到了一个特别小的房间。他自拍了一张照片，看起来让人心酸。房间内只能放一张床和一张桌子，桌子上本来摆着一些锅碗瓢盆，直播时就放到地上，脚边堆着菜，在床和桌子之间搭着背景布。在这样的条件下，他依然激情满满地对着镜头在那里讲课。

郭志强身后只能放一张床，临时搭个直播背景上课，每天上完课还要测量并记录体温，就这样度过了14天，每天比在公司上班还忙。

陈向东虽然以一如既往的饱满姿态投入工作，但孩子还在美国读书，每当看到海外每天都要增加几十万个病例，也不免英雄气短。哪天打电话听到孩子咳嗽了，他还是会紧张焦虑。

陈向东创业之前就一直忙于工作，很少有时间陪伴孩子。女儿 10 岁时，妻子想让女儿申请到国外交换学习一年，当时陈向东同意了。但孩子到了美国以后就一直待在那边，而陈向东一直忙于事业，也没有坚持让孩子回国，这让他颇为后悔。孩子人生当中最重要的是陪伴，在最关键的成长时期，自己父亲的角色却有所缺失，现在陈向东努力尝试去扮演好自己的角色，因为中美之间的文化差异，做起来还是有些困难。

作为教育专家，陈向东面对女儿采用的方法是倾听，当女儿给他讲说自己有什么想法时，他大多情况下都会问为什么呢？而且会连问好几个。最后陈向东都会说："我觉得你的想法有道理啊，如果你真这么想，爸爸支持你。"因为陈向东坚信女儿会慢慢地长大，也坚信随着成长，她的认知将会发生变化，他相信如果自己能够充分地尊重她、聆听她，她就会打开心扉，和自己交流真实的想法。本来春节正是增加交流的好机会，但这次来去匆匆，他不禁有些怅然。

卓越的棋手要统筹考虑整个棋盘

转眼到了暑期，2020 年暑期战打得格外激烈。其实在暑期来临之前，就已经硝烟弥漫了，根据 QuestMobile 的数据，2020 年上半年，K12 在线教育企业平均营销投放同比增长 71.2%。

腾讯广告 2020 年 3 月发布的《疫情影响下的 K12 在线教育新市场洞察》，指出在疫情下，K12 在线教育目标人群触达渗透率已从 37.5% 上升到 56.7%。此外，还有 20% 有待激活的高意愿潜在客户。

教育极为依赖品牌与口碑，如果大多数头部公司都在加大对外投放广告，那么不投放广告的公司将在这个关键时刻失去自己的声音。

高途无法再按照自己的节奏继续拒绝投放广告了，它已经是上市公司，别人能清晰地看到公司的发展，但也需要获得更大的品牌渗透率。

为了便于大家理解在线教育的特点，并理解“烧”钱大战背后的逻辑，我们可以对其中几个关键概念进行拆解。

教育公司获得增长，依赖两个杠杆：一是投放获客，二是内部续费。投放获客的逻辑各家公司都差不多，即通过低价课引流，如 9 元 13 课时、9 元 9 课时，49 元 13 课时等，再把低价课转化为正价课。

各家公司都会以各种数据来证明自己“烧”钱的效率。在线教育公司的“北极星指标”通常是续班率。围绕着续班率还有另外三个指标：公开课转化率，正价课程的扩科率，正价课程的转介绍率。而所有这些指标当中，最为核心的是续班率指标。

当然转化率也是一个非常重要的指标，转化率是从前端营销开始计算的，而续班率是通过后端服务来实现的。获客之后的续班率越高，则用户生命周期价值（LTV）系数就越高。

续班率再高也不可能达到100%，即使达到80%，也意味总有20%的用户会离开。如果要保持高增长，就要在80%的基础上再吸引新的20%才能变成100%。假设不提价，就等于没有增长，因此“拉新”同样是必要动作。如果受到资本的驱动，需要更快地增长，没有其他秘诀，最好的方法就是加大投放、加大市场费用、加大品牌投入。

可是，对于续班率这个大家都喜欢的数字，其实各家公司都有不同的口径和动作。如从49元班续到99元班、399元班，续班率就会很高；从49元班续到999元班，再送一张200元的优惠券，续班率就会更高。有的公司从49元班续到1699元班，还不送优惠券，就会导致续班率成了一个难以对比的数字。

K12业务现金收入呈现出季节性特点，它通常分成春、暑、秋、寒四个不同阶段。春季课程与秋季课程课次多，所以即使每一节课收费差不多，春季班和秋季班的客单价也比较高。暑假班与寒假班时间相对较短，客单价也就相对较低。

教育行业通常都是先付费，后交付服务。因此，假设每年第一季度业绩很好，某种意义上它是由上一年第四季度决定的，而第二季度的业绩往往是由第一季度决定的。

K12在线教育收费后服务是3个月或60个课时，换而言之，所收的钱通常要在3个月内最长要在5个月内完成交付。

对K12而言，续班重点月在第二季度与第四季度，这也是暑假与寒假具备特殊战略意义的原因。学生在这期间有大段的时间来学习。暑假意味着升学，寒假则意味着一个新的周期，如果能够在这两个时间段内提供更好的服务，就意味着自身实力又跃上了一个台阶。

第一季度与第三季度大多数学生都是新生，因为是第一次上课，续班率可能连10%都不到。如果都是新生，对应他的时长花费而言，拉新费用自然很高。

教育行业的美妙之处在于，一个学生被吸引来可能是因为广告，但续班一定是因为学习效果好。真正尊重教育规律，给学生和家长带来价值的公司，一定能获得高续班率，而高续班率背后意味着扩科率和转介绍率也高，如此同样能实现增长。

如果一家公司在美国上市，按照要求每个季度都要提供财务报告，如果为下个季度提前做投入，当季财报就会受影响，可是当所有头部玩家都重金投放时，你不可能不跟进，否则就错过了窗口期。

2020年第一季度，高途收入为12.98亿元，花了约7.57亿元投放，平均获客成本为978元。但在行业内，978元的获客成本依然很低。

7.57亿元的投放额是2019年同期的7.6倍；第一季度的K12业务付费人次为64.7万，为2019年同期的4.1倍。这是陈向东特别骄傲的一个数字，如果LTV能达到4的话，就意味着续班率可以做到75%，等于为之后的季度增加了60多万名学生，这就是陈向东一直极为强调组织能力和运营效率的重要原因。

虽然来自外部的流量成本最终一定趋同，但获得流量之后，每家公司的主讲、辅导、服务、销售、运营、技术等大不一样，按照陈向东反复强调的理念，一家公司在每个环节比行业最高水平即使只高3%，两年下来，最后留存率也会有天壤之别。

如果一个季度通过续费能增加60多万名新报名的学生，陈向东觉得真是“晚上睡觉都要乐，都要感恩”。他在上市后经常和伙伴们谈到运气这件事：“咱们一辈子撞上这个千载难逢的运气太难得了。”

陈向东尤为重视第一季度的战绩，“有人说你看高途第一季度市场费用高了那么多，利润率下滑了，我说如果我想做利润的话，‘烧’一亿元的市场投放就完了，但当我们把第一季度做好，也就是实际把春耕做好，全年也就好了。”

陈向东提醒自己，不要有“暑期大战”的概念。他读了星巴克创始人舒尔茨的新书《从头开始》，书中介绍舒尔茨青年时代特别喜欢下国际象棋，有一天，他在街边与一位棋手下棋，对方给了他一个受益终生的忠告：“孩子，下棋高手不仅要考虑对手的棋路，还要统筹考虑整个棋盘。因为和对手下棋是单向的，但棋盘有很多角度，高手能把所有角度都考虑在内。”简而言之，就是思路要宽广。

“你心中不能总是想着和对手大战，否则就会不那么从容。当然你可以理解为，暑期是服务好学生与家长的重要时间段，这是一次你自己的战役。”陈向东认为：当从自己的战役角度出发时，你就会发现服务的问题。第一，今年中小学生放假时间非常不确定，也非常不一致，这就导致设班和排班不易，在这方面其实可以做得更好一点；第二，这是疫情得到控制之后的第一个暑假，市场中的头部玩家其实更多是在做免费课或者低价课。甚至很多机构干脆把整个暑假的课程拉到了价格很低的状态，而在课程设计方面上，高途应该做得更好。

陈向东有一个核心判断，以 2020 年暑假为标志，在线教育由蓝海市场彻底变成了红海市场，很多打法也应该动态调整，这是全方位实力比拼。获客、转化、设班、服务是一个大系统。

陈向东按照他一贯的逻辑强调，不管市场怎么变化，有一点是不变的，就是教育的本质。越是竞争激烈，参与者越是要回归教育、强调教育，把教育融入每个人的血液深处。

调配技术与教育的鸡尾酒

根据 QuestMobile 的数据，到 2020 年 12 月，中国在线教育用户群体中 K12 领域用户规模最大，月活跃用户达到 2.19 亿人，疫情期间，在线教育应用呈现爆发式增长态势。

在线教育创业者对第一季度业务爆发式增长非常乐观，可他们逐渐发现了其中隐藏的利空因素——突然爆发的需求有透支未来的风险。

2020 年 1—3 月，陈向东在内部会议上分析，现实将逼迫所有线下成熟教育机构向线上转移。大家都转到线上之后，服务质量参差不齐，有的老师线上翻车，还有的小机构技术不完善，一上线就掉线，这些都会给用户留下一个错误的印象——在线教育有问题。实际上，真正的在线教育并不是简单地把老师搬到线上授课就可以了。有一部分用户可能被这种不专业的服务误导，他们会认为线下的体验可能更好一点。

果然，到了 4—6 月乃至整个暑假，很多人开始吐槽在线教育，部分学生出现了抵触情绪。因为这些学生刚开始上网课会有新鲜感，如果正课也是在线上，就觉得没意思。家长也考虑孩子视力和学习效果，因此在线教育公司的业绩虽然在上半年有了明显增长，但其实转化遇到了巨大考验。

罗斌则从技术角度发表了自己的看法。他认为每一家机构对流量的承接能力都是有限的，在此阶段，更加考验技术与教育的融合程度。

如果把在线教育中的技术与教育元素比喻为鸡尾酒主料，那么调配出一杯完美的鸡尾酒还需要操作技术、配方、器具、材料的配合。高途经过 6 年时间，付出了沉重代价，才渐渐找到方法。

互联网与教育的融合可分为 3 个阶段：第一个阶段是将互联网作为教育工具，像早期金山词霸和 YY 直播；第二个阶段是互联网与教育产生表面的融合，为教育专门开发一些相关软件和功能，如学而思网校；第三个阶段不是简单的渗透，而是在教研、实训、上课、互动与交流等各个环节进行技术与教育的深度融合。2020 年，这三个阶段同时出现了，不同机构因为能力不同处于不同发展阶段，但都将自己标榜为在线教育，这导致用户对在线教育的理解也是混乱的。

在一线战斗的主讲老师感受更为明显。周帅曾经是北大高考状元、某知名教培机构高中数学首席讲师，后担任高途课堂资深数学老师。他认为，如果体制内学校的老师都开始讲授在线课程，对学生的影响将比培训机构更大。这就好像培训机构是特别精彩的地方综艺，而学校教育是春晚，势能一定更大。

“现在学生和家长有更多选择，大家会开始比较。如果他们首先体验的是对网课不熟练的老师，或者使用的系统与工具没有那么先进，那么学生和家长对在线教育的认可度就会降低，会觉得在线教育果然不行。这不是不相信某一家培训机构的问题，而是对在线教育这种形式产生怀疑。”

罗斌指出，随着需求大爆发，技术层面反而要进入更加精细化的优化与迭代。过去大家都看大数，现在要看小数，要把大数一层一层地拆到最底层，如此才能够更准确地定位到可能的问题和机会点，这就要求在线教育公司整个数据体系要相当完备。这听起来容易，做起来却很痛苦。

高途早期打下了很好的技术基础，如今则要根据环境的变化，打磨内部系统的稳定性与实用性，加强对新业务场景的理解，并特别注意工具稳定性与数据完整性。

在线教育公司对数据的处理能力可分为 4 个层级。

第一层级是能拿到关键数据。如学生有3分钟没上课，能否获得这样的记录？这看似简单，其实需要把数据规范化地存储和记录起来，而且要准确、完整、及时地做好数据划分和字段定义，此阶段属于基础工作。

第二层级是达到基本应用逻辑。如某日有多少人上课，都是通过哪些渠道报名的，在一段时间内波动性是怎样的，通过这些数据来配合各个业务层级，判断业务健康度与整体进度。

第三层级是需要通过数据进行分析与洞察，通过反馈来辅助决策。如判断A方案更好，还是B方案更好。在广告投放中，假设有10种流量，每一种流量背后投资回报率（ROI）如何？

第四层级作用到个体，包括内部的每一个员工、每一个客户。不管是辅导老师，还是产品技术人员和运营人员，都需要获得相关数据及时、全面的反馈。这就非常个性化，有助于带来体验的提升。

这四层逐层深入，前两层要足够扎实，后面两层才能同步推进。

高途早已关注技术对教育可能产生的影响，如今更强调“为我所用”，对一些热门概念不再盲目追风。如当下最热的AI课，陈向东认为如果计算其商业价值，目前各家机构都处于亏损状态。他算了一个最基本的账：现在头部AI公司投放ROI不到0.6，续费率、扩科率如果是60%，最多学两年，ROI还是不超过1，这意味着在下一年度里要花3元才能拿到1元营业收入，这并不是一个可持续的商业模型。

近年来在互联网公司中流行的中台概念（在高途称为职能），高途也在实践。不过陈向东认为职能应该更靠近业务，否则就会成为一个“不太被需要的部门”。他理解技术的本质是复制，因此在思考职能技术时，他会“恳求”每个职能技术伙伴扎根业务，直接与业务融合。

这对职能技术人员提出了挑战，因为每个业务线都不一样。按照陈向东的思路，职能更像是为业务线定制的，这让大家缺乏成就感，认为还不如把职能的技术人员直接调配到业务线算了。陈向东指出，今天超过80%的业务是K12业务，对于职能伙伴而言，自然要先满足K12业务，让K12能够跑通，让 K12 的伙伴们能够打胜仗。这样想来，把工位搬到 K12 业务伙伴身边去，给他们迅速提供子弹，那你心里不就舒服了吗，不就有成就感了吗？

陈向东强调，不管是职能的技术人员，还是人力、财务、增长团队，每一个人都要思考是谁给自己发工资。要记住，肯定不是 CEO 自掏腰包发工资，而是客户发工资，是客户在养活大家。

更高颗粒度的运营才接近教育本质

经过鏖战，在线教育对精细化运营的要求越来越高。

之前各家机构都有自己的投放渠道与流量来源，如有的来自百度，有的来自搜题，有的来自微信，有的来自抖音和快手，但客户重叠度不高，各做各的。而 2020 年所有公司都是全域投放，这使得客户重叠度非常高，也使得客户决策难度增加了。

周帅认为，教育的决策成本不在于学费，而在于学生的时间是不可逆的。报错一门课，可能就会浪费一个月的时间，因此这是最重要的家庭决策之一。“最初各有特色，现在同行之间彼此借鉴、学习和模仿，同质化越来越严重，家长就更难选择了。”

特别是暑假，大家觉得与寒假明显不一样。寒假还能看到有显著增量，暑假投入的真金白银更多，但相应的转化率并没有突破。

这对产品提出了要求，即进一步推进教学分层与分区。以高中部为例，因为全国高考统一性强，之前一个老师一套课就能解决所有问题。可现在就有苏浙沪一带学生反映，线上的教学内容和当地课本不一样。过去因为苏浙沪学生比例没有暑期大战之后这么高，这种反馈的绝对数量不多，也就没有必要进行调整；随着客户来源更广泛，江浙沪学生比例加大，就需要改善了。

再具体到每个省、每个地区，教学的进度和难度也有差异。另外，学生自己的学习情况也有差异，接触在线课程的时间更是不同。这些特点映射到教育培训机构的行为上，就需要做相应分层，如新生老生分层、不同地域分层或教材版本分层，这些都是高途正在思考的问题。虽然依然叫“在线直播双师大班课”，但接下来辅导老师可能就要固定带某一种班级或某一类学生。

周帅认为，疫情并非导致类似变化的全部原因。这种细分，其实更接近教育与学习的本质。之前学生在线下上课时就是细分的，只是过去在线教育还处在初级阶段，无法做到教学细分，否则成本会非常高。最初大家都倾向于聘请讲得最好、最有影响力的名师，就是因为老师本身的学术深度与教学影响力能够相对抹平这些差距，让所有学生都能够有收获。但疫情催熟了行业，一方面顶级名师数量有限，另一方面客户需求更加精细化。接下来比拼的就是谁更能无限接近教育的本质，更加区域化、本地化和精细化。

从 2020 年 9 月 2 日暑期大战刚结束开始，高途就进行了一次复盘，核心是探讨新形势下如何创新。用陈向东的话说就是“寒冬未去，现在依然在冬天里，要保持饥饿，保持愚蠢”。

复盘之后，为了打造全新的在线直播大班课，2020 年 10 月，高途把旗下跟谁学好课的 K12 业务与高途课堂的 K12 业务正式全面融合。

2017 年跟谁学好课刚组建时，保留了一部分 K12 业务，还是刚刚下海的“海盗”，不知道能否活成“正规海军”。这采用的是一种赛马机制，鼓励跟谁学好课和高途课堂互相学习、互相比拼。

合并的逻辑很清晰，高途希望采用多品牌战略来服务不同目标。另外，中小学教育市场巨大，聚焦更利于迅猛发展。

更关键的是，2020 年的竞争环境已不允许两个品牌做同一项业务。2020 年高途在做营销投放时发现，两个品牌不仅会导致用户精力分散，还会产生一定程度的左右手互搏，因此决定把旗下所有 K12 优势提炼、人才聚合、资源融合。

合并后，跟谁学好课核心业务是 K12 以外的成人考研、语言培训、职业资格培训等。高途课堂运营逻辑迭代与升级的方向可以概括为“大班主讲，小班二讲，个性体验”。

所谓“大班主讲”，就是一位特别优秀的名师可以面对更大群体的学生进行讲课，因为头部名师非常稀缺。高途课堂高中和初中学段的头部名师，目前在行业中处于领先位置，这是其既有优势。

“小班二讲”，即希望每个辅导老师都能够成为“第二主讲”，做一个真正的老师，服务学生，给学生答疑解惑。

“个性体验”，即每个学生可以在高途课堂的大班上课，也可以通过日常服务在小班上课。这是通过技术、系统、模式去努力做到的一点。

强化高途品牌，聚焦“名师出高徒，网课选高途”。按照陈向东描述，他希望对每一个学生而言，高途课堂就是“一个真实的课堂、鲜活的课堂、有效果的课堂、人格塑造的课堂、爱的课堂”。

2020 年 12 月 7 日，高途宣布完成特定增发，增发金额为 8.7 亿美元。虽然被做空余波仍在，但高途没有去寻找第三方，也没有去寻找投行帮助。高途通过和律师、投资人沟通后，不到一周就完成了这次增发，在一周之内，钱全部到账。

“很多人好奇说别人做一次特定增发可能要几个月，为什么高途一周就完成了？我说其实就是因为相信。因为投资人对你很了解，他知道这是一家好公司，他知道你特别具有学习能力、反思能力、战斗能力，他知道你有一个要把事情做到极致的强大团队，他自然就会相信你。”陈向东自信地说道。

与战略调整匹配的必然是组织调整，组织调整必然面对人的调整，人的调整背后一定是核心干部内心深处的调整。相比对外沟通，组织内部沟通更加复杂。业务合并并非易事，需要先和高管就当下的情况达成共识，需要意识到市场正在发生什么变化，公司要做什么样的变革；然后通过业务管理例会，讨论为了应对变革可能要做出哪些调整。接下来就要确定要做的事情。围绕最终的目标，以终为始，进行拆解，确定新战略之下组织中每个人的角色、定位和分工。

在线教育头部公司，在 2020 年人数都超过了 2 万人，这是互联网公司的一道门槛。随着组织规模变大、人员变多、部门变得庞杂，沟通成本、协调成本和信任成本开始急剧飙升，组织效率也在下降。

陈向东经历过新东方的组织成长过程，又从 0 到 1 开创高途。他意识到一个组织成长的过程，就是一个与熵增作战、与人性的贪婪作战的过程。整个信任墙会不断被构建，同时又不断被推倒，再重建。

陈向东会重点与直接向他汇报的干部和特别重要决策岗位的高管沟通，中间还会不断听取 N-2 这一层伙伴的想法和担忧，这穿插了自上而下、自下而上以及平级间的多次沟通。

陈向东极为重视沟通，某年曾经给自己定过一个关键绩效指标（KPI），即一年要在内部开 365 场沟通会，也就是平均每天一场。“他在沟通中非常有耐心，甚至可以说会比较啰唆地去讲一件事。”一位高管评价道。陈向东可能会把一件事情在 3 个不同级别的会议上都讲一遍。例如在高管会议上讲完之后，还会给七八十人的管理团队讲，然后还会给上千人的核心学习组讲，甚至会对全体伙伴讲。当然，面对不同人群时，他会对一部分内容进行删减，但核心内容他会全部讲完。“很少有公司 CEO 会去和一线伙伴讲公司战略，不过我们的战略清晰易懂，伙伴听了也没什么问题。”

奋斗就像滑冰

在上市前后，高途初步完成了管理代际的更迭，祁秀平、罗斌、沈楠、刘威、许翔、伍新春等都成了新核心力量，并能独当一面。

2019 年 12 月 21 日，高途发布声明，称张怀亭因个人原因离职，并且和公司没有产生任何分歧。

高途上市时，张怀亭为高途的第三大股东。他离职的消息颇受关注。外界也有种种猜测，认为他和陈向东发生了“宫斗”。张怀亭表示，这些都是无稽之谈，他与陈向东始终保持着友谊。

在 2020 年 4 月 8 日媒体见面会上，陈向东正面回应了这件事。他动情地谈道：“我最幸运的是在创业过程中遇到了很多善良的伙伴。怀亭是我遇到的非常憨厚的一个人，难以想象地渴望成功。有几次我跟他谈话，他都失声痛哭，说‘这项业务要是我不管，谁来管呀’。大家容易把很多事情想得极其复杂，过于妖魔化、过于政治化，但我想说的是，高途没有政治！你可以问任何一个高途的小伙伴，高途任何一个人的离开都是基于两个要素。每个人都要找到最适合他生长的氛围，组织也一样，也要找到最适合它的生长氛围。我们都在找最好的匹配，找最好的组织背后的人、人和人的信任、人和人的共同成长。”

随着团队越来越年轻化，陈向东深感需要不断摸索如何与年轻人相处。有一天他在公司内网上看到一位主管发的帖子。帖子说：一位1997年出生的伙伴，加入公司5个月后离职了。主管在月光下送她回家，希望可以把她留下。她反馈说："我特别渴望突破，但没有系统的引导和输入；连续5个月没有休息，渴望彻底拉闸泄洪；加入公司后一直是凌晨3点半以后睡觉，为了让爸妈先睡，每天都哄他们；但最舍不得的还是我们的文化和价值观。"

看到这段反馈的时候，陈向东称"心如刀割"。他认为如果伙伴们都想通过一家公司、一个组织来寻求自己生命意义的话，这个年轻人在工作了5个月之后就到了这种决定离开的状态，并且连续5个月都没有休息，每天都是凌晨3点半才睡觉，那么公司就真的出问题了。

"我们的问题是把所谓的奋斗狭义地理解成了无休止地加班，把所谓的奋斗理解成了必须到凌晨3点睡觉，把所谓的奋斗理解成了每一次复盘都必须在凌晨2点。其实我们犯了一个基本的错误，就是不懂什么叫作真正的奋斗。"

陈向东反问自己，如果自己的女儿去到这样一家公司工作，他和妻子能否接受？如果管理者把每一个伙伴当作自己的孩子，或者当作自己的弟弟妹妹，到底会怎么做？作为一个70后，他经常讲自己奋斗的故事。确实，从14岁那一年到今天，他很少2点以前睡觉。但现在90后、95后正成为职场主力，他们的生活在发生变化，如果还以当年的标准要求当下的孩子，那是完全错误的。

陈向东所理解的奋斗就像滑冰，真正的滑冰高手不仅会快速滑行，更重要的是知道如何停止。如果奋斗没有一个"什么不能做清单"，其实就偏离了大家一起合作的根本出发点。他提醒各位主管要思考，什么情况下应该让伙伴们晚上11点前必须回家，什么情况下可能会到晚上12点以后。当能够不断思考怎样才是效率最高的，怎样才是对人性的最好理解时，才能够做得长远。

陈向东反复强调，除了快速执行之外，在精神上、心理上关怀伙伴也是奋斗，有同理心、有同情心也是奋斗。

陈向东在公司核心学习组中强调，奋斗不等于加班，奋斗不等于熬夜，奋斗不等于夜里12点复盘。公司在续班期、在重大的战役期可能是要熬夜的，但在70%的时间里应该要去限定、规范、强制要求下班时间。

陈向东有一段话值得所有追求狼性的管理者咀嚼：“如果要给人家三分挑战，就要同时给人家四分关怀；要给人家六分挑战，那就得给人家七分关怀。领导者不要曲解奋斗的含义——奋斗是发自内心的，而要去成就别人自发的全力以赴。”

全力以赴

便利贴

- 内部统一组织,要靠打胜仗来牵引,在打胜仗中不断组合队列。
- 来自外部的流量成本最终一定趋同,可获得流量之后,每家公司的主讲、辅导、服务、销售、运营、技术等各环节效率差别很大。
- 一个组织成长的过程,就是一个与熵增作战、与人性的贪婪作战的过程。整个信任墙会不断被构建,同时又不断被推倒,再重建。

第八章
造物始于造人

主讲老师最担心的就是学生参与度不高，如主讲老师号召“打 1”，响应的却没几个。虽然大班课可能有上万人在直播间，但对于学生而言，他们的关注点主要是主讲老师，因此在线主讲老师接受培训时会特别强调镜头感。换言之，虽然是大班课，但要给学生和家长讲出一对一的感觉，甚至在语言上要少用“你们”“大家”之类的词，而要用“你”。说话时要像孩子们就在身边一样，如此才能引发互动。

主讲老师的独特气质

在本章中，我们让一路狂奔的陈向东先休息一下，回归一个本质问题：教育的核心竞争力是什么。无论是线下还是线上，老师都是教育的核心环节。日本经营之神松下创始人松下幸之助一直视员工为企业的第一财富，提出“造物先造人”的立企理念，从员工进入企业第一天便提供持续不断的培训，为其提供成长空间。这对教育机构而言，同样适用。

在线直播双师大班课模式，后成为在线教育最火爆时行业的通用模型，它可以概括为“名师授课 + 双师辅导”，主讲老师与辅导老师的素质与能力也就决定了一家机构的服务水准。今天我们重看这段商业史，需要从这两个重要的角色来理解线上教育的本质。

先看主讲老师，互联网放大了名师能量，也对主讲老师的综合能力与专业素养提出了更高要求，他们不但要能够快速分解知识点，还要讲得生动有趣，隔着屏幕抓住学生注意力。优秀的主讲老师能够形成自己的风格，建立自己的 IP 形象。

“宇宙之大，粒子之小，一草一木皆为物理，我就是麻辣物理老师郭志强”，这是郭志强上课前的开场白，如同评书“定场诗”一样，押韵上口。在讲课过程中，若是发现有学生因为做对了题有点小骄傲时，他会说“天晴了，雨停了，你又觉得你行了”；若是有学生做错了题时，他又会说“月亮都会你不会，你是错题小宝贝”。

郭志强的心得是，线上名师首先业务功底一定要强，这是基本功，同时最好有自己的人设。他的绰号叫“麻辣老师”，教的是“麻辣物理”，课程要又麻又辣，有趣、有料、有干货，自己在课上的表现也要和“麻辣”两个字挂钩。

郭志强体会到在线教育就像一部知识类的电影，要有起承转合，要有人物、故事。这是由学习场景决定的，学生在家里上课，课程必须精致。虽然随着技术的革新，辅导老师也会随时通过电话或其他工具跟进学生的学习情况，但外在约束力并不像线下那么强。特别是当一个老师面对成千上万个孩子时，要抓住他们的注意力何其困难。

在线下上课，只需要一本讲义、一支粉笔就够了，但是转移到线上后，各种情况会层出不穷。网络卡、电脑死机、鼠标不动、摄像头模糊、手写笔写不出来、音频有回声、声音太小或断断续续、屏幕色彩有偏差、互动题呈现不出来……这些都是高频事件。因此每次上课前，检查和调配设备是必不可少的。除此之外，真正的名师要做到泰山崩于前而色不变，即使没有画面了也要有预案，顺利讲完两个小时的课程。

很多线下名师转移到线上后，会感觉“水土不服”，自己也很奇怪，为什么本来已经是绝对的头部老师，到了线上后却没人报名？关键就在于他们还没有掌握在线上怎样用极短时间把最干的干货和最大亮点呈现给学生。这有点像抖音和快手等短视频平台，10 秒之内如果学生没有看到亮点，可能就会刷过去了。你在线上这一端讲得正起劲，而学生可能正在另一端打游戏、看视频。每场大班直播课都像一场战斗，一场名师同娱乐类项目争夺孩子时间的战斗。

越是进入红海时期，对线上主讲老师的要求就越高，否则那么多老师上课，学生凭什么要报你的课呢？郭志强觉得这对教学质量、教学风格、教学节奏，甚至对语言体系、课件设计、内容设计都提出了新要求。

郭志强还真的借鉴了直播经验，如讲到方法大招时，他会说“同学们注意了，前方高能请坐好，知识点来了”。

当然，这只是外在的，内核需要有一支产品队伍，通过教研、教务、技术组合，不断革新产品体验。一份讲义要打磨三四个月，如果发现效果不好，就要彻底推翻，最终才能获得全方位呈现。

"过去，在线下，老师哪能做这么多，只要把课讲好，把知识点罗列出来就很好了。在线教育名师一个人就是一个校长。"郭志强自己就是从线下名师转型过来的，他深感其中的痛苦。所有线下名师来了之后，往往最初气势很强，自认为经验足够丰富，线上教学很简单，但两个月之后，就会变得非常谦卑。

周帅作为名师，曾经有超过 10 年的线下授课经验，在线下也讲过数千人公开课，来到高途课堂之后，从备课、上课的角度来看，感觉又回到了 10 多年前作为新老师的状态，"非常投入、非常拼"，节奏快而紧。

主讲老师的课程，分为正价课，也就是长线系统班和招生课。系统班有相对充裕的时间去展开完整的教学；招生课与学生接触的时间短，并且有相当一部分家长在听，因此在课程内容设计、亮点安排和教学节奏方面，与线下有很大不同，更注重实用性强的技能。但是，周帅反对过度强调"大招、秒杀技"之类的方法，因为他知道"技巧越好，范围越小"，虽然学生可能喜欢听，但作为名师，要掌握平衡，更要注重让学生了解学习的规律。

魔鬼都在细节当中，线上学习一大难题是学生和家长的听课反馈怎样及时有效地传递给老师，帮助老师做出相应的调整。这需要策略性操作，调动参与氛围。线下教育能够看到学生的真实反馈，线上教育则偏向虚拟互动，比如说"同学们这个地方听懂了吗？听懂了打 1"。实际上"1"并不是打给老师看的，而是打给那些没有完全听懂的学生看的。如果他们看到这么多人都听懂了，自己还没听懂的话就要更努力了，或者就会在答疑环节，提出具体的问题。

主讲老师最担心的就是学生参与度不高，如主讲老师号召"打 1"，响应的却没几个。虽然大班课可能有上万人在直播间，但对于学生而言，他们的关注点主要是主讲老师，因此在线主讲老师接受培训时会特别强调镜头感。换言之，虽然是大班课，但要给学生和家长讲出一对一的感觉，甚至在语言上要少用"你们""大家"之类的词，而要多用"你"。说话时要像孩子们就在身边一样，如此才能引发互动。

有经验的老师会故意说"别看了，还不赶快坐起来，你以为我不知道你在床上躺着吗”，或者说“你这个坐姿能行吗”“你以为你在偷偷聊微信我不知道吗”。其实老师看不到每一个人的动作，但如果某些学生被说中，他们就会在公屏上说：“老师太厉害了，你是怎么看出来的？”也就是说，面对镜头，老师需要更亲切、更接地气的场景化设计。

上直播课时，学生会分成两个班，一个是主讲老师控制的大班，另一个是辅导老师控制的小班。对学生而言，他们只能看到自己在辅导老师所带的小班里的互动情况，这样便于辅导老师提供服务。但是主讲老师偶尔会做一个操作，即使用屏幕实时共享，让学生能够看到在大班里有上万人同时和自己一起学习互动，以此迅速抓住学生的注意力。

高途特别倡导 12 字运营方针“大班教学、小班服务、个性体验”，即面对学生的讲授课堂用大班，一个班可能有 2000 个甚至 3000 个学生，但对于学生端的体验则用小班。最终追求的目标是让学生和家长感受到个性化的一对一、因材施教、与自己完全匹配，这就是“我的老师”。

对于主讲老师带的大班，要分地域、分区域、分难度、分教材；对于辅导老师带的小班，要真正做到小班化，并且鼓励辅导老师成为第二主讲，开展一些小课，并且让学生之间相互可见。另外，还要通过技术、数据获得学生行为信息，针对学生个性化问题，给出真正的定制化解决方案。

在理想状态下，线上面对个性化问题的解决方案要比线下有更好的体验。如果一个班上有 200 个学生，做某一道题目时有 50 个人选了 A，50 个人选了 B，50 个人选了 C，50 个人选了 D，那么基于学生过往的知识点、学习图谱、答题逻辑，可以针对做出不同选择的学生，给出不同的解决方案、不同的试题讲解方式，然后可以在后台勾选 50 个语音小课，群发给相应的 50 个学生。

对于平台而言，这等于同时对 50 个学生做了一次群发，但对于学生而言，这种服务却又是个性化的、一对一的。

到了这个层面，就需要技术对教育进行赋能：通过语音合成，把一些固定内容自动说出来，并且能加入核心的组件，重新编制。陈向东一直对技术与教育的结合充满无限好奇，“做教育不就是最后拼谁的好老师多吗？而在线真的就解决了好老师的问题，可以把好老师的产能放大”。

主讲老师标杆学习的五个牢记

要成为卓越的线上名师，就要有超强的学习能力和自我迭代意愿，看到有什么好东西要马上学。郭志强观察发现，所有当红名师，学习触角都很长。如果你问他最近谁的课最热门，他可以第一时间拉出一个名单，并能说出为什么，而且还能够做到像素级模仿，模仿之后再做加法或者减法。

如果老师的学习能力弱，不愿意改变根深蒂固的习惯，就难以适应。例如，过去在线下上课，多数学生都认识老师或者慕名而来，老师也得过各种奖项，根本不需要做自我介绍。但到了线上，很多学生都是第一次与老师接触，需要对老师有一个从认识到了解再到认可的过程，这时就需要老师介绍一下自己的经历和成绩。有的名师很爱面子，觉得高手不用自我介绍，但少了这个步骤，可能就会间接影响教学效果。

这也是陈向东特别强调的“标杆学习的五个牢记”。

第一个牢记是找准标杆。别把标杆找错了，找到匹配自己的标杆。

第二个牢记是学习标杆。要能够真正学进去，否则就会出现看不到、看不懂、看不上、看不起的情况，到最后就没法真正有效地学习了。

第三个牢记是反思标杆。要静下心来听标杆老师的课，感受眼神，感受题目，感受活动，感受姿态。

第四个牢记是死盯标杆。标杆不能盯一次就不盯了，要在相当长的时间之内盯着标杆，观察他是怎么迭代、怎么优化、怎么改善的。死盯标杆是一种下意识的养成，是优秀者的必备锦囊，是卓越者的大侠气。

第五个牢记是敬畏标杆。只有心存敬畏，才会虔诚；只有心存敬畏，才会欣赏。

教研产品需要不断地优化创新，课件、讲义、习题、试卷等都是标准化程度越高越好。它不来自主讲老师的拍脑袋，而来自对客户需求的摸索，通过人工的课前准备、课后质检以及系统对客户反馈的筛选和分类，找到每堂课的要旨和重点，实现体系化的输出。

产品要标准化，教学要个性化，否则老师上课就会变成千篇一律读 PPT。郭志强理解，教研产品代表着教学的下限，主讲老师代表着教学的上限。下限是必须有的，教研产品扮演着地基的角色，避免老师天马行空，自己讲得很嗨，学生却没有收获。同样的课件，名师来讲就能讲出花儿来，并能不断推高上限。这就是所谓的“靠名师打江山，靠产品守江山”。

陈向东坚信华而不实、只会讲段子的老师，续班率不会高，尤其是长期续班率。出于对学生负责的原则，平台不会一开始就把大流量直接给一位新老师，而是会给他一个成长过程，先是讲 300 人左右的小公开课，看看其讲课能力，可以的话再讲几千人的大公开课，若表现还不错，按圈内说法就是“可以出池了”，即能够进入下一个流量池，和别人搭班配合，讲训练营。如果表现好则可以继续在训练营待着；如果表现欠佳，则可能还会退到大公开课继续磨炼。在训练营稳住了，最终才能在最大的流量池讲万人大课。

高途课堂的优秀主讲老师，录取率不到 2%。有趣的是，能否成为在线名师与年龄无关。年龄比较大的老师，如果能够拥抱变化，把自己的教学经验与互联网融合，转型后会更成功。

在能力模型上，公司会注意看 3 点。第一，最重要的是课程好，对于该学科的内容，包括考试有精深研究。第二，镜头表现力要强，包括肢体和语言。讲话要非常清楚。也有一些教学很厉害的老师，口齿不那么清楚、有口音，在线下因为区域性强，学生都能听懂，但线上学生来自天南地北，口音太重，学生就容易听不懂。比较有意思的是，对网课名师而言，东北口音不算口音，全国人民都听得懂，南方口音就相对有劣势。

第三，这一点听起来有点虚，但其实最为关键，就是要热爱教育。这个行业里也有一部分老师，纯粹只是把教育当成一项工作或者一份差事，干完就完了。甚至还有人只是觉得上课来钱快，挣完钱就走，其他的事情和自己没有关系。一旦发现有这样的情况，高途会立刻辞退相应的老师。

高途课堂小学语文师资培训负责人吴月光是出生于1989年的小伙子，但谈起教育来像是在这行已经耕耘了一辈子。他认为老师与学生之间一定要有情感纽带，这是线上永远取代不了线下，也是线上冰冷的课件永远无法取代老师的原因。他认为教育有两大属性——学习属性与情感属性。学习属性，要看成绩、看解题能力、看思维；情感属性，要看孩子的学习兴趣、看他对老师的认可、看他与同学之间的感情。

“真正爱学生、热爱教育事业的主讲老师，他的整个状态是不一样的。”周帅说，“其实你的表达方式是强硬还是温柔没有关系，这都是个人风格。但有一类老师，对学生永远是高高在上的姿态，传递出的信号就是你们这帮傻孩子什么也不会，就得听我的，这样的老师本身真的没有那么爱学生。爱学生的老师，即使看起来严肃，但不管课上课下，都很愿意帮学生解决问题。”

陈向东本人就曾是大班课的老师，高途有强大的主讲文化，可谓是业内最懂大班课、最尊重主讲老师的公司之一。陈向东觉得，培养主讲老师，永远是两手都要抓，一手抓行业顶尖、头部的主讲老师，另一手抓年轻的主讲老师，吸引他们、奖励他们、训练他们，真正地爱他们。他认为，“毫不夸张地讲，因为我们对主讲老师的定义，整个行业主讲老师的薪酬都在提升。即使这样，我们主讲老师的薪酬在行业当中也还是最高水平。”

2019年，高途课堂决定招聘北大、清华应届毕业生进行培训，逐渐将其培养为优秀的老师。刚开始，这个计划备受质疑，因为高途旗下绝大多数老师都是有10年以上教龄的老人，新人镇不住场面。

北大、清华的应届毕业生，一半以上的人会选择继续深造，剩下一小半中，大部分也会优先选择去互联网大厂，其次是国家机关或央企。即便有想当老师的，也都是去高校，至少是顶尖高中，剩下想去民办培训机构的不足百分之一，而且这部分人中，新东方和学而思两大机构吸收了一大部分。有多少人愿意选择高途课堂这样的新组织呢？

最初，他们去北大、清华搞校园招聘，都组织不起一场像样的宣讲会。高途课堂将全力以赴精神发挥到了极致，先是找到了教育行业中擅长做北大、清华校招的关键人才，组织了一支“尖刀班”，在最难打的阵地上撕开一道口子，并且迅速做大。只用了不到一年时间，就成功引入了 40 多名北大、清华的应届毕业生来做主讲老师。经过短短一年时间，这群优秀的年轻人有很多已成为公司各个部门、各个科目的“双一”（转化率第一、续班率第一）。

随着竞争加剧，好老师越发成为行业中稀缺的资源。根据吴月光的体会，真正的名师，猎头电话都接不过来。在这种环境下，重视老师的公司才会吸引来最好的老师。这种重视，不仅体现在薪酬上，还体现在公司氛围有“教育的味道”。在高途，能和更资深的老师探讨教育中最核心的问题，这是吴月光在之前的教育培训机构中所没有的体验。

一次内部交流中，有人请教陈向东，是否有特别适合主讲老师看的书。这可问到了他的痒处。他建议，主讲老师任何时候都要紧紧围绕自己主讲的科目，阅读该科目领域中相关的书籍。

陈向东拿自己举例。公司的核心价值观是“成就客户、诚信、务实、进取、合作”，为了把这 5 个关键词讲清楚、弄明白，能够用高途的语言表达出来，陈向东用了一年多的时间，基本上把他能够找到的和这 5 个主题相关的几百本书都买了、读了。他一边不断地观察标杆企业如何做、如何理解，一边了解公司里伙伴们的工作状态，同时他还会关注不同领域的朋友怎样论述这些观点，最后才形成了自己对这 5 个词的解读。

陈向东建议主讲老师在学科知识之外的领域里寻找丰富的营养。比如，阅读一些与演讲能力、演讲技巧、演讲方法、授课能力、幽默感以及人文、哲学、逻辑、思辨等相关的书，甚至读一些“闲书”，由此培养自己的人格、格局和同理心。

辅导老师撑住半边天

怎样强调辅导老师和主讲老师之间的紧密关系都不为过，陈向东更愿意用一个词“密不可分”来描述。

2020 年 9 月，人力资源和社会保障部曾将“在线学习服务师”列为 9 个新职业之一。在线学习服务师，即辅导老师，根据人社部的定义，在线学习服务师（辅导老师）是运用数字化学习平台（工具），为学习者提供个性、精准、及时、有效的学习规划、学习指导、支持服务和评价反馈的人员。

与学生和家长直接沟通最多的实际是辅导老师，我们可以把辅导老师的角色理解为班主任。一位辅导老师，通常带 300 名学生。在主讲老师上课之前，每个辅导老师会建立不同的小班，先开场讲大约 15 分钟，主要讲孩子们比较感兴趣的话题，以及上节课作业中出现的普遍性错误有哪些，并对此进行分析和归类，然后逐一给孩子们讲解。

主讲老师上课时，学生统一切换到大班，下课之后，辅导老师再把各自的学生切回到小班，进行这堂课的总结。下课后，辅导老师会单独教每个孩子做作业，一对一地给孩子批改作业，与其进行沟通，并及时把情况反馈给家长。

随着商业模式的逐步推演，对辅导老师提出的要求已经越来越高。李明杰感受到，高途对辅导老师培训的重视程度超过了许多公司。上午、下午、晚上，公司几乎抓住了一切可利用的时间。这种培训不仅有技能类的，还包括心态等各方面的。“对于一个刚毕业的学生能接受这种系统的培训非常幸运。”

张晓就对辅导老师这个角色很自豪，她是师范专业出身，在内心深处，一直觉得辅导老师和主讲老师应该“平分天下”。“学生一个星期的时间只和主讲老师接触两个小时，剩下的时间都是在和辅导老师接触。我非常尊敬主讲老师，但如果辅导老师撑不住那半边天，世界迟早会崩塌，对不对？”

辅导老师要想撑住这半边天，专业功底尤其重要，特别是竞争环境发生了剧烈变化，对辅导老师的能力提出了全新的要求。从 2020 年暑假开始，张晓在做工作复盘时发现，现在的家长好像与以前不一样了。以前，家长对在线教育了解少，沟通起来更热情，常说的一句话是“老师，你说的太对了”。在经历过市场的洗礼之后，家长对老师和机构提出了更严格和专业的要求。

换而言之，如今家长见识到的东西多了，如果一位学生家长报课前没有比较过 3 家以上的公司，简直可以说是太草率。这样的背景下，张晓觉得辅导老师一定要能说出让家长一听就觉得“对，老师真厉害”这样的话才可以。“能在水平线基础上稍微拔高一点，就是巨大优势。”

如何“拔高一点”呢？张晓认为应做到 3 点：第一是学科专业性，第二是家庭教育能力，第三是和家长共情、沟通的能力。以专业性为例，同样一道题，高水平辅导老师讲完之后，学生说“老师你讲得真好，我一下子就听懂了，再遇到类似题时也会做”。次一级辅导老师讲完之后，学生听懂了，但遇到同样类型的题就不会做了。最差的辅导老师讲完之后，学生依然似懂非懂。这就是辅导老师授课、讲题等方面的基础能力所带来的巨大差别。

高途课堂招聘辅导老师，要看高考的总分和想应聘的相应科目如语、数、外的单科分数，还要看是否有和教育相关的经验，只有一腔热情也不够。在面试环节，初试结束后，候选人会被安排参加为期一天半的培训。培训过程中会有互动，主管经理会描述优秀辅导老师的画像，每一个主题完成后还会有考试。结束之后，负责培训的综合部会给被培训者打分。等走到终试环节，还会安排试讲，如请面试者当众回答，“如果一个小学四年级的学生把自己的作文交到你手里了，你认为他在写作上存在什么问题，你应该怎么给他讲清楚，才能让孩子的作文修改后焕然一新？”

经过了这3关考验之后，人力资源部门会将面试者的基本素质与当前辅导老师的平均水平进行比较，达到平均水平以上的就予以录取。录取之后，正式带班之前，公司还将对辅导老师进行严格的岗前培训，使用公司真正的操作系统、课程体系来模拟，以保证辅导老师在正式带学生之前，对公司的课程体系有理论上的认知。

辅导老师入职之后分到小组，每个新人都会有一个帮带师傅。帮带师傅从带着新人去食堂吃第一顿饭开始，要帮助新人面对环境、人员、课程体系、带班等各个环节的不适应等。在这个过程中，新人会遇到各种难题，如遇到家长总打孩子，说孩子什么也不行怎么办？孩子总是走神怎么办？师傅就需要一点点地带着他解决问题。经过一个季度磨合，新人心中对辅导老师这个职业就会有一个大概认知。转正时，公司会把试用期表现与转正要求进行对比，合格了才能转正，不合格将继续优化。

通过如此的方式，高途课堂希望最后保留下来的，起码是能达到及格水平线的辅导老师。优化在辅导老师这个端口，频率快而强度大，对张晓这样的年轻辅导老师管理者而言，优化员工是痛苦的决策，她之前就曾经吃过亏。一个伙伴刚带班一段时间，组长和主管向她反馈过几次：这个小姑娘不是特别适合当辅导老师。张晓心中暗想，班里的孩子已经跟着这个老师上了两个多月的课了，课程很快就要结束，如果现在把她换掉，学生和家长还需要重新去适应，不如让她顺利地坚持完这个学期。但又过了几天，数据显示，效果确实不好。

张晓的主管纪建镖把张晓训斥了一顿，说：“你在想什么？站在一个家长的角度，如果老师不合适，宁可你折腾我一遍，也要给我换一个更合适的老师来。这才是对家长真正负责。”

张晓由此就更加体会到了教育的内涵，她另调了一个辅导老师，给这个班搭建了双辅导模式。原有辅导老师暂时不换，以保证孩子和家长有问题能找到熟人，新辅导老师负责给学生批改作业、讲解题目等。张晓在此过程中发现，家长更认可第二个辅导老师，不需要她告诉家长辅导老师换了，家长会主动去联系第二个辅导老师，这样就顺利完成了过渡。

张晓一下子就明白了，家长和孩子不怕折腾，只要辅导老师能千方百计保证孩子的学习效果，其他都是小事。这件事之后，再面临淘汰人的选择时，她就觉得没什么大不了的。决策的唯一出发点，就是对学生和家长而言能产生好的效果。“伙伴们无论新老，无论资历，只要不学习、不进步，学生和家长不认可你，我们就不会把学生和家长放在你的手里。”

学科功底是一切的基础。张晓的团队每周四下午培训，自己请学科端老师来讲课，如语文作文应该怎么讲，部编版语文课程设计体系是什么，英语分哪些版本等。这还不够，每周五下午他们还会用两个小时来刷公立学校的题目。

运营质检部每天的工作就是看辅导老师的作业批改情况，看有没有批错，旁听辅导老师的电话，潜入到各个群里观察辅导老师如何与学生交流、如何与家长交流，有没有顶撞家长、是否真正解决了学生和家长的问题等。每个星期，运营质检部会提供三四个正面和反面的案例，在每周五下午刷题之后外放一些电话录音，然后公开讨论。

这还不够，小学部从2020年开始建设第二主讲集训营，每个辅导老师都要像学生一样报名，课前也要刷题。训练营要考察到课率、有效听课率，上课互动题的答题率、正确率，客户作业提交率等。上课的老师都是教研的伙伴，这等于把辅导老师当学生一样，从每一个细节给他们补课。

此外，每个月辅导老师都要进行月考。教研组拿出语、数、外3科的试题，打印试卷，封闭考试，运营、质检和各团队主管做监考老师，结束之后教研组批改试卷、存档，成绩将作为辅导老师的考核指标之一。

这一系列动作，都意味着公司想方设法要帮辅导老师把功底提升上来。

仅有学科功底还不够，因为辅导老师太年轻，有时候说出来的话，家长难以共情。公司每个月还会请家庭教育方面的专家给辅导老师进行相关培训。专家在培训中，会告诉辅导老师怎样把孩子分成不同类型，每种类型的孩子在亲子关系、家庭关系、社会关系上会出现哪些特征，在不同情况下怎样沟通等。

运营质检部曾经发现过这样的案例，辅导老师问家长为什么孩子没来上课，家长说孩子在学校体育课上把胳膊摔骨折了。辅导老师面无表情地说，那可要小心了，明天把回放听了，作业交了。这样的辅导老师就不够负责。

如果不能共情，哪怕把话术一个字一个字打印出来，放在一个人面前，他也只能像机器人一样念出来。这就需要多练，首先进行话术演练，每个小组只有两个人，不同入职时间、不同能力的辅导老师，每周话术演练主题也不一样。组长和主管要结合业务，确定演练的主题。比如：孩子已经学了 3 节课了，但学习效果不明显怎么办？家长一把鼻涕一把眼泪地哭诉孩子的爸爸不管孩子，所有学习压力都在妈妈身上，怎么办？有的学生被交给爷爷奶奶管，但爷爷奶奶又管不了，设备又不会用，怎么办？

最开始平级的伙伴互相练，但发现所提的问题不够刁钻，后来就改成让主管出题，但主管实在太忙了，那怎么办呢？他们就列出 10 种问题，选最难的问，如果还是难以演练到最佳效果，那就在那个团队里选 3 个“找茬师”，每次话术演练的时候负责找茬。小团队还会定期发个“最牛找茬师”之类的奖状，通过各种反复的情景模拟，来培养大家的共情能力。

拥有持续、稳定、大规模的第二主讲，就能拥有决赛砝码

张晓有一个尚未付诸实践的想法，就是和小伙伴们去公立学校门口蹲守，听听那些家长在等孩子的过程中，三五一群地在讨论什么。

有一些刚毕业的伙伴心理比较“脆”，被家长拒绝一两次就要崩了。高途就组织他们集体去路上发传单，去超市里卖方便面，去敬老院做义工，真正了解真实的人生。再请公立学校的老师来分享，学校里早晨几点升旗、几点上班、什么时间批改作业、老师怎么备课、寒暑假做什么，让大家真正了解学生在公立学校的生活。

不同地域的家长也不一样，他们会邀请外地家长参加恳谈会。如跑到郑州，摆点瓜子、花生，请家长谈谈郑州孩子的学习竞争压力如何，有多少好的学校，孩子都上什么辅导班。

总之，就是想方设法让辅导老师进入教育的真实世界。这些年轻人有时也会感到委屈，觉得自己已经掏心掏肺了，为什么家长还是不满意？主管就会帮助他们分析：那是因为家长要一个苹果，你却给了他一车香蕉。你就是给他两车香蕉，人家也不会领你的情。家长也委屈，我就要一个苹果而已，你都给不到我吗？只有充分理解了家长，再加上能尽心尽力地帮助孩子解决问题，孩子成绩确实进步了，孩子才可能继续跟着你学习。

可见，只有每一个辅导老师都把自己真正当成老师，才能够体会到这份职业的神圣感。教育不仅是传道授业，更多的是激励、唤醒。正如幼儿教育思想家和改革家蒙台梭利所说：如果我们设法把科学家的自我牺牲精神和基督徒的虔诚和热心都移植到教育者的心灵中来，那么我们就会培养出教师精神。

曾经有刚进公司的辅导老师问陈向东："辅导老师承担的职责越来越多，其中最重要的责任究竟是什么？"

这个问题切中要领，陈向东回答："最重要的责任是做一名好老师，而做一名好老师最重要的是懂你的学生、爱你的学生，能够让你的学生因为你而变得更加美好。这也就回归了高途的核心教育理念——（点燃兴趣 + 培养习惯 + 塑造人格）的爱次方。"

陈向东提出，当下最重要的工作，就是让辅导老师成为一个最受尊敬的职业。做出此战略判断的核心依据在于，当认知到自己是在从事教育行业，不管多么先进的技术都只是助力的时候，当认知到再高明的话术最终还是要回归到教育的时候，当认知到不管做内容研发还是直播研发，最终都是在做教育的时候，就需要回头看清楚教育的本质是什么。

教育的本质，自然离不开教与育。"教"很容易理解，但"育"却容易被扔到脑后。

从 2019 年起，高途就提出要把辅导老师培养成"第二主讲老师"，2020 年更是强化了这一方向。表面上看来，线上场景把线下老师的角色进行了拆分，从而提高了授课效率。虽然通过大班给学生讲课的是主讲老师，但最终面对学生的还是二讲老师，二讲老师需要把知识点以自己的视角、自己的方式、更好的理解讲给学生。

"对于第二主讲，首先我要表达很大的敬意和尊重。"陈向东郑重地说，"因为作为一家教育公司，产品和服务的交付在很大程度上是由第二主讲来完成的。第一主讲保证了产品交付的下限，而优秀的第二主讲则真正保证了产品和服务的上限。"

可以说，谁能够持续、稳定地拥有大规模优秀的第二主讲，谁就能拥有在线教育的未来。

把辅导老师定义为第二主讲，也是高途创造的。辅导老师的定义是“辅导”，核心是“老师”，而第二主讲的定义是“第二”，核心是“主讲”，这对素质能力模型提出了完全不同的要求。

面对几千人时，主讲老师是主角，但面对几十人或者几百人时，二讲老师就成了真正的主讲。二讲老师要具备教育学、心理学知识，以及回答问题、帮助学生答疑解惑的能力，一对一地把问题讲明白、讲清楚的能力，并且要能够为学生批改作业、与学生进行互动、催促学生到课，在必要的时候还要组织开家长会。更重要的是，要能够就核心知识点和学生常见的一些问题，像主讲老师一样去讲解、沟通和交流。同时，还要懂得专业知识背后的解决方法，以及可以把这些连接起来的讲课艺术、讲课技巧、讲课经验、个人自信、个人魅力、个人人格等。这是陈向东对第二主讲老师的定义。

刚刚入职的辅导老师往往搞不清楚，“第二主讲老师”是不是一个头衔或者辅导老师自身的发展目标，因为辅导老师的本职工作无论如何都不会脱离“辅导”。

陈向东强调，第二主讲老师绝对不只是一个头衔，而是对未来能够保留下来的辅导老师最基本的要求。一个优秀的老师，不管是主讲，还是第二主讲，或者辅导老师，都需要做好辅导工作。只不过在确立双师模式的时候，会让二讲老师更多地承担服务者的角色。

二讲老师要想受人尊敬，就要围绕自己的学科，把相关的优秀教科书和教材钻研透彻。因为在辅导孩子的过程中，是按照知识的框架 / 知识点的衔接来讲的，所遇到的问题在辅导书、参考书中已经有沉淀。

每一个二讲老师都应该懂更多教育学、心理学、家庭教育、社会科学方面的知识。特别是疫情期间，辅导学生时不能干巴巴地只讲课程，而是可以讲讲怎样保持乐观，把生活很好地融入学习场景。

关于二讲老师教学能力的要求，可以举一个具体的例子。在线下场景中曾有一种模型，就是 4 个老师讲 1 门课，经过验证确实很成功，但这种形式在线上很难行得通。虽然不同老师在不同领域内有自己独特的才华，但从客户视角来看，他们更需要的是一个出口，而不是多个出口。

高途想真正给学生提供个性化服务，就是特别希望通过一个二讲老师，来解决学生一门课上的所有问题，如在英语课的二讲老师，能够同时具备听、说、读、写以及各个章节知识点讲述的能力，这非常难，但恰恰是线上教育需要优化的。因为在线上场景中不可能让学生在词汇不会时去咨询张三老师，在语法不会时去咨询李四老师。

高途也在思考，怎样充分利用那些把小课讲得特别好的老师的才华？比如有人讲词汇讲得特别好，就可以把他讲的词汇课录成小课，供其他伙伴使用。

有一天深夜，陈向东离开办公室时看到一个二讲老师正拿着手机在录视频，陈向东问他在干什么，他说在录课。陈向东好奇地问："你是二讲老师，录什么课呢？"这位二讲老师说："我把好多知识点录成小视频，都录完50多个了。将来若是有学生问到这些问题时，我就把录好的小视频推送给他，家长就会非常感动啊。"陈向东觉得，这位老师已经做到了第二主讲老师的要求，非常用心，最后自然能达成很好的效果。

可见，一个辅导老师如果想转型成第二主讲老师，如此高标准下在第一年就从容做到几乎不可能。真正的从容都来自准备，真正的准备来自大量的重复，真正的大量重复来自科学的最大单元点打磨。当年陈向东自己体验就是，做老师前三年真的是没日没夜，他先请那些有经验的老师给他开书单，然后第二周他就跑遍了镇上和县城所有的书店，买回了大量的教科书、教辅书、教育学和心理学书籍。

陈向东是个现实的理想主义者，很清楚辅导老师工作辛苦，考核指标多，要让这一职业受到尊敬，一定要匹配有尊严的薪酬。2020年他每天和团队一起讨论最多的事情之一就是，如何才能够全面提升二讲老师的薪酬。

同时，二讲老师也需要有很好的职业晋升与职业发展规划。如从二讲老师到高级二讲老师，再到资深二讲老师等。通过这样的梯度，让二讲老师看到更长远的发展。

不管多忙，陈向东都会参加公司组织的总裁面对面活动。此活动主要群体之一就是二讲老师，因为二讲老师每天下午 1 点才上班。为此，陈向东有时上午办一场，下午再办一场。

在沟通会上，二讲老师会提出非常具体的问题。如有的二讲老师会问，如何应对班级里的“沉睡”学生，他们不按时听课、不交作业；二讲老师给家长发微信也很少收到回复，以至于每次听到这些学生的名字二讲老师自己就有点排斥主动和其家长联系，该怎么样克服这种情绪呢？

陈向东对这样的问题回答起来总是不厌其烦，他会凭借自己多年的经验给出建议。孩子是父母的一面镜子，当孩子身上有很多问题时，大概率是因为他的家庭，因此建议不妨从家长入手，看看怎么能够走进家长的内心世界，让家长信任你，从而信赖你作为专家的角色。

另外，有很多孩子可能非常讨厌学习某个学科，但有些学科却学得很好。陈向东举了济南一位二讲老师的例子，这位二讲老师的一个学生特别讨厌英语，但篮球打得特别好，于是他就和孩子从聊篮球开始。他问孩子：“你为什么篮球打得这么好？”这时候孩子自然就问：“老师，你的英语是怎么学的？”最后，这位二讲老师就顺利地走进了这个孩子的心。

陈向东小时候就是个特别调皮捣蛋的孩子，他 17 岁教初中时，班上 70% 的学生不爱学习，调皮捣蛋的孩子特别多。后来他发现了一个秘诀，越是调皮捣蛋厌学的孩子，身上可爱的地方越多，他们特别重视心目中所谓的情和义，因此问题的关键是要走进他们的内心世界。

讲到这里，陈向东建议大家不妨进行以下反思：第一，我们真的了解这个调皮孩子的家庭吗？第二，我们真的了解这个调皮孩子的爸爸妈妈吗？第三，我们真的了解这个调皮孩子本身吗？第四，我们真的了解我们和他们每次互动沟通的话术效果吗？第五，我们真的把情感全心地给了这个家庭和这个孩子了吗？第六，我们真的做过反思、反省，做过复盘，来寻找对我们更优的解决方案了吗？

高 Engagement 度

高途文化中有一个核心词叫“Engagement 度”，engagement 在英语中有多种意思，其中最让人愉悦的意思是“订婚”。在软件开发中，它还有“交互度”的意思，衡量的是访问者与网站或 App 的交互程度。陈向东认为，从事任何一种人与人的互动工作，都需要爱心，特别是教育，要想赢得学生和家长的信任和尊重，就必须不断提高 Engagement 度。

第二主讲要想让自己越来越有价值，方法只有一个，就是不断提高自己与学生和家长的 Engagement 度。如通过辅导孩子，把知识点讲明白，通过更多的工具、系统和方法更高效率地服务更多的学生和家长，让学生有更好的成绩。

这也是刚入职的二讲老师最容易遇到的困惑。有位二讲老师问，公司的学员服务流程做得确实很细致，但个人觉得掌握流程并不难，难的是如何去寻找流程的关键点和节奏?

陈向东觉得这是一个特别务实的问题，培训内容与培训流程都是死的，如何能够把培训的内容变成提高与学生和家长 Engagement 度的服务，才是每个人在工作当中应该去把握、精进和不断感知的。

“在和家长沟通的过程中，我们一定要融入自己的情感，要让他们感受到你对他们的专一、在乎和爱；一定要让家长感受到你和他们的强烈、强大的

Engagement 度；一定要让家长感受到你对他们炙热的相信。不妨这样想，我们总会接受很多训练，如怎样做一个辅导老师，怎样和人沟通，怎样去表达，怎样赢得别人的信任，怎样做到谦逊和谦卑，其实这些在我们心目中都有一个标准。我们在使用这些标准时，一定是要用自己的语言，融入自己的情感，并在和别人互动时真正地展示出来。”

高途甚至还出了一本内部文化书籍，叫《Engagement 度问与答》，收集了二讲老师与学生和家长在沟通交流中遇到的各种问题，分为学前及小学阶段、初中及高中阶段、学习和考试策略等。问题细致入微，还涉及了大量儿童心理学的内容，如怎样看待孩子的厌学情绪？如何与十几岁的孩子建立情感联结？如何提高叛逆期孩子对弱势科目的兴趣等。

这些理念如何在伙伴层面落地呢？张珊珊是个 95 后，2019 年入职高途课堂郑州中心小学部，入职第一天就开始接受北斗星培训。让她惊讶的是，所有工作，大到对教育本质的理解，小到如何发微信表情才得体这样的细节，都有培训师手把手地教。几天后，300 个学生涌来，她有点不适应，有了一些抱怨的小情绪，小伙伴就立刻向她跑来，问：“你遇到什么问题了，我来帮你。”

和张珊珊同期入职的郅皓泷，从入职第一天身边就多了一位温柔漂亮的大姐姐“师傅”，她不仅要承担自己的业绩任务，还要帮助小伙伴变得更优秀。有一次，郅皓泷与一位家长沟通不畅导致他内心十分烦躁，一度想将这个学生调配到另一个班级。“师傅”告诉他，如果你把这个学生分配到另一个班级，是不是别的小伙伴遇到这种情况都可以调配，这等于把责任甩给了伙伴，这算是成就伙伴吗？他意识到了自己的问题，后来在与家长的沟通过程中再也没有出现过类似的问题。

高途课堂高中部的张璇，还记得入职的第一天北京寒风刺骨，领完办公用品之后，她被小伙伴带到工位上。经过两个小时整理后，她开始观察周边，发现了一个特征，就是快、更快、非常快——身边所有人的脚步都是如此，哪怕去茶水间倒杯水，都好像在竞走一样，甚至像小跑。她当时不理解，觉得工作只是工作，完成任务而已。当听到陈向东讲“要让自己拥有陡峭的成长曲线”

时，她也觉得像是一个口号，人要努力到什么程度，才能瞬间拥有一条陡峭的成长曲线呢？

但入职不到一周，张璇就在身边小伙伴感染下彻底改变了自己的想法。2020年春节，放假那天她背着电脑回家，刚一进家门，妈妈就告诉她，公司寄来了一封信，要不要看一看。于是全家人放下手机，打开这封信。信中写道："感谢您的孩子为我们的付出，因为您孩子的付出，我们才更加美好。"这句话击中了她，90后需要的是被肯定，她觉得自己在这里学会了拥有"爱"和"被爱"的能力。

2020年的开学季，是张璇压力最大的时候。虽然她自己也刚毕业，但她暗示自己必须冷静，要及时安抚学生的恐慌情绪。有小伙伴赶到公司，帮助不能到公司的伙伴把办公用品、工作手机用最快的方式送到他们的手里。即使家长在凌晨突然要求报名，也有小伙伴能及时上线，帮忙打开系统。张璇偶尔也会觉得疲惫不堪，但看到大家在群里热血欢呼，立刻就找回了状态。

客户很容易对Engagement度有所感应，听一下客户录音就可以体会到其中的热情。一位报了小学英语的家长给二讲老师闫冉留言："闫冉老师，你刚刚打的那个电话，我女儿听了有点激动，你的声音很好听啊！她从不喜欢英语到现在有点感兴趣了，我希望你以后多多打电话给我，多和她聊聊，让她喜欢上英语。"

高中语文主讲老师马步野也经常收到类似留言："这次暑期课程孩子真的是收获满满，我从来没有看到孩子这么认真地对待老师布置的每次作业。最后一次的作文孩子星期一就交了，昨晚马老师又重新讲了一次，分析了一些同学的作文。于是孩子昨晚又把作文重新修改了一遍，孩子作文基础不是很好，但这次对待作文特别认真。"

看到这些留言，大概是陈向东最愉悦的时刻，也是他压力最大的时刻。"如果你想找到人生成功的秘诀，我想只有一个，那就是每天你都要对自己说：今天醒来，我们之所以还活着，是因为我们能够满足学生和家长的需求，我们为了满足学生和家长的需求又进了一步。"

全力以赴

便利贴

- 在线教育就像一部知识类的电影，要有起承转合，要有人物和故事。这是由学习场景决定的，学生在家里上课，课程必须精致。
- 只有心存敬畏，才会虔诚；只有心存敬畏，才会欣赏。
- 当认知到自己是在从事教育行业，不管多么先进的技术都只是助力的时候，当认知到再高明的话术最终还是要回归教育的时候，当认知到不管做内容研发还是直播研发最终都是在做教育的时候，我们就需要先来看看教育的本质是什么。

第九章
零度下的大复盘

行业大调整后，陈向东却说是高途的“最美妙时刻”，一家公司只有至少经历过两次危机并活下来，才能成为伟大的公司。这话听起来硬气，也似乎显得缺乏可信度。实际上陈向东所谓的“美妙与幸运”指的是可以静下心来，重新思考业务，打造组织，反观自我。

惶恐中的热身赛

刚进入 2021 年，在线教育就出现了浓重的火药味。这一年除夕夜是 2 月 11 日，春晚开播前 10 分钟广告里，在线教育广告就有 3 家，即猿辅导、学而思和作业帮。而春晚现场，主持人曾 4 次提到猿辅导“知识福袋”活动，该公司还在小品《阳台》中进行了品牌植入——教师家庭的阳台上，悬挂着一幅字母表，字母表下方就是公司的名称与 logo。

看来，2021 年将成为在线教育大洗牌之年，各家都摩拳擦掌，准备参加“鱿鱼游戏”。

有公司在抖音平台投放的费用一天最多能达到 5000 万，可谓空前绝后。高途也做了全方位投放计划，电梯、公交车站、电视台广告、冠名综艺节目等，还第一次请了明星做代言，广告片都拍好了。

罗斌接手了投放后觉得年初空气都是炙热的。他在办公区清出一块地方，就在陈向东头顶正上方。团队封闭了近两个月时间，开展了热血的启动仪式，做了“挺夸张”的预算与重激励，准备攻坚。

罗斌回忆，他们拉着各前台业务部门负责人几乎每天晚上都开会到半夜，大家不仅要讨论投放，还要预测竞争中的不确定性。会议中经常会发生激烈讨论甚至冲突，每个人情绪都绷得很紧。

为什么拉满弦？因为高途已在新流量游戏中感到吃力。高途曾将微信场景下的私域流量获取做到了极致，陈向东自己带队冲在前面，研究产品，开设微信公众号，跑通细节，但到了工业化外采流量时代，他自己不懂，就充分授权，可最初授权并不成功，导致 ROI 偏低。

例如导流课，竞品曾主要投 49 元班，获客成本为 600 元，而高途主要投 29 元班，获客成本 1000 元，甚至还一度投过 9 元班，陈向东曾问：为什么我们不投 49 元班？理论上入口班具有筛选功能，价格越贵，获客质量也会更高，不过入口班定价越高，用户支付门槛越高，获客难度越大，需要找一个平衡。陈向东得到的解释是“29 元班更适合高途”，后来发现其实是自己的团队投不好更贵的入口班，对算法与建模理解不深刻。如果投 49 元的课，高途获客成本可能就要达到 2000 元。

另外，当时高途也没有统一的投放系统，不同子品牌各自投自己的。陈向东反思，在工业化流量外采阶段高途可以说表现欠佳，流量模型没有跑出来。2019 年，陈向东对此并未警觉，因为高途还有大量私域流量红利在，可以从获客成本碾压对手，后来他才意识到与其他公司在流量外采方面的差距。

不过，流量驱动型下的增长，如同把刀刃慢慢架在自己脖子上。就在 2021 年初，猿辅导、作业帮、高途课堂、清北网校 4 家在线教育头部企业，阴差阳错请了同一个老太太来做短视频广告。她在一家机构的广告里是“从业 40 年英语老师”，在另一家机构可能“教了一辈子小学数学”。之所以会出现这种问题，是因为大家找了同一家供应商。

2021 年 1 月 18 日，针对此现象，中央纪委国家监委网站发布文章，直指风口浪尖上的在线教育乱象与监管问题。文章指出，在资本的推动下，线上教育培训规模迅速做大，但同时也将在线教育行业推向了企业竞争加剧、获客成本高企、行业内耗严重的困境。

风暴看似正在酝酿之中，其实早在 2019 年 7 月，教育部等六部门就联合印发了《关于规范校外线上培训的实施意见》，提出对线上培训机构实施备案审查制度，重点对培训机构、培训内容、培训人员等进行备案。

2019 年 9 月，教育部等 11 部门联合印发了《关于促进在线教育健康发展的指导意见》，对建立规范化准入体系、创新管理服务方式、加强部门协同监管等提出了明确要求。到 2020 年，关于加强在线教育监管的声音就越来越多。2020 年 12 月 2 日，教育部网站发布对《关于进一步规范中小学在线教育市场的提案》的答复。答复中称，下一步，将继续联合相关部门，加大对互联网在线教育平台和教育类移动应用程序的管理力度，及时发现和处置各类违法和不良信息，对违法违规行为保持高压态势。

虽然各机构密切关注气温变化，可对冰河世纪何时降临，到底会有多冷，并没有明显体感。他们像迪斯尼电影中痴迷橡果的松鼠 Scrat，浑然不知自己的疯狂追逐将引发大灾变。

行业内对年初这个时间节点特别重视，通常在一季度末、二季度初就要把 2021 年从 5 月份到 8 月份，三个半月时间应该采取怎样的打法提前推演出来。如前文所述，暑期对于教培机构来说格外重要，暑期表现会影响全年的业绩，特别是入口班，甚至会影响之后几年的业绩。暑假后是升学季，入口班指的是初中一年级和高中一年级新生，假设能吸引住这一批新生，之后 3 年的续班率自然会提高。

2021 年年初资本市场并不平静。3 月 23 日，一场抛售狂潮席卷美股，多支中概股遭血洗，短短五天里 1100 亿美元灰飞烟灭，这创下了“人类史上最大单日亏损”纪录。此事件是韩裔投资家 Bill Hwang 成立的家族办公室 Archegos 高杠杆破裂导致了爆仓。Archegos 曾重仓中概股，包括百度、腾讯音乐、唯品会、维亚康母、探索频道，高途，爱奇艺等公司。3 月 26 日，危机蔓延到高途，股价直接腰斩，一夜就跌去 41%。

陈向东早就见惯了资本市场大风大浪，这次躺枪对他的节奏没有什么影响。2021 年 4 月 22 日他在北京国家会议中心宣布，公司将统一更名为“高途”，原 K12 业务保持不变，仍为“高途课堂”；原成人业务更名为“高途在线”；同时高途还推出了“高途奇点研究院”。2021 年 5 月 6 日，高途股票代码由“GSX”变更为“GOTU”

这意味着公司的品牌统一为“高途”。高途旗下产品主要包括高途课堂、高途在线，覆盖了小学、初中和高中全科，以及成人考研、语言培训、职业资格培训等课程，为用户提供全周期学习服务。

若隐若现的大变化，就在此刻逐渐清晰。

靴子落地

2021年5月21日，陈向东去重庆某公司参观学习，还有几个朋友同行。中间有人出去接了个电话，回来和陈向东说："你知道吗？刚才新闻中报道关于校外培训机构的事了。"陈向东问什么事，对方说是中央全面深化改革委员会第十九次会议召开，审议通过了一个相关报告。这就是《关于进一步减轻义务教育阶段学生作业负担和校外培训负担的意见》（后多被称为"双减"）。

听到这个消息，陈向东心里也咯噔了一下，可依然很镇定，进入烧钱大战之初他就已感觉到不对。从事教育这么多年，陈向东从没见到大街小巷都是教育类的广告。同一个老太太代言4家教育公司的事件发生后，陈向东觉得"震惊而羞愧"，但在这样的氛围下，谁也没有退路，只能被推着往前猛冲。

朋友们说："估计对你们的股票价格影响很大。"

陈向东说："没关系，反正我创业不是冲着钱来的，就是觉得技术对教育会有革命性影响。"

吃完饭一上车陈向东开始搜新闻，字斟句酌地看，虽然只是很短的几句话，可直觉告诉他，真的要有大事发生了。回到北京之后，他马上就开始推演可能发生哪些变化，核心团队的五六个人每天下午5点都碰一次，根据各种渠道反馈的信息，再把历年文件找出来研究判断将会发生什么？何时会发生？老师、员工的情绪如何?

痛苦的决策摆在了眼前，此刻距离暑假不远，必须要面对 3 个主要问题：首先，市场投放要不要继续做？数亿资金要不要花？第二，高途当时正在快速扩张期，校招有数千个 offer 要发，是继续签合同，还是提前和人家说“对不起”？第三，全国各地运营中心还在扩大，为下半年做准备，合同谈判、租赁装修，还要不要继续进行？

还有两个附带问题，高途职能团队是以支撑 10 万人规模组建的，如果“双减”发生，职能团队的人至少要减掉百分之六七十，怎么办？如果双减针对的是义务教育阶段，即包括小学生、初中生的 K9，则意味着百分之五十的员工肯定会受影响，该怎么解决？

最后乐观情绪占了上风，团队觉得政策现阶段还不明朗，高途也是踏踏实实服务学生，教育质量抓得不错，理论上不会受到太大影响，投放计划多数正常进行。陈向东又想到自己的求学经历：大学生毕业之后选择我们公司，不就是因为相信我们？现在突然毁约不合适，于是他决定，校招先暂停，已经发了 offer 的正常入职。

陈向东也不是全无行动，因为新修订的《中华人民共和国未成年人保护法》自 2021 年 6 月 1 日起正式实施，2021 年 5 月 28 日，高途对小早启蒙业务进行了裁撤。

转眼就到了火热的 7 月份，那一天陈向东记得特别清楚。孩子过暑假，从美国回来，他本来想好好陪家人吃个饭。过了半个月，到 2021 年 7 月 23 日才排出时间。就在 7 月 23 日中午，有朋友给他发来了一份文件，就是网传的“40 号文”（中办发 [2021]40 号文件），陈向东打开文件，心里一沉，文件内容超过了他最悲观的推测。看了两分钟后，他关掉文件，把手机调成静音放在一边。

下午还有好几个会，他不想让文件影响自己的心情。不过会议中接到了数个电话，“看到那个文件了吗？”“会不会是假的？”陈向东毫不犹豫地说：“肯定是真的。谁能写出这样水平的造假文件？这肯定是系统通盘从国家层面做了综合考量。”

2021年7月23日晚上，他按计划带着孩子去国贸八十层的景观餐厅，一直若无其事聊家常。其实孩子已经从网上看到了信息，吃饭时总想看手机。陈向东就说别看了，专心吃饭。9点钟吃完饭，本来他还安排了去别处逛逛，可孩子没心情了，说爸回家吧。

美股于北京时间晚上9点30分开盘，中概教育股在开盘前已重挫：新东方跌幅超过40%，好未来跌幅超过44%，高途跌幅超过20%。

回到家中，等到夜里12点多家人都睡着了，陈向东才坐下来，重新打开这个文件，他逐字逐句看了好多遍，整整两个小时，那真是漫长的两小时。文件中，从少儿到高中的所有学龄段、从学科类到素质兴趣类的所有培训内容，在准入门槛、业务开展时间、资本运作等问题上均做了详细规范。

2021年7月24日一早，他还得装成没事一样，带着孩子们去参加聚会，和另外几个朋友一起，跑到比较远的地方。中午吃完饭他就赶回公司，要在下午4点开个会。连续几天没怎么休息，中午又喝了点酒，他在车上困得不行，睡了香甜一觉，车到公司楼下恰好醒来，进了会议室3点59分，核心高管都已经等在那里，安静的房间中浮动着焦虑和不安。

陈向东一进门就直接说：各位，首先，昨天看到的“40文件”肯定是真的；第二，我们需要快速行动，现在有14个城市中心，只能保留3个，保留哪3个大家讨论。所有在建中心不要建了，同时要算一下大概能保留多少人。第三，按照原来经营方式100%撑不住，需要重新去做规划思考，包括重新审视内部组织架构与相关组织能力。

方向定完后，陈向东组织大家吃饭，吃完饭大家到公司附近的公园一起散步。就在散步时，《新闻联播》正式播出了关于“双减”文件的相关消息。

据此文件，各地不再审批新的面向义务教育阶段学生的学科类校外培训机构，现有学科类培训机构统一登记为非营利性机构。对原备案的线上学科类培训机构，改为审批制。此外，校外培训机构不得占用国家法定节假日、休息日及寒暑假组织学科类培训。

文件也提到，学科类培训机构一律不得上市融资，严禁资本化运作；上市公司不得通过股票市场融资投资学科类培训机构，不得通过发行股份或支付现金等方式购买学科类培训机构资产。

这基本推翻了校外培训机构，特别是以 K9 教育培训为主机构的商业模型。最初对高中阶段学科类培训监管如何落地还略有空间的想法也幻灭了。按照“双减”文件要求：统筹做好面向普通高中学生的校外培训治理工作，不再审批新的面向普通高中学生的校外培训机构，对面向普通高中学生的学科类培训机构的管理，参照本意见有关规定执行。

2022 年 2 月，教育部官网发布了 2022 年工作要点，共有 35 项。强调“双减”依然是教育部 2022 年工作中的“重中之重”，特别提出要指导各地对于非学科类培训机构的区分，体现公益属性，实现常态化监管，防止出现新的野蛮生长。

同时提出，要着力巩固学科类培训机构减压成果，在法定节假日、休息日、寒暑假指导各地开展常态巡查、坚决关停。这次特别提出了，要指导各地落实高中阶段学科类培训严格参照义务教育阶段执行的政策要求。

果断决策

陈向东态度很明确：只要是国家明确不能做的业务就要停掉，不要心存侥幸，也不要去博弈，而是要完全合规。他通知各城市中心负责人2021年7月26日到北京开会，包括总部总监级及以上干部，布置相关任务，内部也选了100多人成立特别工作组。

2021年7月26日，周一，各地高管陆续到齐，陈向东做出了很痛苦但别无选择的决策。大家列出问题清单。第一，准备留多少人？第二，要留哪3个中心？第三，要减少哪些动作？第四，留或裁对当前暑假班的业务会有哪些影响？这些影响能不能够消化？如果暂时不能够消化，未来怎么去处理？等等，这是一份很长的清单。

2021年7月30日，公司统一安排，核心成员分别去不同中心负责裁撤工作。对那些奔赴各地处理善后事宜的高管，必须要扮演那个带来坏消息的人。

赵航棋此时负责人力资源，设计了关于赔偿的各种方案，而且把现场伙伴所可能想到的问题全部列成清单，准备好回复，再把相关中心负责人、HR拉在一起，做统一培训。

管理层讨论过多种沟通方式，最后还是决定用最坦诚的方案。标准流程是，工作组7月30日到了之后，先做通当地负责人的思想工作，因为对方也很难受，知道自己会是最后一个离开的人。然后与现场小伙伴对名单，对流程，把相关会议室全部准备完，再走几遍场，每个人分工都搞清楚。最后通知所有伙伴，第二天开会。

2021 年 7 月 31 日上午，各运营中心开会，给全体伙伴讲此次调整的背景，之后再说公司决策，再讲清楚所有伙伴的工资怎么处理，n+1 怎么算，再分成几个会议室，让大家知道进去之后先签什么再签什么，一天全部处理完。

裁撤略有波折，但总体还算顺畅。公司内部经过充分讨论，决定在能力范围内给到离职伙伴们最好的补偿。在法律范围内可给可不给的全部都给。除了正常的“n+1”之外，之前有一些伙伴用自己的钱投资了公司股票。公司甚至把股价下跌的一部分也以现金形式补上，算在“n+1”基数里面。试用期伙伴，都按照相对比较充足的方案去做补偿。负责断后的小伙伴，除了正常“n+1”之外，还把工作时间算在 8 月最后一天，等于多发了一个月的工资。

每份合同都是独立的，由于工资水平、工作年限不同，每个小伙伴的赔偿金额也不一样，多地打印机发热到运行不了。

情感上的冲击不可避免。各地中心虽然都知道会有调整，可也不知道最终会怎样调整，暑假正值业务高峰期，各中心还在热火朝天地运转。从总部过去的高管们，看着大家还在办公区非常投入地工作，内心颇为难过，几乎每个人都和当地伙伴一起落过泪。

沈楠负责济南中心，2021 年 7 月 31 日恰好是初中学部最后一次上课，上完那节课后所有的人关上电脑，交手机，开始收拾东西，可大家都没走，不知道谁开始在办公室里面唱歌，唱《朋友》，后来变成了合唱，唱着唱着就有人哭起来。作为 CFO，在 16 次做空中沈楠始终战斗在第一线，可与那一刻的震撼相比，资本市场的跌宕似乎就不算什么了。

陈向东本来想亲自去一个中心，后来大家都劝他不要去了，他又想要不要给大家写封邮件，大家也劝他不要写。一来写邮件肯定会传到外面，二来 2021 年 7 月 31 日才真正宣布，发早了心情更不好。

以陈向东的自制力，那个晚上也难免坐立不安。到了晚上 8 点多，数百条信息涌过来，都来自各中心的伙伴，还有大家去唱歌、抱头痛哭的照片。他不再征求意见，把自己关起来，用一小时写了一封信。很快，在各地中心，有人读起了这封信。

陈向东在信中用了一连串的“非常非常抱歉”：

非常非常抱歉，我们不得不做出如此艰难的决策。

非常非常难过，我们的不少小伙伴将不得不离开。

非常非常伤心，我们必须割舍那么多不得不割舍的情感。

陈向东承认，看到这么多的小伙伴离开，心如刀割，和几位小伙伴谈及这次调整时，他数次泪流满面。他知道这么多小伙伴的父母含辛茹苦把大家拉扯长大，送给高途，当下“我们真的是辜负了，真的是内心感到羞愧”。而“我们之所以做出如此艰难的决策，核心动机只有一个，那就是活下去。我们必须严格遵守‘双减’政策，我们必须改变我们的运营模式，我们必须聚焦我们的人力、物力和财力，我们必须为未来的发展备好充分的弹药和资金。”

陈向东看得很清楚，“如果高途今天不做变化和变革，不做调整与聚焦，一定会加速走向灭亡；如果这一次改革和变革能够真正到位，那么账上的现金足够我们活 3 年到 5 年”。

同业中，高途是采取措施最快，也最果断的一家。之后，各家公司都相继做出了反应。2021 年 9 月 17 日，在新东方高管会议上，俞敏洪宣布，秋季课程结束后将停止小学和初中学科业务的线下招生，各个城市接下来将逐步关闭教学点，11 月还把八万套各地学校的课桌椅捐献给农村。2021 年 12 月 22 日，好未来创始人张邦鑫召开了内部会议，给好未来近 2 万名集体离职的老师举行线上告别会。他鞠躬道歉，认为虽然很痛，可双减是好未来 18 岁成年礼物。不抱怨，不躺平，积极地响应，务实地创造。最后他引用弘一法师的话：“人生最不幸处，是偶一失言，而祸不及；偶一失谋，而事幸成；偶一恣行，而获小利。后乃视为故常，而恬不为意。则莫大之患，由此生矣。”

火线领导力

14个中心，最后只保留了3个——郑州、成都与武汉。从2021年8月开始，高途用了3个月才逐渐消化掉冲击。这不仅因为要处理原业务的一些收尾难题，还需要再次凝聚起精气神。

周斌记得，陈向东会和大家反复讲怎样从中国教育变革的宏大背景理解这次调整，对教育行业长远发展要有信心。有些事说一遍肯定不够，他除了自己天天讲，还要求自上而下去讲，副总裁要讲，总监要讲，经理要讲，主管们也要讲。不仅要讲，还必须让伙伴能够切身感觉到所讲的事正在逐步变成真的。

“我们不能总画饼，对不对？从画出饼，到开始去做饼，到这个饼让大家闻到味道，看到饼的雏形，至少需要半年的时间。”周斌感叹，这个新饼要基于公司整体业务进行重塑，原来的饼的形状都散了，必须重新揉面。

看起来饼变小了，也有一些核心高管主动离开。这个过程中，不止高途，整个在线教育行业都弥漫着职业迷茫。很多人投身在线教育行业是想参与一个至少100个亿营收、1000亿市值企业的成长过程，现在遭遇行业寒冬，过去管几百上千人，现在突然要去管几十人，许多人都会去重新审视行业发展和个人职业抱负的相关性。

但也有人让陈向东感受到相信的力量，如祁秀平。陈向东当时要求集团副总裁与重要干部，每个人都要去做业务，重新开始磨炼。祁秀平就背景资历而言，最有难以接受这项安排的理由。但他毫无怨言，依然从一个小规模业务出发，真正把自己放到业务一线，进入具体单元细节重新出发。

2021 年 9 月 6 日，陈向东在高途 A1 学习组会议上，以“变革”为主题进行了分享，这可视为他自“双减”政策落地后对公司未来的系统思考。

陈向东从 3 个角度进行了分析，即：组织变革、干部梯队、价值分配。他认为各行各业都是如此，所谓高处不胜寒，越往上走，风暴就越猛烈。毫不夸张地讲，“整个教育培训行业就好比身处在珠穆朗玛峰 27000 多英尺的高空，作为这家组织的核心干部，心境和心态也可能会发生变化，某种程度上的焦虑感、恐慌感或者不安全感，如同在山顶上所经历的狂暴无情的风雪”。

陈向东谈到了做组织变革要有 3 个重要动作：首先关键岗位要由真正的人才担任。未来 3 年关键岗位担当的都需要是敢于冲锋、善于打仗、打赢胜仗的人才，这样组织变革就是成功的。

再者，改善现金流，提高盈利能力。这点现实而迫切。陈向东认真分析了中国头部前 10 家教育公司，发现现金安全的公司也就是 3 家或 4 家，如果当下运营状况得不到巨大的改善，估计在 6 个月至 9 个月之后会有一堆上市公司面临着退市，或者面临破产。

最后，陈向东画了个重点，回归到真正以客户为中心。很多人只是口头上说以客户为中心，实际上还是以管理为中心，以方便为中心，以和谐为中心。这些都会成为组织障碍，而不是组织动力。

这是对高途组织建设有节点意义的一次会议，陈向东还提出了对组织结构变动的十点具体思考；关键岗位怎样找到对的人；岗位流动的“活水计划”；3 个人才培养计划；鼓励创新的 6 个核心必杀技；业务一号位和业务经营团队价值创造、价值评估和价值分配的 4 个原则；合同、薪酬、绩效、干部、伙伴的全面复盘等内容。

那些沮丧、焦虑与自责的情绪此刻已经消失了，陈向东再次变得像炉膛里烧得火红的煤球，风越大，越是滚烫。

蛤蟆的油

2021 年 9 月，陈向东曾说这是高途“最美妙的时刻”，一家公司只有至少经历过两次危机并活下来，才能成为伟大的公司。这话听起来硬气，却似乎显得缺乏可信度。实际上他所谓的“美妙与幸运”，指的是可以静下心来，重新思考业务，打造组织，反观自我。

当心静下来，就如同门缝里射进来了一束光，可以看到空气中飘浮的灰尘。日本大导演黑泽明将自传取名为《蛤蟆的油》。传说日本深山中，有一种特别的蛤蟆，它和同类相比外表更丑，人们抓到它后，将其放在镜前，蛤蟆一看到自己丑陋不堪的外表，不禁吓出一身油。这种油也是用来治疗烧伤烫伤的珍贵药材。晚年回首往事，黑泽明自喻是只站在镜前的蛤蟆，发现从前种种不堪，吓出一身油，这油的结晶也无比珍贵。回望在线教育最狂热的两年，陈向东与高途多位高管如同站在镜前的蛤蟆，也出了一身“油”。

周斌反思，从 2018 年暑假之后，一股浮躁之风已开始席卷全行业，体现在培训机构给名师开出的价格越来越高。“你出到年薪 50 万，另一家马上问 100 万来不来？这种聊法，聊来聊去大家的价值观就开始扭曲了。”

疯狂的互相加价，让产业链上各环节人员的心态逐渐发生变化。教培领域多位资深从业者，在“双减”之后都做了深刻复盘。他们认为在 2019 年到

2020 年在线教育大爆发中，全行业集体膨胀，陷入了“屋子没打扫干净就请客吃饭”的状态，导致负面口碑大于正面口碑。一位匿名接受访问的人告诉我：“既然流量都来了，既然学生都来了，既然钱在这摆着，你不赚不是傻吗？”但说实话你赚到了第一桶金，可能永远地丧失了后面的第二桶、第三桶。

原因很简单，学生突然排队过来报名，但老师可能还没准备好。特别是作为第二主讲的辅导老师。双师直播大班课彼时已成为主流，对辅导老师的需求量也大幅提升，因为主讲老师一次对一万人讲和对 3 万人讲差别不大，可一个辅导老师最多只能服务 300 个学生。最火爆时，头部机构每个月用户增加量都是百万级的，怎么可能快速培养出上万个辅导老师？各机构人才供应链都出现了严重断裂。

2017 年，第一次接触在线教育的家长往往觉得：原来在线教育是这样的，太棒了！与线下的体验差别不大，效率甚至更高。但到了 2020 年，第一次接触在线教育的家长可能会大失所望：原来在线教育就这样？

高途也遇到了自己的独特挑战。2019 年上市后，高途成为 K12 在线教育公司在美国上市的第一家，也是规模盈利的第一家。发行价 10.5 美元 / 股，最初公司高管与持股较多的员工，还没有“财务自由”的感觉，每次经历做空，虽然股价有短暂下跌，但很快大涨。2020 年 7 月 1 日，股票收盘价高达 59.9 美元 / 股，总市值达到 143.2 亿美元，按当日汇率换算已经破了 1000 亿元人民币大关。到 2021 年 1 月 27 日，股价最高触及 149.05 美元 / 股。

陈向东认为，频繁遭遇做空的那一年，最重要的不是对公司声誉形成了什么影响，而是导致了两个负面效果：一是为了应对做空，耗费了核心管理干部的大量时间与精力，更要命的是导致股价暴涨，很多内部伙伴的心态发生了变化。

周斌对第二点深有感触：公司平均年龄才 27 岁，这种情况下，谁的心态会那么成熟呢？谁见过那么多钱呢？真的就能够心如止水地去面对股价高低变化吗？当你突然发现自己是个千万富翁，还会好好地去服务客户吗？或许有些伙伴眼里，客户就只是订单、流量而已。在食堂里，在茶水间，在小路上，在电梯里，周斌发现很多年轻人讨论最多的就是股价。

到 2020 年下半年，几乎在线教育机构头部玩家都感受到了痛苦。先是大批量招人，而且抢人烈度远远高于 2019 年。在三四线城市，为了抢到一个刚毕业的大学生，一家机构底薪给到 4000，另一家给到 4500，第三家就能给到 5000，还包食宿。但很快发现有些人不合适，特别是管理层能力不匹配，于是又要把人辞退，一进一出都是成本不说，组织上不是这里漏了，就是那里塌了。

可即使如此，大规模招聘依然不敢停，因为前端不计成本地花钱买流量，流量来了之后，只要能转化成中价班的学员，就必须配顾问，配二讲，配主讲。找来了老师后，怕他们挣不到钱，会流失，又需要再次不计成本地去购买流量。过去是正向飞轮：流量多，员工多，最后带来的客户口碑强，流量更多。2020 年下半年变成了：员工多，购买流量多，员工变得更多，怕员工挣不到钱，再去购买流量，导致内部管理成本特别高。

如果仅看数据觉得好像各家还在增长，可仔细看数据背后的几个关键指标，如投诉率、续班率、员工离职率等，会发现增长健康度发生了问题。整个行业极度内卷，猿辅导、作业帮、新东方在线、学而思网校，包括高途，都处在焦虑中，害怕自己落后，这导致聚焦点都在规模的增长上。过去增长 10 元能赚 3 元，如今增长 10 元还要亏 1 元。同样开一个会，2019 年要花 51% 左右的时间讨论如何服务好客户，但到 2020 年 51% 的时间讨论的都是流量。

真正要在镜子面前吓出一身汗，还是要到 2021 年 7 月后，因为 2020 年好消息太多了，增长压力太大了，足以掩盖不知何时才会爆发的危机。以高途而言，几乎每周一小胜，每月一大胜，战胜做空，股价暴涨，似乎成为一家市值千亿美元的公司也指日可待，公司内网不断发布成立新中心的消息，全国都在布点，K12 的业务势不可挡，几乎每个月用户量都是倍增……

陈向东在内部发出过提醒：业绩增长了 5 倍，难道我们的能力也增长了 5 倍吗？当然不是，业绩增长是因为外部环境助推，大家对自己的能力认知不要有幻觉。不过在当时的背景下，尽管陈向东是创始人，这种声音也很容易被淹没。

或许是出于直觉，2020 年 10 月，高途把跟谁学好课的 K12 业务与高途课堂的 K12 业务融合后，依然保留了跟谁学好课的品牌，由祁秀平领军，做成人业务方面的尝试。谁也没想到，这会在 2021 年 8 月之后成为手里的一张好牌，让高途比其他机构多了近一年的时间探索。

系统大整合

“双减”后，高途还借换挡机会重新梳理了技术架构。2021 年 7 月之前，它在技术上的挑战之一是业务跑得太快了。伙伴们也都觉得做增长系统更有成就感，最好是今天上一个新项目，第二天一下就涌进来 100 万人。系统来不及反应，几乎每天大家都处在疯狂打补丁的状态，一边修补，一边见缝插针重构，通过加人和加设备来应对爆发式需求下的技术挑战。

在产品技术部负责人卢佳印象里，最多时有 200 多个服务项目要并行开发，甚至比维护这些服务的工程师人数还多。例如虽然有一套直播底层系统，可每次出现面向不同场景的新项目，都会建一个新的类似系统出来，包括内部课程系统标签有上百个，都是在不同服务阶段建立起来的。

技术部门自己开玩笑，App 的很多冗余代码都没有人敢动，只要一动，谁都不知道会发生什么事情。往往来一波新人，都必须写一套新系统，再加上内部有不同运营团队，会出现重复造轮子的情况。不同业务线的客户数据也不相通。长此以往，已经复杂到一个很小的技术问题，查清楚可能要花掉一天时间。

在每天都是好消息的日子里，数据在变复杂，组织在变复杂，业务在变复杂，相应的职能技术也都变得复杂。“双减”之后，不同技术团队、产品团队做了融合，大家可以沉下心来去梳理高途的运营逻辑，对技术大架构做全面升级，真正解决一些过去有心无力的难题。

可新的难题也出现了，“双减”之后技术人员大幅减少，而系统复杂度却没有降低，有一段时间人力严重不足，再加上工作交接过程新接手伙伴对系统也不够熟悉。同时，跟谁学好课与高途课堂两条线的技术团队做了整合，过去职能团队也有技术部门，3 批人都要整合到一起，这中间会涉及大量的岗位调整。可以想见，一个程序员或产品经理上下游的配合关系都会发生变化，整体协作逻辑也比较混乱。

罗斌在 2021 年第四季度负责技术部，他记得直到 2022 年第一季度末，大概有半年时间，技术体系都是比较混乱和低效的，稳定性也出现了问题。因此 2022 年 3 月技术部启动了一个提高稳定性的计划，叫“泰山行动”，取稳如泰山的寓意。

罗斌将这段日子称为“灾后重建”，虽然又开始万马奔腾的内部创业，可技术部门没有足够的资源去给每个新项目做定制化 App，因此就要尽可能把从前端到后台的能力去复用。他们决定采用 1+N 的模式，在底层构建平台化能力，前端针对每个业务的具体情况，做一定程度定制化，这样就能够在这种平台化与个性化之间找到平衡。而底层平台也要重新构建，因此 2022 年上半年，一方面要满足业务需求，另一方面要把面向未来的平台化能力构建出来，还要优化质量、提高稳定性，多条战线同时启动。

出于合规、提效等原因，高途旗下几个 App 还做了用户迁移。几套系统之间代码差异很大，百万级用户搬家当然是浩大工程，系统合并过程中也引来了不少内外部用户吐槽。这不仅是在高速上边跑边换轮胎，而且换轮胎的是尚在磨合期、工作超饱和的团队。如此复杂的工程，即使是大厂，通过堆资源的方式也至少要 18 个月才能完成。每当想起这段日子，卢佳都难免深吸一口气，她一季度曾特别焦躁。当时一狠心硬要上，奋战了 4 个多月后，终于实现预期目标，彻底解决了历史遗留问题。

陈向东静下心来一想，自 2014 年创业，几乎没有一天不在战斗中度过，高途还是沉淀了 3 样好东西：首先是近九年沉淀的制度、流程、文化、原则、认知等，这都非常到位，可以无限复制，保证公司在巨变的时代中能冲出来，经过不止一个至暗时刻，这是永恒的财富。

第二就是高途真正沉淀了一批优秀干部和人才。这让陈向东特别骄傲，时常觉得自己何德何能与这样一批优秀的人长期相处。

第三，也是最关键的，是个人的成长。陈向东慢慢知道自己是谁，能够成为更真实的自己。这个过程很艰难，他一度担心失败，担心辜负别人，担心最后没有活成自己希望的样子。他或多或少也会在乎外界的评价，但随着公司发展，做出了那么多艰难决策，他又再次成为自己。恰如他最常用的会议室，就是叫“初心”。

当然，陈向东对人性也有了更深刻的理解。“首先成功真的不难，不就是拥有善良、真诚、勇敢、坚持这些品质吗？但能把这些最简单的品质数十年如一日地保有，那就真的很难。”他也更深刻理解了丘吉尔说的话，“只有永远的利益，没有永远的朋友”。股价的暴涨暴跌，业务的扩张收缩，财富的获得与蒸发背后，必然带来人性的巨大变化，他感叹自己这年龄本来应该懂得这些，可真发生的时候，心里还是挺难受。由此，他更体会到什么叫“患难见真交”。真正的朋友在你最难的时候，还在你身边，这才叫朋友。

辩证的是，陈向东依然相信人性中美好的一面，人性永远经不住考验。“最好的方法是别考验人，考验别人你就先输了，永远相信他就行了。”

全力以赴

便利贴

- 流量驱动型下的增长，如同把刀刃慢慢架在自己脖子上。
- 业绩增长了 5 倍，难道我们的能力也增长了 5 倍吗？当然不是，是因为外部环境助推，大家对自己的能力认知不要有幻觉。
- 之所以做出如此艰难的决策，核心动机只有一个，那就是活下去。必须严格遵守“双减”政策，必须改变运营模式，必须聚焦人力、物力和财力，必须为未来的发展备好充分的弹药和资金。

第十章
第三次创业

2022 年 11 月 15 日晚 9 点陈向东开始清理新兴产业联盟 112 室办公区。这一夜陈向东辗转反侧，半夜三四点爬起来，写出了高途佳品的价值观“用户第一，为真，有爱，协作，创造”。他觉得这与教育行业的内核一致，只是外在表现形式不同。

把组织变小、把组织激活，让组织形成闭环

2023年2月22日晚8点30分，陈向东走进直播间，其实就是他狭小的“初心”会议室兼办公室，有5个伙伴正在调整摄像机，检查后台。他拿起桌上的大纲看了一会，身体微微前倾，开始调整状态。晚上8点50分，正式开播。“大家好，我是高途创始人陈向东，今天是我连续15天好书分享直播计划的第七天，记住我的直播间不卖书，但每隔十分钟会送出一批好书。”陈向东挥舞着手臂，微笑着直视镜头，他的语速本来就快于常人，在直播间里更像是开了1.5倍速。有人问：“这是直播还是录播啊？”“当然是直播。”接下来他做了一个令人意想不到的动作，“来，我给大家比个心。”

陈向东今晚分享的书是歌德的《少年维特之烦恼》，“如果按照德语，‘烦恼’其实翻译为‘劫难’更准确”。接下来，陈向东并没有花太多时间真正讲书，而是结合自己的成长、求学、创业，谈如何建立积极的人生态度。他在直播中穿插段子、金句；还会念留言，回答问题，感谢粉丝刷的“仙女棒”与“锦鲤”；助播偶尔拿着打印好的图板在镜头前晃一下，提醒大家加关注。

有人留言：这是能免费听的吗？上市公司CEO亲自讲。还有熟人打招呼：陈老师好久不见。当然也有没那么善意的：“炫富”“这不就是讲鸡汤吗？”“这么大岁数了还直播，是不是企业不行了”。

晚上10点20分，直播结束，这真是体力活，陈向东全程如同20岁的小伙，声音洪亮，各种手势配合，一口水也没喝，额头微微见汗，连脸都更红了，不知是累的，还是仍在直播的兴奋情绪中。当日有24.4万人场观，同时在线人数最高达4900多人。作为直播界新人算是不错的成绩。从2月16号到3月2号，他每天晚上8点50分都会上线直播，所讲的书从《高效能人士的七个习惯》到《孙子兵法》，范围很广。

这个陈向东让我感觉有点陌生，他看起来“很不陈向东”。这还是那个一度拒绝成为公众人物，不接受采访，不参加演讲，不做公开分享的人吗？录视频、做直播，成了他最主要的工作之一。2023年2月22日晚上，陈向东个人抖音号“陈向东”已拥有222.4万粉丝。下播之后，他连口水都没喝，就闯到隔壁会议室，那里还有一个直播电商团队等着他开会。

陈向东为什么会如此“释放”自己？这还要从第三次创业说起。高途在2014年进行第一次创业，如果将2016年公司现金流最紧张的时候尝试多元化业务找活路视为第二次创业，则2021年7月，高途第三次重新出发，到2022年11月16号，陈向东亲自上阵做高途佳品，算是正式开始了第三次创业。

2021年，头部在线教育机构相继离开水草丰美之地，寻找自己的新大陆，高途第一批就出发了。

2021年7月底，做组织变革之前，陈向东想的第一件事就是现金。如何通过组织变革，让业务一号位去争分夺秒打粮食，争分夺秒创造现金，同时提高盈利能力。到2021年9月启动组织变革时，他反反复复强调，第一位就是现金，第二位是盈利。

2021年9月，高途重新调整业务部门，用编号为标志，从业务一部到业务十部。业务一部包括语言、家庭教育、商学院、高校渠道部，由祁秀平兼任一部总经理；二部为财经项目；三部为考研项目；四部为出国留学项目；五部为素养项目；七部为公考项目；八部为各个业务创新团队，他自己兼任八部的总经理；九部为智能、数字、软件以及与之相关的创新项目；十部是中学学习项目。

当时空着“六部”虚位以待，与2016年的情况类似，陈向东想等创新业务部里哪个部门发展大了，再把它独立出来。这是高途把组织变小、把组织激活，让组织形成闭环的一个最重要举措。

2022年2月，高途开了一次主题为“静”的全体大会，这是其2022年战略核心指导思想，即在这一年要“休养生息，修身养性”。现在能静下来，因为大部分不确定性已确定了。K9学科业务肯定要转移到非营利机构，国家未来也不会再发放新的K9学科培训的牌照。

陈向东谈到2022年春节期间有一个思考，叫做“知真思维模式”，包括8步：问题捕捉，真问题，深度思考，多样化沟通，高质量决策，高效执行，回顾内省，自我刷新。这是一个从发现问题到解决问题再到自我迭代的完整模型。

在2022年2月，高途组织架构再次调整，整合变革为六大业务部。

“静”可不是什么都不做，高途是在动中求静，表面看来，2016年到2017年上半年那段日子又回来了。公司重新探索新业务，核心高管各显神通内部创业。不过与上一轮不同，这次方向更明确，经过大量思考与讨论，最后还是定位在坚持做与教育相关的业务。2016年高途还没有基本盘，需要从0到1的模式突破，2021年高途账上仍有足够现金，核心团队没有散，相对从容。

2021年12月，陈向东再次定义了高途是一家怎样的公司，他说高途是一家“以好老师供应链为基础的科技教育公司”。经历了这么多，他更加清晰知道自己就是做教育的，要以学习者为中心，打造一个“人人乐用的终身学习服务平台”。

当时定好大方向，准备向成人板块以及K9非学科类业务等去做拓展。最初在成人板块补充了很多新项目，搭建了数个类似阿米巴的小团队。并非所有公司都能如此高效进行组织调整，这也是高途积累下来的组织能力外溢。

同时启动大量新项目，对团队成熟度依然存在挑战。阿米巴要求项目负责人综合能力比较强，要懂教学、懂教研，要懂运营、懂市场、懂销售，可有的负责人是教学背景出身，在运营、市场销售方面可能都稍弱，也有人是销售出身，对于产品、服务有短板。大家在模型还没有跑通的情况下就开始招兵买马，产生了一些小混乱。

采用阿米巴制，就意味每个项目都有一个核心收入目标。运行一段时间后陈向东发现，有些项目规模看起来达到了目标，但数据健康度比较差，有些项目数据健康度还可以，但规模上不去。到 2022 年第二季度，高途砍掉了一些项目，可为了弥补缺口又必须做更多的投入，招更多的人，投入更多市场费用。

要驾驭混乱，往往要从混乱开始。整体而言，这一策略在关键时刻给了团队信心，让大家知道做什么，把相对比较擅长的能力模型拿到更细分的市场上去复制。

文创、营养餐、T恤衫……
奇思妙想的尝试

2021年年底，各个业务部门负责人签署2022年目标责任书与薪酬福利确认函。此时出现了一个新挑战，即预算问题。大家都对自己的新项目寄予了更高期望，希望能把营收中出现的坑填上——哪怕拉回之前规模的一半也行。多个部门制定了看起来就令人激动的目标。在此之前，高途推出了面向创新业务颇有竞争力的激励体系，鼓励创新业务一号位与核心骨干“多打粮食”。

2022年初的高途再次热火朝天，每个人都上满了发条。

许翔负责高途高中业务线，在此基础上不断尝试开拓新业务。许翔在市场上比较悲观的时候进行人才布局，引入了行业内很多高手，如某一对一机构的一位副总裁。该机构总部在上海，许翔直接跑到上海去挖人，几次交流后最终说服对方把家也搬到了北京。这个项目为高途在2022年创造了不错的业绩。

另外，许翔还借机从出版界引入了一些高手，所开拓的教辅图书业务在2022年带来了近3000万收入。此项目2021年9月份之后启动。他认为高途拥有丰富的名师资源、海量后台大数据，把大量适合学生学习的内容变成优质图书就可以了。之前之所以没想到，还是因为日子好过的时候路径依赖太强，重点都放在做好投流、承接、转化、续班上，根本没工夫想这事。

当然，在业务探索过程中也有一些失败尝试，如游学项目。许翔认为游学项目的现金流很好，他预判 2022 年疫情应该快结束了，学生寒暑假还是有去国内外游学的需求。探索结果当然非常悲惨，2022 年疫情反复，这个项目被迫停掉了。

许翔经常冒出一些新奇想法，又对高中人群的心理有深刻洞察。他觉得之前高途的服务很好，现在即使不做学科教育，高中人群也还有很多别的需求待满足。在许翔主导下，甚至还做过文创项目。原因是 2017 年做社群时，孩子高考前家长都会去祈福，这还真是刚需。于是联合四大文庙出品了一批香囊等产品，可以帮去不了现场的家长祈福，并且能现场直播挂牌过程。

许翔还想过要卖高中营养餐，与某营养协会合作开展电商业务。也想过卖衣服，之前考场前家长穿旗袍上过热搜，寓意旗开得胜。尝试后发现旗袍对高途来说专业性太强了，每个人身材差异大，还不如做 T 恤衫。比如说考语文就穿上印有李白头像和“身穿李白，助你满分”字样的 T 恤衫。考数学就穿上印有祖冲之头像和“身穿冲之，助你满分”字样的 T 恤衫。考化学就穿上印有近代化学奠基人拉瓦锡头像和“祖师拉瓦锡，助你满分”字样的 T 恤衫。一共 7 科，每科两套，家长一套，孩子一套。

许翔对这些奇思妙想都进行了小规模实验。在公司内部，也有伙伴用委婉的方式说他不务正业。许翔无所谓，他就是脑子闲下来会难受。谁也没想到，这番折腾为后来高途进入电商业务打下了一定基础。

重新思考成人培训业务

看起来最乐观的是高途的成人培训业务，之前就有基础，技术和人力也都成熟，可负责此版块的祁秀平却一度相当吃力。

当时成人培训一下子上架了大量新项目，包括考研、考公、英语培训，财会培训、瑜伽课、药师执业资格课、围棋课等。资源有限的情况下多元化业务齐头并进，这就背离了高途之前反复强调的专注。祁秀平事后复盘，虽然道理都懂，可还是产生了应对政策调整的过激反应，对某些业务期望过高。

如果回到2017年之前，随着知识付费类项目兴起，关于成人类培训项目曾有一波近乎“割韭菜”的操作，即给用户交付的是浅知识与基本认知。如159元一堂英语课，每天学10分钟就可以。其实如此强度，或许终身也学不好英语。

在“双减”之前，成人培训业务如同甜点，K12才是主菜，很多机构产生了错觉，认为这部分业务很好做。2020年2月，成人英语课仅100人左右的团队，一个月就卖了一亿。“双减”之后，成人培训业务一度变成“全村的希望”，K12主战场的玩家又杀到成人赛道，他们的打法就是先确定一条赛道的标杆公司，全盘复制，然后利用资金或运营效率去碾压对手。

2020年后大量成人线下培训机构没办法交付服务，不得已转到了线上，与 K12 类似，行业红利一下子透支了。用户经过了前期认知迭代，越来越理性，不会再被一堂简单的公开课所吸引，明白要学好一件事肯定都不太容易，需要去大量输入与输出。

这条赛道先是拥挤，很快就出现了崩盘。为了更快迎合资本对于增长的需求，有人开始模仿过去传统线下机构的承诺，如奖学金班、协议班，保过班等，其实都是引导消费的手段。

祁秀平认为这与健身卡很像，过去办了张健身卡，自己不去健身房也感觉身材好很多了。但随着市场成熟，客户比原来更慎重，会衡量自己能否坚持下来？是否要请私教？饮食上要不要更科学的配置？否则知道自己办了卡也练不出来就不会再办卡了。

成人培训业务与 K12 有不同的游戏规则，后者有非常强的共通性，属于学科培训，是在一个大纲规范下的考试，比的就是谁家老师好，谁家客户体验好。成人培训每个门类之间缺乏关联性，就像雅思英语培训和公务员考试，从客户群体到产品设计逻辑都没什么关联度，做两部分业务，就相当于开了两家公司。

即使是同一类培训，成人业务也需要对人群细分。以考研为例，正常通过率只有百分之二十几。其中学霸级本科生有保研机会，不需要去参加培训，成绩较差的学生则抱着试一试的心态，能中就中，不能中拉倒，因此就要分清楚哪些客户群体是自己能够服务的。

2020 年之前，大家不会考虑精细化运营。有的培训机构出过 699 元的考研大礼包，设计精美，到 2023 年这家机构都已经不存在了。学生花 699 元买一门考研课，大概率也不会把考研太当回事，也无法提升考研成功率，最后造成的市场口碑就是“这家公司课程其实不怎么样”。由于口碑不好，获客成本会反而随着时间的推移越来越高，直到超过 699 元。高途后来就做狭窄定义，只服务愿意“付出非凡代价，一定要通过考研去提升自己学历，从而改变命运的学生”。高途调高价格，提升服务，利润反而增加了。

再以成人英语为例，个人学习诉求远比 K12 更复杂。同样为了出国，有的人是去旅行，能与老外对话，能自己租车、预订酒店、消费就可以了；但有人要做驻外工作，需要学习商务英语。高途成人英语类目里有 20% 以上的学员年龄都在 50 周岁以上，祁秀平还遇到过 70 多岁的学员，他学习英语就是为了和自己在海外的孙子对话。

在成人培训业务中，高途依然做了线上大班课，尽量把相近人群归类，发挥互联网杠杆效率，只是比线下课分类更细。像英语学习，传统线下可能有 8 ～ 12 个级别，到了线上就有二十多个级别，以满足细分需求。而在强化训练阶段，成人类项目需要更个性化的心理陪伴、沟通和鼓励，这就不能简单地跟班课去学习。

成人学习更多属于自驱型。一个成人类资格类考试，可能有一百二三十万人报名，发的证书就一万张。老师不能只分享知识，还要分享心路历程，比如要告诉学员，“这几本书这么厚，要经过很多个夜晚去把它啃下来，如果不能在两三年时间内把它啃完，拖的时间越久，越到后边越麻烦，越没有耐心，也没有信心”。

总之，成人类培训业务的最大特点就是用户自己的学习需求可能并不清晰，服务提供方要有能力做学习规划、心理建设。2022 年，对高途成人项目的伙伴来说，表面看起来变化不大，也是“再创业”，但是对服务提供者素质要求更高了。以考研业务为例，不只要求学习顾问会卖课程，还要求他们像师哥师姐一样，讲考研志愿应该怎么选择，毕业时就业趋势怎样等内容。从 2022 年下半年开始，考研二讲老师也都要招聘研究生，因为考研胜利者分享这些心得和体会才更有说服力。同样，财经类项目中，很多二讲老师自己都考过 CPA（注册会计师），才能辅导别人。

至今还有一些公司通过增加 SKU，继续做浅层次用户收割，做流量生意。可这已经不是高途所感兴趣的项目。祁秀平举例，有人开了线上声乐课，说一个月也可以做到 1000 万的资金流水，但他觉得这不是业务的本质，无法取得用户满意。一个五音不全的人，通过线上 99 元的培训就可以去 KTV 露一手，基本不可能实现。

很少有机构将成人培训做得这样细致，祁秀平现在调教准星，认为做严肃、认真解决客户问题的成人教育才能长久，而这就必须做得细致。

第二季度之后，高途成人培训就不再走品类扩张路线，对能做什么不能做什么非常清晰，重新聚焦在 3 类：第一类，即有统一规范的考培类，包括考公、考研、财经考试、雅思等语言标准化考试等。这是红海市场，又没有绝对头部的公司。令祁秀平印象深刻的是，在西安一所高校里，考研氛围特别浓厚，他进去后发现有 12 家机构在招生，而且每家机构都能招到学生。接下来市场正进入迭代期，会更注重口碑和品牌。

第二类是职业培训类，其核心是解决就业，而并非简单的课程学习。学生来这里不只是为了学习技能和知识，最终问题是：这门课程能帮我解决就业吗？因此这本质上是个 to B 的生意。20 年前，拿到一张编程工程师培训证书可以很快找到一份更好的工作，如今就业竞争压力如此巨大，仅靠课程吸引力还远远不足。高途谈了数个战略合作伙伴，一端承接平台需求，一端承接有明确就业目标的年轻人需求。如某云计算服务商每年要招募大量网络工程师、维护工程师，即使招到了人也还需要一定时间的二次培训。于是，高途就将对相关岗位感兴趣的大学毕业生进行云计算方向的强化训练，然后定向输送给需求公司，等于帮企业既解决了招聘问题，也解决了培训问题。

第三类是成人兴趣类中偏刚需的业务，虽然是兴趣，可又包含很多痛点。如家庭教育，很多人初为父母，不知道怎样与孩子沟通，需要一些家庭教育领域的专家来提供专业化建议；再如某个公司 CEO 希望能做到用工作英语进行演讲，这就可能需要私教服务。这一类需求要构建更丰富的课程体系，既要有大班课，也要有小班课，还要有“望闻问切”的一对一课程。

祁秀平由此对成人培训的本质有了更清晰认知。曾有人觉得职业培训主要是卖课，让别人获得一项技能。其实不但要卖课给别人，还要帮客户安置好愿景。他的业务推进模式从最初看到哪个项目赚钱就迅速跟进，复制标杆，到现在变成了独立思考、独立前行。

组织再变阵

自 2021 年 8 月，在线教育机构都经历过一段摸索期，2021 年 10 月，甚至还传出猿辅导准备去卖羽绒服，因为它在 BOSS 直聘上挂出了服装设计岗位。后来猿辅导回应：这其实是财务投资，独立运营，自己的主业还是做教育。

有意思的是，多家公司都进入过教育硬件，而高途并未参与。其实陈向东也用了一年时间考虑，约访过数家教育硬件类公司一把手，后来还是决定不做。原因很简单，还没看到谁通过教育硬件挣钱，产品也不一定是真实需求：明明一个常规平板就能解决的需求，单独做一个教育平板，主要靠概念撑着。

另外陈向东算了一个账，一个硬件产品要盈利，毛利率一般到 60% 以上才是及格线，可数家做教育硬件的公司，毛利率只有 35% 左右，再扣除研发费用，渠道费用，肯定要靠补贴，而硬件的补贴能带来忠实用户吗？他对此存疑。或许未来有机会，但至少当下并非是高途的发展方向。

一放一收，再放再收，对组织是巨大挑战。高途创业中不乏收缩与扩张的折腾，只是现在盘子大了，调整所带来的冲击也就更大。2022 年上半年，最初各项目独立运作，平行业务近 30 个，每个项目负责人就是一个小 CEO，这会让组织架构比较松散。业务团队与职能团队配合过程中难免会出现不顺畅和摩擦。直接汇报给陈向东的高管太多，对他的精力分配也是挑战。

2022年7月29日，在高途管理干部会议上，陈向东的发言主题就是“变阵”。这一天恰好是“双减”落地一周年，一年前的同一天，高途做出了创立以来最大一次组织变革。

此时陈向东对比了多家标杆公司的组织能力，得出结论：未来一家组织要想真正胜出的话，一定要模块化能力非常强大，并且把模块化组合起来，系统能力非常强大。

这次会上陈向东用了比较严厉的语气，对业务一号位提出非常现实的目标，即盈利性增长。“如果只是做规模但结果是亏损，你要么缩小规模，要么关掉”，因为“开始做规模，然后养一堆人，这个时代已经终结了”。

他再次谈聚焦，决定2022年12月31日之前不再开设新的项目。只减项目，不增项目，把不认同、不改变和“不换脑袋”的人迅速换掉。“今天是高途改革的最佳时期，我们账上还有足够的钱，我们还经得起折腾。但是，我们必须把公司拉到一个正确的轨道上来。”

陈向东还明确暂时不再对外招聘经理和主管级的干部，不再使用猎头服务，否则需经CEO批准，没有优秀干部，就不要在外地搭建团队。另外，以知真思维为标杆，做好重要岗位干部人才盘点和“271”评估工作，对于胜任干部的动力激励机制保持3年不变。

陈向东反复强调一句话：各位伙伴，今天没有所谓在线教育，准确说，今天以及未来不会再有所谓的纯粹在线教育，我们做的就是教育，要变成一个超越于线下的真正的教育模式，这才是要奋斗的目标。

第三季度高途对组织架构再次变阵，做了减法和聚焦，按所服务人群进行业务拆分。如针对K9、高中、成人的业务，变成大业务线，每个业务线有一个VP级别总负责人，下面再设学部。职能团队根据业务域划分，如直播方向、教学方向、数据方向，这样配合起来更加清晰。

到2022年底，高途大调整后形成了稳定的组织架构。业务线有6条：大学生与成人成长学习业务线，以及国际教育业务线这两条线，都由祁秀平负责；第三条线为高中生成长学习业务线，由许翔负责；第四条线为小初学生成长学习业务线，由罗沫鸣负责。还有一条创新业务线，由伍新春负责，偏重智能数字化产品。另外，陈向东亲自负责一条美好生活业务线，这条线容后再表。

公司最高管理架构由战略决策委员会（SDC）与业务经营委员会（BOC）一横一纵构成。SDC 负责战略、重大人事、制度与规则层面的讨论，成员包括陈向东、祁秀平、罗斌、沈楠、许翔、张如国。BOC 日常核心工作是经营复盘，成员包括陈向东、祁秀平、罗斌、沈楠、许翔、张如国、邓弘、伍新春、卢佳、罗沫鸣。

这是一个让陈向东“比较踏实的架构”，SDC 与 BOC 成员与他平均相识时间超过 7 年，共同经历沉浮起落，能力在一线获得过验证，价值观也经历了反复磨合。各条业务线确定目标和模式之后，除了自己负责的“美好生活”，陈向东都能从具体的业务细节中跳出来。

2022 年 6 月 6 日，高途发布截至 3 月 31 日的 2022 年第一季度财报：2022 年第一季度净营收 7.25 亿元，与 2021 年同期的 19.40 亿元相比下滑 62.7%，净利润 5372 万元，2021 年同期净亏损 14.26 亿元。此外，2021 年第四季度高途净利润为 2.86 亿元。陈向东称，自业务重组以来，已经连续两个季度盈利。

根据高途 2022 财年第四季度和全年未经审计财报，高途实现 2022 财年全年收入及现金收入均约为 25.0 亿元人民币，非美国通用会计准则下净利润为 1.36 亿元人民币，经营活动产生的净现金流入为 5455 万元人民币。

这意味着高途转型后，实现了 2022 年第四季度和全年双盈利。第四季度净利润为 7061 万元人民币，非美国通用会计准则下净利润为 8739 万元人民币。2022 年全年非美国通用会计准则下净利润为 1.4 亿元人民币。第四季度经调整净利润率为 13.9%，2022 年全年经调整净利润率达到 5.4%。

陈向东称，伴随着业务的健康增长，组织极具韧性且充满凝聚力。“我们对 2023 年继续实现全年盈利和规模化正向经营现金流抱有充分的信心”。

高途董事会还在 2022 年 11 月 22 日审议通过了新回购计划。根据该计划，公司可在截至 2025 年 11 月 22 日三年期间内回购至多 3000 万美元股票，其中包括以美国存托股形式存在的股票。陈向东计划增持至多 2000 万美元公司股票，以此表示管理层对公司未来发展抱有坚定信心。

李嘉诚有一句话，对陈向东触动很大。他曾说过：“如果有一项生意，天塌下来都能赚到钱，你就可以放心做第二件事了。”简单而言，家有余粮，心中不慌。

高途找到了新的现金流业务，陈向东觉得自己在 2022 年总体过得从容而笃定，走在了 right track（正确的轨道）。他一年内去了四次美国，公司依然运转，一切正常。陈向东的儿子正值青春期，之前他忙于创业，从早到晚排满了会议，真正能陪家人的时间太少，现在他希望能多参与孩子的生活。

陈向东和儿子常用英文对话。陈向东说：“你的优势就是起点比我们小时候高多了，劣势就是不能很好地自我管理。”儿子反问：“爸爸，我就是我，我有我的方式，为什么你要管我呢？”这引发了陈向东教育家的本色，他说：“你是你没错，但你可以成为更好的自己，如果每天都虚度了，那真的是最好的自己吗？我小时候生活条件那么差，啥都没有，可啥都没有就没有退路。现在我看你们也有点悲惨。”

儿子不理解这个逻辑：条件好怎么悲惨了？陈向东说，条件好，诱惑也多，其实成为最好的自己只有一条路，就是怎样抵制诱惑，把精力聚焦到一件有价值的事上来。

两个人你来我往，儿子不一定被他说服了，两个人交流倒是慢慢更多。儿子之前对陈向东做什么并不太清楚，现在还对他还有点小崇拜。

如果认为陈向东就准备从此逐渐隐退，回归生活，那绝对是误判，他如同永动机，退休这个词离他太遥远。在中美往返的航班上，陈向东就在暗中谋划一件需要自己持枪上马，冲杀在一线的大事。

捕捉新流量时代

2019 年陈向东就敏感觉察到，一个新的流量时代到来了。他在多个会议上谈到，要感谢微信场景的流量让我们真正活下来，可如果能够把这种流量势能保持到 2019 年年底，它对我们助力的使命就完成了。下一个机会应该在短视频领域。

自 2019 年下半年，陈向东要求高途 K12 业务团队迅速行动，对抖音短视频进行探索。同时罗斌带团队在武汉研究快手短视频，也积累了 1000 多万粉丝。虽然一直觉得短视频是重点，可后来发现变现困难，还是花钱投流效果更直接，大家没有重视，也就慢慢放下了。

陈向东这个心结没有放下，2021 年 1 月 19 日，他曾带队到长沙考察，回来后让人以最快速度租赁和装修了一间办公室，启动与直播和短视频相关的“金牛项目”。项目的所有工作直接向他汇报，但是当时流量大战正酣，这项业务也没有坚持做下去。

到 2022 年 3 月，一家 MCN 机构找到陈向东，说可以为高途非 K12 业务带流量。交流之后，陈向东挺兴奋：天呐，这不就是我们原来要做的事吗？

2022 年 3 月，陈向东多次召开短视频和直播业务相关的业务讨论会，要求罗斌带领市场体系要加大探索。这段时间里，许翔一直在尝试直播带货，团队都是现成的，9 月 20 日，直播带货平台“高途好物”开播，陈向东带着许翔的团队开过几次会，觉得定位有问题。后来又换了个团队，从数据、定位到选品效果依然不行。陈向东开始认真思考怎么才能破局，后来他意识到直播和短视频业务复杂性超越了之前自己的想象，整个链条非常长，需要他“all in”才有可能做成。

2022 年 11 月 3 日，BOC 团队去三亚开会，陈向东仍难以下定决心，在海风中思考良久，后来先把自己说服了，意识到如今团队目标、思路、业务都已非常聚焦，与教育培训相关业务稳了，那创始人最重要该做什么呢？不就是人才、文化、新业务吗？人才培养到了一个阶段，文化也在 2021 年 10 月做了价值观升级，而人才和文化都应该与新业务相连，创始人当然要做新业务。之前陈向东也都是深入到新业务底层，然后慢慢开始抽离，培养几个人、辅导几个人，完成过渡。如今看起来所有的准备，就是为了杀入直播领域。

陈向东判断直播中有巨大的电商机会，有巨大的文化传播与输出的机会。直播带货成为焦点，也就是一年多时间。如果是未来 20 年、30 年，这条赛道还仍然存在的话，现阶段主要的玩家连第一圈还没跑完。这里有巨大的创新机会与变革机会，也肯定要有高途浓墨重彩的一笔。

再者，现在要人才有人才，要资金有资金，毕竟以上市公司背景做这件事，与初创公司不一样。从成立高途佳品的第一天开始，陈向东就把定位也想得很清楚，高途佳品定位于食品，定位于厨房，定位于“民以食为天”，定位于“大美中国”的美味佳肴并把它们搬上餐桌。这是健康与美味的分享，也是高品质生活的分享，是对未来美好向往的分享。

看起来，高途佳品与东方甄选颇为相似，陈向东并不讳言高途佳品的对标公司很多。直播带货初期最早就是李佳琦和薇娅，东方甄选崛起后也成了灯塔。另外，陈向东身边也有很多成功案例，如海底捞做抖音的负责人，就是他的好朋友，T97 咖啡，完美日记等很多在抖音上斩获颇丰的公司创始人也都与他熟悉。“他们就在身边，每天看到这些还是让你觉得挺激动人心的。”

陈经理躬身入局

陈向东不能再等了。

直播团队还很小，不到三十人，他先做一对一沟通，淘汰了十来个人。2022 年 11 月 15 日晚 9 点，陈向东开始清理新兴产业联盟 112 室办公区，这一夜他辗转反侧，半夜三四点爬起来，写出了高途佳品的价值观"用户第一、为真、有爱、协作、创造"。他觉得这与教育行业内核一致，只是外在表现形式不同。

办公区终于在 11 月 16 日上午 10 点清理完毕，11 点 16 分在办公区举办了高途佳品（北京高途佳品科技有限公司）的成立仪式。当晚，陈向东在某会议上说，希望大家暂时忘掉我亲自带队的这个新业务。

他是曾经管理过 3 万多人大队伍的 CEO，如今重新手把手带 20 来人小团队。高途佳品内部开玩笑，把他叫"陈经理"。经理是高途基础管理干部，陈向东是经理，那高途佳品就更没有高管了。2022 年年终述职，陈向东除了听 BOC 成员汇报，就是听这 20 几个年轻人讲，每人 15 分钟，他边听边记，还要给每个人做点评。

2022 年 12 月 24 日晚上，高途佳品首播，第一批主播是主讲老师转型。那天晚上看到自己想做的一款新产品终于面世，他出现了久违的紧张、忐忑与期待。一周之后，数据开始向下走，同时在线人数变成了百十来人。

2023 年 1 月 14 号晚上，已是北方小年。钱杨此时在高途佳品负责供应链，他做了一件“特别讨打”的事，带着团队出去团建，到了海底捞点了个四宫格，锅底只要了一个番茄汤，另外三个全是清水，他们自己带了火锅底料，以及毛肚、牛肉等，都是为了盲测产品。搞得连服务员小哥都已经不好意思了，后来他们又点了些饮料蔬菜，9 个人在海底捞吃了一晚上花了不到 600 块钱。但他们一边吃，一边突然有人说流量涨了，直播间同时在线人数突然不断刷新、不断创新高，后来达到 1348 人。

转眼到了春节假期，从 2023 年 1 月 31 日到 2 月 6 日，陈向东有点纠结，春节期间还有人看吗？伙伴们要不要休息？后来他还是决定春节不打烊，说不定别人都不播了，坚持的人还有红利。

高途佳品的直播团队每天从早上 8 点 45 分播到晚上 11 点 30 分，除夕夜也不例外。除夕晚上陈向东和 28 个高途佳品伙伴一起吃年夜饭，喊口号，给每个伙伴发了一个红包。当晚高途佳品加播到晚上 12 点多，直播间同时在线人数飙升到 3500 多人。整个假期，创造了高途佳品开播来最陡峭的粉丝增长曲线。

陈向东一心要深入细节，躬身入局不够，还要双手粘泥，他决定亲自下场开个抖音账号。在此之前陈向东已拜访过 60 多家做直播的公司和上百位头部达人，可他觉得这就像学游泳，找个教练，然后趴在床上学动作，那永远学不会，真掉进海里就淹死了。自己不但要能从大场景去出发想象，还要扎下去，所谓“为难于易，为大于细”，真正做难事的时候，要先从容易的细节入手。

高途佳品筹备之初内部反对的声音就不少，都觉得现在入场做直播带货，是不是太晚了，大概率不会成功吧？如今陈向东要出镜，连罗斌都善意地规劝：别开了吧，现在涨粉这么难，你一个上市公司创始人，万一做不起来，不是也挺难受吗？

陈向东也并非没有一点顾虑，他提前做好了自我心理建设，说这件事就是容易失败咱才做，万一成功了呢？我才不怕丢脸。还反过来劝罗斌“你也应该开个抖音号”。

陈向东的内在逻辑一以贯之，觉得文化就是创始人身体力行。如果要做一个大家都不看好的新业务，就更要身体力行。创始人不怕失败，就算爬着跪着也要往前走，这也是身体力行。创始人要基于自己的严谨分析和洞察，重建信仰体系，更是身体力行。

所谓刷新认知，并不是说把所有东西都刷新，而是说想要再次跨越一个障碍时，必须先跨越自己的内在。陈向东知道这条赛道前面有那么多大公司已站稳脚跟，已有那么多千万粉丝的大号，但他愿意把自己放到小学幼儿园水平，重新学习。

其实直到录第一条视频之前，陈向东还在纠结挣扎，直到 2022 年 12 月 28 号，他才决定真正要开始录制。正式开录在 12 月 30 日下午 2 点，他穿一件蓝衬衣，连录 3 个小时，一口气录了 20 条。之前读了几千本书，管理过数万人，陪伴头部公司上市自己又创立了一家上市公司，这些成长经验都成了持续输出的养料。

不管多疲惫，只要谈到短视频与直播的细节，陈向东立刻就进入状态。2023 年 2 月底的一个黄昏，他拿起手机和我逐条翻最近的作品，分析哪条视频爆了，为什么会爆；哪条视频表现不好，哪里处理的不好；同样两条视频，一个上午发一个下午发，为什么数据表现却差 10 倍。

到 2023 年 3 月初，陈向东发布 100 多条短视频，平均每天 3 条，通常是醒目的二字主题：做空、最惨、因果、青春、离职、境界、格局……其中一条视频获得了 51.9 万的点赞量，过千万的播放量，主题是“人生怎么才能减少遗憾”，是随手拍的一条。“真是神奇啊”，他划动着手机感叹，“有时候精心布灯，布景，设置话题，流量却和预想的不一样，可无心为之，却可能引发更多人的共鸣，进入下一个流量池”。

正式启动高途佳品后，陈向东突然发现和这个世界多了一层不同的链接。有陌生人给他发私信：“陈老师，我已经关注你了，我做抖音也做了三四年了，团队要是有啥问题，随时跟我交流。”他一看，人家已经 700 多万粉丝了。

还有多年前的一个下属，在朋友圈中说：“陈老师做抖音了，如果前 30 条没火，我来帮你拍。”

2023 年 3 月 1 日，抖音号“陈向东”的粉丝量已经涨到了 235.6 万，总共收获 564.4 万点赞。抖音“高途佳品”的粉丝只有 16.4 万，陈向东虽已开始直播，但还没有开启带货首秀，他觉得需要做更充分的准备。

高途佳品还只算是刚起步，它能否“大成”，甚至能否活下去，都在未知之数，或许即使给陈向东每条视频都点赞的人中，也有一大部分其实并不看好他能杀出一条血路。

不过，当我看到他几近“手舞足蹈”的直播时，会有种时光穿越的感觉，仿佛那个在河南省新安县潭上村爬树的少年，那个从山上疯跑下来的少年又回来了，带着他的坚强、坚韧和坚持。陈向东说：我不能没有那些东西，没了我就老了，没了我就死了。

或许，陈向东真正的战场也并不是在直播带货，他只是永远需要一个值得全力以赴的目标。

全力以赴

便利贴

- 成人培训业务与 K12 有不同的游戏规则，后者有非常强的共通性，属于学科培训，是在一个大纲规范下的考试，比的就是谁家老师好，谁家客户体验好，前者每个门类之间缺乏关联性。就像雅思英语培训和公务员考试，从客户群体到产品设计逻辑都没什么关联度，做两部分业务，就相当于开了两家不同公司。

- 未来一家组织要想真正胜出的话，一定要模块化能力非常强大，并且把模块化组合起来，系统能力非常强大。

- 企业文化建设需要创始人身体力行。如果要做一个大家可能都不看好的新业务，就更要身体力行。创始人不怕失败，就算爬着跪着也要往前走，这是身体力行；创始人要基于自己严谨分析和洞察，重建信仰体系，更是身体力行。

并非尾声

高途的故事不过才写好序章。

到2023年6月，高途已走过第九年。它见证了在线教育从零起步，实现全民大普及，一路飞驰，陷入极度内卷，然后猛然刹车，一切清零。再接下来头部公司要完成合规，寻找新出路。

这个过程中移动互联网也从上半场走到下半场，再融入数字化大时代。企业增长将进入由5G、人工智能、区块链、物联网等集成式创新驱动的阶段。变革之下，气象万千，唯潮流浩荡，会有更多沉沦与崛起的故事发生。

高途还没有进入一览众山小的状态。对陈向东而言，这种状态或许永远也不存在。他更信仰史蒂夫·乔布斯所说的“保持饥饿，保持愚蠢”。特别是经历过数次低谷与高峰后，他和组织都更懂得战战兢兢的含义。“花未全开月未圆”，是最好状态。陈向东年过半百从零开始做“网红”，就是“饥饿与愚蠢”驱动下的动作。

没有人是一次压轧成型的，创业对陈向东而言是试炼。坎贝尔在其神话学著作《千面英雄》中总结了西方神话中典型的英雄历程，并将之概括为“英雄之旅”，这象征着人类精神蜕变之路上的主要历程。每一个人的心灵意识都是一个正走在路上的“英雄”。“英雄之旅”即个体意识的“觉醒”之旅——逐渐认识自我，寻找自我的意义，最终看到自我与他人及宇宙的整体性。各类神话故事中的主角，尽管背景、个性、历程各不相同，但实质上都是同样的一个人。不论怎么变化，英雄的故事总是一段旅程，所有创业者实质上也都是“同一个人”。启程、启蒙、归来——英雄之旅的核心模式在不同的创业者身上不断反复，最终成就了形形色色的创业英雄。

陈向东也走过了自己的英雄之旅。他从河南山村启程，到充满挑战的陌生世界去完成梦想；在新东方经受住一系列的考验，完成了启蒙；最终通过创业，踏上新的冒险之旅。神话中的英雄需要带着能够改变生命和世界的战利品回归，所得到的宝藏能够复兴社群、国家、地球甚至宇宙。陈向东的战利品不是个人财富——他在启蒙阶段已经完成了财富积累，真正的奖赏来自找到自己和公司存在的意义。

柏拉图说：“若神不在，一切皆无。”陈向东认为柏拉图是个哲学家，他的话很难理解，但有一点，如果没有了信仰，那么人就会很痛苦，就会真正地迷失。他认为，让你与众不同的不是你信仰什么，而是你信仰的程度。当你深深地信仰一种东西的时候，你就会长期地保存它，并且会以同样的方式把它融入你的生活当中。唯有肩负使命感的狂热人物，才能够顺利地完成任务。

对陈向东而言，这种使命感是什么呢？来自对教育本质的理解。他曾多次强调，在高途，真正的老板只有一个，就是学生和家长，他们可以解雇任何人，甚至可以解雇CEO——学生和家长只需要离开你就行了。

在具体战术上陈向东也会遇到困扰与撕裂，可他如今内心深处已不再慌张。“双减”之后，陈向东更清晰地认识到教育不是流量思维，而是关乎一个人的成长、爱、温暖、兴趣、青春年华。

陈向东在内部会议上用了一连串他所擅长的排比句反问：今天要打造一家公司，什么样的思维才是好的思维？问自己，你是原点思维还是无限思维？如果你是无限思维，那么你站在无限美好的未来往回看，你就知道今天就是原点。

问自己，你是起点思维还是终点思维？如果你想有一天到哪个地方去，如果那个地方特别美好，那么以那个终点来倒推你今天的起点，然后勇往直前。问自己，你是开局思维还是终局思维？如果是终局思维，就不必太在乎当下是否享受，因为你要的是终局的时候能够给别人带来多少快乐，能够享受什么样的精彩人生，因此可以从终局倒推现在的开局。

陈向东的无限、终点、终局在哪里？还是在教育。

他至今过着清教徒般的生活，生活习惯非常简单，甚至可以用“无趣”来形容。不管前一天忙碌到几点，第二天都是6点半起床，7点多到公司，有时候他会在外面走20分钟路，到公司之后就准备开早会。

他几乎没有爱好，也不混企业家圈子。工作之外最爱的就是阅读。陈向东对学习有强烈的饥饿感，从他的书架上随手抽出一本书，都能轻易找到他在上面划下的痕迹。当然，阅读也是陈向东工作的一部分。他将读书作为企业文化建设的一个载体,刚创业不久,就曾在内部组织过团队共读杰克·韦尔奇的《赢》。

他有时候甚至感慨说，如果没有星期六、星期日，自己该怎么办啊？因为只有在星期六、星期日他才能够暂停一下，静下心去读一些书，去找一些应该拜访的人聊一聊，或者琢磨他所研究的标杆和对象。

关于自我学习，他有6个基本认知。

第一，任何学习一定是有目标的。

第二，任何学习都需要反馈。

第三，学习的任何东西一定要交流分享。

第四，任何学习都要应用于工作。

第五，任何学习都需要自发。

第六，学习要有决心和投入。一旦养成良好的学习习惯，就停不下来了。

陈向东有个绰号叫“拉总”，来自高途被做空16次，每一次做空后股票价格就会上涨，坊间以为背后有人在拉股价，正好他的英文名叫“Larry”有人可能发音不清晰，读成LA，他就成了“拉总”。陈向东对这个绰号并不喜欢，不过从另一个角度看，这个绰号也很贴切：他总是那个能把自己和公司从谷底拉上来的人。

致谢

准备写作这本书的时候，我个人正全力以赴奔跑在创业路上，并面临巨大抉择。每当静夜，忙完了一天的工作开始写作，都感觉是在与自己的内心对话。感谢陈向东老师（我也称呼他为Larry）毫无保留地分享他的成长、失败与收获，与他聊天是一种享受；也感谢高途的多位伙伴，在访谈中他们为本书提供了大量支持。

本书到最终完成，经历了颇为戏剧化的过程，超过了作者与传主的预计，这也是其中的迷人之处。写作是一项艰苦而又快乐的工作，感谢家人、朋友在这段时光里给予我的支持。此书特别献给我的女儿何旭涵，她正在高中阶段，在写作过程中，我对何为教育，何为成长，也有了更深刻的理解。

何伊凡

2023年3月